16	3	2	13
5	10	11	8
9	6	7	12
4	15	14	1

Cet ouvrage, publié dans le cadre du Programme d'Aide à la Publication 2012 Carlos Drummond de Andrade de l'Institut Français du Brésil, bénéficie du soutien du Ministère de l'Europe et des Affaires Étrangères.

Este livro, publicado no âmbito do Programa de Apoio à Publicação 2012 Carlos Drummond de Andrade do Instituto Francês do Brasil, contou com o apoio do Ministério francês da Europa e das Relações Exteriores.

INSTITUT FRANÇAIS BRASIL

Liberté • Égalité • Fraternité
RÉPUBLIQUE FRANÇAISE

coleção TRANS

Gilles Deleuze

CINEMA 1 — A IMAGEM-MOVIMENTO

Tradução
Stella Senra

editora 34

EDITORA 34

Editora 34 Ltda.
Rua Hungria, 592 Jardim Europa CEP 01455-000
São Paulo - SP Brasil Tel/Fax (11) 3811-6777 www.editora34.com.br

Título original:
Cinéma 1 — L'Image-mouvement

Capa, projeto gráfico e editoração eletrônica:
Bracher & Malta Produção Gráfica

Revisão técnica da 1ª edição brasileira (1985):
Inácio Araújo

Revisão desta edição:
Lívia Azevedo Lima
Milton Ohata
Beatriz de Freitas Moreira

1ª Edição - 2018 (1ª Reimpressão - 2020)

CIP - Brasil. Catalogação-na-Fonte
(Sindicato Nacional dos Editores de Livros, RJ, Brasil)

Deleuze, Gilles, 1925-1995
D390c Cinema 1 — A imagem-movimento /
Gilles Deleuze; tradução de Stella Senra —
São Paulo: Editora 34, 2018 (1ª Edição).
344 p. (Coleção TRANS)

ISBN 978-85-7326-710-5

Tradução de: Cinéma 1 — L'Image-mouvement

1. Filosofia. 2. Cinema. I. Senra, Stella.
II. Título. III. Série.

CDD - 190

CINEMA 1 —
A IMAGEM-MOVIMENTO

CINEMA 1 —
A IMAGEM-MOVIMENTO

PRÓLOGO
[7]

Este estudo não é uma história do cinema. É uma taxinomia, uma tentativa de classificação das imagens e dos signos. Mas o primeiro volume vai contentar-se em determinar os elementos, e apenas os elementos, de uma única parte da classificação.

Referimo-nos frequentemente ao lógico americano Peirce (1839-1914), porque ele estabeleceu sem dúvida a mais completa e a mais variada classificação geral das imagens e dos signos. Trata-se de uma classificação como a de Lineu em história natural ou, mais ainda, como uma tabela de Mendeleiev em química. O cinema impõe novos pontos de vista sobre este problema.

Outro confronto faz-se ainda necessário. Em 1896, Bergson escrevia *Matéria e memória*: era o diagnóstico de uma crise da psicologia. Não se podia mais opor o movimento, como realidade física no mundo exterior, à imagem, como realidade psíquica na consciência. A descoberta bergsoniana de uma imagem-movimento e, mais profundamente, de uma imagem-tempo, conserva ainda hoje tal riqueza que talvez dela não se tenham extraído todas as consequências. Apesar da crítica demasiado sumária que Bergson fará um pouco mais tarde do cinema, nada pode impedir a conjunção da imagem-movimento, assim como ele a concebe, e da imagem cinematográfica.

Tratamos da imagem-movimento e de suas variedades nesta primeira parte. A imagem-tempo será objeto de uma segunda parte. Os grandes autores de cinema pareceram-nos confrontáveis não apenas com pintores, arquitetos, músicos, mas também com pensadores. Eles pensam com *[8]* imagens-movimento e com imagens-tempo, em vez de conceitos. A enorme proporção de nulidade na produção cinematográfica não constitui uma objeção: ela não é pior que em outros setores, embora tenha consequências econômicas e industriais incomparáveis. Os grandes autores de cinema são, assim, apenas mais vulneráveis: é infinitamente mais fácil os impedir de realizar sua obra. A história do cinema é um vasto martirológio. Nem por isso o cinema deixa de fazer parte da história da arte e do pensamento, sob as formas autônomas insubstituíveis que esses autores foram capazes de inventar e, apesar de tudo, de fazer passar.

Não apresentamos nenhuma reprodução que viesse ilustrar o nosso texto, pois é o nosso texto, ao contrário, que gostaria de ser apenas uma ilustração de grandes filmes dos quais cada um de nós guarda, em maior ou menor grau, a lembrança, a emoção ou a percepção.

Gilles Deleuze

Capítulo 1
TESES SOBRE O MOVIMENTO
(PRIMEIRO COMENTÁRIO A BERGSON)
[9]

1

Bergson não apresenta somente uma tese sobre o movimento, mas três. A primeira é a mais célebre, e corre o risco de nos ocultar as duas outras. Ela não passa, no entanto, de uma introdução a elas. De acordo com essa primeira tese, o movimento não se confunde com o espaço percorrido. O espaço percorrido é passado, o movimento é presente, é o ato de percorrer. O espaço percorrido é divisível, e até infinitamente divisível, enquanto o movimento é indivisível, ou não se divide sem mudar de natureza a cada divisão. O que já supõe uma ideia mais complexa: os espaços percorridos pertencem todos a um único e mesmo espaço homogêneo, enquanto os movimentos são heterogêneos, irredutíveis entre si.

Mas, antes de se desenvolver, a primeira tese tem um outro enunciado: não se pode reconstituir o movimento por meio de posições no espaço ou de instantes no tempo, isto é, por meio de "cortes" imóveis... Esta reconstituição só pode ser feita acrescentando-se às posições ou aos instantes a ideia abstrata de uma sucessão, de um tempo mecânico, homogêneo, universal e decalcado do espaço, o mesmo para todos os movimentos. E então, de ambas as maneiras, perde-se o movimento. Por um lado, por mais que se tente aproximar ao infinito dois instantes ou duas posições, o movimento se dará sempre no intervalo entre os dois, logo, às nossas costas. Por outro, por mais que se tente dividir e subdividir *[10]* o tempo, o movimento sempre se dará numa duração concreta; cada movimento terá, portanto, sua própria duração qualitativa. Opõem-se, assim, duas fórmulas irredutíveis: "movimento real → duração concreta" e "cortes imóveis + tempo abstrato".

Em 1907, em *A evolução criadora*, Bergson batiza a fórmula infeliz: a ilusão cinematográfica. Com efeito, o cinema opera com dois dados complementares: cortes instantâneos, a que chamamos imagens; um movimento ou um tempo impessoal, uniforme, abstrato, invisível ou imperceptível, que existe "no" aparelho e "com" o qual fazemos desfilarem as imagens.[1] O cinema nos oferece então um movimento falso, ele é o exemplo típico do movimento falso. Mas é curioso que Bergson dê um título tão moderno e tão recente ("cinematográfico") à mais antiga ilusão. Com efeito, diz Bergson, quando o cinema reconstitui o movimento por meio de cortes imóveis, ele não faz nada além do que já fazia o mais antigo pensamento (os paradoxos de Zenão), ou do que faz a percepção natural. A esse respeito, Bergson se distingue da fenomenologia, para a qual o cinema romperia, pelo contrário, com as condições da percepção natural. "Captamos vistas quase instantâneas da realidade que passa, e como elas são características desta realidade basta-nos alinhá-las ao longo de um devir abstrato, uniforme, invisível, situado no fundo do aparelho do conhecimento... *Percepção, intelecção, linguagem procedem em geral assim.* Quer se trate de pensar o devir, de o exprimir ou até de o perceber, não fazemos nada além de acionar uma espécie de cinematógrafo interior."* Deveremos depreender disso que, segundo Bergson, o cinema seria somente a projeção, a reprodução de uma ilusão constante, universal? Como se tivéssemos sempre feito cinema sem saber? Mas, então, muitos problemas se colocam.

E, primeiramente, a reprodução da ilusão não é também, de certo modo, sua correção? Pode-se concluir a partir da artificialidade dos meios a artificialidade do resultado? O *[11]* cinema opera por meio de fotogramas, isto é, de cortes imóveis, 24 imagens/segundo (ou dezoito no início). Mas o que ele nos oferece, como

[1] Henri Bergson, *L'Évolution créatrice* [EC], p. 753 (305). Citamos os textos de Bergson segundo a edição do Centenário (Paris, Presses Universitaires de France, 1959); e entre parênteses indicamos a paginação da edição corrente de cada livro (igualmente da PUF) [ed. bras.: *A evolução criadora*, tradução de Bento Prado Neto, São Paulo, Martins Fontes, 2005].

* *EC*, pp. 298-9 (305). (N. da T.)

foi muitas vezes observado, não é o fotograma, mas uma imagem-média à qual o movimento não se acrescenta, não se adiciona: ao contrário, o movimento pertence à imagem-média como dado imediato. Poder-se-ia dizer que o mesmo acontece no caso da percepção natural. Mas aí a ilusão é corrigida antes da percepção pelas condições que a tornam possível no sujeito. Enquanto no cinema ela é corrigida ao mesmo tempo que a imagem aparece, para um espectador fora de condições (a esse respeito, como veremos, a fenomenologia tem razão em supor uma diferença de natureza entre a percepção natural e a percepção cinematográfica). Em suma, o cinema não nos oferece uma imagem à qual acrescentaria movimento, ele nos oferece imediatamente uma imagem-movimento. Oferece-nos um corte, mas um corte móvel e não um corte imóvel + movimento abstrato. Ora, o que é novamente curioso é que Bergson tinha perfeito conhecimento da existência dos cortes móveis ou das imagens-movimento. Isto se deu antes de *A evolução criadora* e antes do nascimento oficial do cinema, com *Matéria e memória*, em 1896. A descoberta da imagem-movimento, para além das condições da percepção natural, constituía a prodigiosa invenção do primeiro capítulo de *Matéria e memória*. Deveremos pensar que Bergson a teria esquecido dez anos depois?

Ou, antes, se teria deixado enredar por uma outra ilusão que atinge todas as coisas em seus primórdios? Sabemos que as coisas e as pessoas, quando começam, são sempre forçadas, obrigadas a se esconder. Como poderia ser diferente? Elas surgem num conjunto que ainda não as comportava e devem pôr em evidência os caracteres comuns que conservam com esse conjunto para não serem rejeitadas. A essência de uma coisa nunca aparece no princípio, mas no seu decorrer, no curso de seu desenvolvimento, quando suas forças se consolidaram. Bergson o sabia mais que ninguém, ele que havia transformado a filosofia ao colocar a questão do "novo" em vez da questão da eternidade (como a produção e o aparecimento de algo novo são possíveis?). Ele dizia, por exemplo, *[12]* que a novidade da vida não podia aparecer em seus primórdios, porque no início a vida era forçada a imitar a matéria... Não acontece o mesmo com o cinema? Em seus primórdios o cinema não foi forçado a imitar a percepção natural? E, mais ainda, qual era a situação do cinema no princípio? De um lado, a tomada era fixa, o plano era, portanto, espacial e formalmente imóvel; de outro, o aparelho de filmagem era confundido com o aparelho de projeção, dotado de um tempo uniforme abstrato. A evolução do cinema, a conquista de sua própria essência ou novidade, se fará pela montagem, pela câmera móvel e pela emancipação da filmagem, que se separa da projeção. O plano deixará, então, de ser uma categoria espacial, para tornar-se temporal; e o corte será um corte móvel e não mais imóvel. O cinema reencontrará exatamente a imagem-movimento do primeiro capítulo de *Matéria e memória*.

Deve-se concluir que a primeira tese de Bergson sobre o movimento é mais complexa do que parecia de início. Por um lado, há uma crítica contra todas as tentativas de reconstituir o movimento com o espaço percorrido, isto é, somando cortes imóveis instantâneos e tempo abstrato. Há, por outro lado, a crítica do cinema, denunciado como uma dessas tentativas ilusórias, como a tentativa que faz culminar a ilusão. Mas há também a tese de *Matéria e memória*, os cortes móveis, os planos temporais, e que pressentia de modo profético o futuro ou a essência do cinema.

2

Ora, *A evolução criadora* apresenta justamente uma segunda tese que, em vez de reduzir tudo a uma mesma ilusão sobre o movimento, distingue pelo menos duas ilusões muito diferentes. O erro consiste sempre em reconstituir o movimento por meio de instantes ou posições, mas há duas maneiras de fazê-lo: a antiga e a moderna. Para a Antiguidade, o movimento remete a elementos inteligíveis, Formas ou Ideias que eram, elas próprias, eternas e imóveis. Evidentemente, para reconstituir o movimento, apreenderemos essas formas o mais próximo possível de sua atualização numa matéria-fluxo. São *[13]* potencialidades que só passam ao ato quando se encarnam na matéria. Mas, inversamente, o movimento limita-se a exprimir uma "dialética" das formas, uma síntese ideal que lhe confere ordem e medida. O movimento assim concebido será, portanto, a passagem regulada de uma forma para outra, isto é, uma ordem de *poses* ou de *instantes privilegiados*, como uma dança. As formas ou ideias "supostamente caracterizam um período cuja quintessência exprimiriam, sendo todo o resto desse período preenchido pela passagem, em si mesma desprovida de interesse, de uma forma para outra forma... Marca-se o termo final, ou o ponto culminante (*télos*, *acmé*) que é considerado como momento essencial, e este momento que a linguagem fixou para exprimir o conjunto do fato, basta também à ciência para o caracterizar".[2]

A revolução científica moderna consistiu em referir o movimento não mais a instantes privilegiados, mas ao instante qualquer. Mesmo que o movimento fosse recomposto, *ele não era mais recomposto a partir de elementos formais transcendentes (poses), mas a partir de elementos materiais imanentes (cortes)*. Em vez de fazer uma síntese inteligível do movimento, empreendia-se a sua análise sensível. Assim se constituíram a astronomia moderna, ao determinar um nexo entre uma órbita e o tempo de seu percurso (Kepler); a física moderna, ao vincular o espaço percorrido ao tempo da queda de um corpo (Galileu); a geometria moderna, ao destacar a equação de uma curva plana, isto é, a posição de um ponto numa reta móvel em um momento qualquer do seu trajeto (Descartes); enfim, o cálculo infinitesimal, quando se teve a ideia de levar em conta cortes infinitamente aproximáveis (Newton e Leibniz). Em toda parte, a sucessão mecânica de instantes quaisquer substituía a ordem dialética das poses: "A ciência moderna deve se definir sobretudo pela sua aspiração a considerar o tempo uma variável independente".[3]

O cinema parece ser, verdadeiramente, o último rebento desta linhagem destacada por Bergson. Poderíamos conceber uma série de meios de translação (trem, carro, avião...) e, paralelamente, uma série de meios de expressão (gráfico, foto, cinema): *[14]* a câmera surgiria, então, como um transdutor, ou melhor, como um equivalente generalizado dos movimentos de translação. É assim

[2] *EC*, p. 774 (330).

[3] *EC*, p. 779 (335).

que ela aparece nos filmes de Wenders. Quando se indaga sobre a pré-história do cinema, pode-se cair considerações em confusas, porque não sabemos até onde fazer remontar, nem como definir a linhagem tecnológica que o caracteriza. Então é sempre possível invocar as sombras chinesas ou os mais arcaicos sistemas de projeção. Mas, na verdade, as condições determinantes do cinema são as seguintes: não apenas a foto, mas a foto instantânea (a fotografia posada pertence a uma outra linhagem); a equidistância dos instantâneos; a transferência dessa equidistância para um suporte que constitui o "filme" (Edison e Dickson perfuram a película); um mecanismo que arrasta as imagens (os dentes de Lumière). É nesse sentido que o cinema é o sistema que reproduz o movimento *em função do instante qualquer*, isto é, em função de momentos equidistantes, escolhidos de modo a dar a impressão de continuidade. Qualquer outro sistema que porventura reproduza o movimento por meio de uma ordem de poses projetadas de modo a passarem umas para as outras, ou a "se transformarem", é estranho ao cinema. É o que fica claro quando se tenta definir o desenho animado: se ele pertence inteiramente ao cinema é porque aí o desenho não constitui mais uma pose ou uma figura acabada, mas a descrição de uma figura que está sempre sendo feita ou desfeita, por meio do movimento de linhas e de pontos tomados em momentos quaisquer do seu trajeto. O desenho animado remete a uma geometria cartesiana e não a uma geometria euclidiana. Ele não nos apresenta uma figura descrita num momento único, mas a continuidade do movimento que descreve a figura.

No entanto, o cinema parece se nutrir de instantes privilegiados. Costuma-se dizer que Eisenstein extrai dos movimentos ou das evoluções certos momentos de crise, dos quais ele faz o objeto por excelência do cinema. É inclusive isto o que chama de "patético": ele seleciona extremidades e gritos, leva as cenas ao seu paroxismo e as faz colidir uma com a outra. Mas não se trata em absoluto de uma objeção. Voltemos à pré-história do cinema e ao célebre exemplo do galope de cavalo: este só pode ser decomposto exatamente através dos registros gráficos de Marey e dos *[15]* instantâneos equidistantes de Muybridge, que remetem o conjunto organizado da andadura a um ponto qualquer. Se os equidistantes são bem escolhidos, cai-se forçosamente nos tempos notáveis, isto é, nos momentos em que o cavalo tem um pé no chão, depois, três, dois, três, um. Eles podem ser chamados de instantes privilegiados: mas não é de modo algum no sentido das poses ou das posturas gerais que caracterizavam o galope nas formas antigas. Tais instantes não têm mais nada a ver com as poses e seriam até formalmente impossíveis como poses. Se são instantes privilegiados, é a título de pontos notáveis ou singulares que pertencem ao movimento e não de momentos de atualização de uma forma transcendente. A noção mudou completamente de sentido. Os instantes privilegiados de Eisenstein, ou de qualquer outro autor, são ainda instantes quaisquer; simplesmente, o instante qualquer pode ser regular *ou* singular, ordinário *ou* marcante. O fato de Eisenstein selecionar instantes notáveis não impede que ele os extraia de uma análise imanente do movimento e, de forma alguma, de uma síntese transcendente. O instante marcante ou singular permanece um instante qualquer entre os outros. É inclusive esta a diferença entre a dialética moderna, que Eisenstein reivindica, e a dialética antiga. Esta é a ordem das formas transcendentes que se atualizam em um movimento, enquanto aquela é a produção e o confronto dos pontos singulares imanentes ao movimento. Ora, esta produção de singularidades (o salto qualitativo) se dá por acumulação de ordinários (processo quantitativo), pelo que o singular é extraído do qualquer, é ele próprio um qualquer simplesmente não ordinário ou não regular. O próprio Eisenstein destacava que o "patético" supunha "o orgânico" enquanto conjunto organizado dos instantes quaisquer por onde os cortes devem passar.[4]

O instante qualquer é o instante equidistante de um outro. Por isso definimos o cinema como o sistema que reproduz o movimento reportando-o ao instante qualquer. Mas é aí que a dificuldade é relançada. Pois qual é o interesse de um tal sistema? Do ponto de vista da ciência, *[16]* muito superficial. Porque a revolução científica era de análise. E se era necessário reportar o movi-

[4] A propósito do orgânico e do patético, cf. Serguei Eisenstein, *La Non-indifférente Nature*, vol. I, col. 10-18, Paris, Union Générale d'Éditions, 1974.

mento ao instante qualquer para poder analisá-lo, não se via bem o interesse de uma síntese ou de uma reconstituição fundada no mesmo princípio, a não ser um vago interesse de confirmação. Esta é a razão pela qual nem Marey nem Lumière confiavam muito na invenção do cinema. Tinha ele pelo menos um interesse artístico? Aparentemente nem isso, pois a arte parecia preservar os direitos de uma síntese mais elevada do movimento, e continuar ligada às poses e às formas que a ciência repudiara. Encontramo-nos no próprio âmago da situação ambígua do cinema enquanto "arte industrial": não era nem uma arte nem uma ciência.

No entanto, os contemporâneos podiam ser sensíveis a uma evolução que levava consigo as artes e mudava o estatuto do movimento, até na pintura. Com mais razão ainda, a dança, o balé, a mímica abandonavam as figuras e as poses para liberar valores não posados, não pulsados, que reportavam o movimento ao instante qualquer. Por isso a dança, o balé e a mímica tornavam-se ações capazes de responder aos acidentes do meio, isto é, a repartição dos pontos de um espaço ou dos momentos de um acontecimento. Tudo isso conspirava com o cinema. A partir do sonoro, o cinema será capaz de fazer da comédia musical um de seus grandes gêneros, com a "dança-ação" de Fred Astaire, que evolui em qualquer lugar, na rua, entre os carros, pela calçada.[5] Mas, já no cinema mudo, Chaplin havia arrebatado a mímica da arte das poses, para transformá-la numa mímica-ação. Aos que acusavam Carlitos de se servir do cinema e não de o servir, Mitry respondia que ele conferia à mímica um novo modelo, função do espaço e do tempo, continuidade construída a cada instante, que se deixava decompor apenas em seus elementos imanentes marcantes, em vez de se reportar a formas prévias a serem encarnadas.[6]

O cinema pertence inteiramente a essa concepção moderna do movimento — o que Bergson demonstra com força. Mas, a partir daí, ele parece hesitar entre dois caminhos, dos *[17]* quais um

[5] Arthur Knight, "Dance et cinéma", *Revue du Cinéma*, nº 14, 1948.

[6] Jean Mitry, *Histoire du cinéma muet*, vol. III, Paris, Éditions Universitaires, 1973, pp. 49-51.

o conduz a sua primeira tese e o outro abre, em contrapartida, uma nova questão. De acordo com o primeiro, as duas concepções podem ser muito diferentes do ponto de vista da ciência, sem deixarem de ser quase idênticas quanto a seu resultado. Na verdade, dá no mesmo recompor o movimento através de *poses eternas* ou de *cortes imóveis*: em ambos os casos perde-se o movimento porque nos damos um Todo, supomos que "o todo é dado", enquanto o movimento só se faz se o todo não é dado nem pode vir a sê-lo. Assim que nos damos o todo na ordem eterna das formas e das poses, ou no conjunto dos instantes quaisquer, o tempo passa a ser ou apenas a imagem da eternidade, ou a consequência do conjunto: não há mais lugar para o movimento real.[7] Um outro caminho, no entanto, parecia abrir-se para Bergson. Pois se a concepção antiga corresponde efetivamente à filosofia antiga que se propõe a pensar o eterno, a concepção moderna, a ciência moderna, invocam uma *outra* filosofia. Quando reportamos o movimento a momentos quaisquer, devemos nos tornar capazes de pensar a produção do novo, isto é, do notável e do singular em qualquer um desses momentos: trata-se de uma conversão total da filosofia; e é o que Bergson se propõe finalmente a fazer: dar à ciência moderna a metafísica que lhe corresponde e que lhe falta como uma metade falta à outra metade.[8] Mas é possível se deter nesse caminho? É possível negar que as artes também terão de fazer tal conversão? E que o cinema seja, nesse sentido, um fator essencial a esse respeito, e que ele tenha, inclusive, um papel no nascimento e na formação deste novo pensamento, deste novo modo de pensar? Eis que Bergson não se contenta mais em confirmar sua primeira tese sobre o movimento. Apesar de se deter no seu curso, a segunda tese de Bergson possibilita um outro ponto de vista sobre o cinema, que não seria mais o aparelho aperfeiçoado da mais velha ilusão mas, ao contrário, o órgão da nova realidade a ser aperfeiçoado. *[18]*

[7] *EC*, p. 794 (353).

[8] *EC*, p. 786 (343).

3

Esta é a terceira tese de Bergson, sempre em *A evolução criadora*. Se tentássemos conferir-lhe uma fórmula crua diríamos: não só o instante é um corte imóvel do movimento, mas o movimento é um corte móvel da duração, isto é, do Todo ou de um todo. O que implica que o movimento exprime algo mais profundo, que é a mudança na duração ou no todo. Que a duração seja mudança, faz parte da sua própria definição: ela muda e não para de mudar. Por exemplo, a matéria se move, mas não muda. Ora, o movimento *exprime* uma mudança na duração ou no todo. O que é problemático é, por um lado, essa expressão e, por outro, essa identificação todo-duração.

O movimento é uma translação no espaço. Ora, cada vez que há translação de partes no espaço, há também mudança qualitativa num todo. Bergson fornecia múltiplos exemplos disso em *Matéria e memória*. Um animal se move, mas não é à toa, é para comer, para migrar etc. Dir-se-ia que o movimento supõe uma diferença de potencial e se propõe a ultrapassá-la. Se considero partes ou lugares abstratamente, A e B, não compreendo o movimento que vai de um a outro. Mas se estou em A, faminto, e em B existe alimento, quando atingi B e comi, o que mudou não foi apenas o meu estado, mas o estado do todo que compreendia B, A e tudo o que havia entre os dois. Quando Aquiles ultrapassa a tartaruga, o que muda é o estado do todo que compreendia a tartaruga, Aquiles e a distância entre os dois. O movimento remete sempre para uma mudança, a migração, para uma variação sazonal. É a mesma coisa para os corpos: a queda de um corpo supõe um outro que o atrai, e exprime uma mudança no todo que os compreende. Se se pensar em átomos puros, seus movimentos que testemunham uma ação recíproca de todas as partes da matéria exprimem necessariamente modificações, perturbações, mudanças de energia no todo. O que Bergson descobre para além da translação é a vibração, a irradiação. Nosso erro está em acreditar que o que se move são elementos quaisquer *[19]* exteriores às qualidades. Mas as próprias qualidades são puras vibrações, que mudam ao mesmo tempo que os pretensos elementos se movem.[9]

Em *A evolução criadora*, Bergson dá um exemplo tão célebre que não sabemos mais ver o que ele tem de surpreendente. Diz que, ao pôr açúcar num copo com água, "devo esperar que o açúcar se dissolva".[10] É apesar de tudo curioso, pois Bergson parece esquecer que o movimento de uma colher pode apressar a dissolução. Mas o que ele pretende dizer em primeiro lugar? Que o próprio movimento de translação que desprende as partículas de açúcar e as coloca em suspensão na água exprime uma mudança no todo, isto é, no conteúdo do copo, uma passagem qualitativa da água em que há açúcar ao estado de água açucarada. Se eu agito com a colher, acelero o movimento, mas modifico também o todo que compreende agora a colher, e o movimento acelerado continua a exprimir a mudança no todo. "Os deslocamentos meramente superficiais de massas e de moléculas que a física e a química estudam" tornam-se, "relativamente a este movimento vital que se produz em profundidade, que já não é translação mas transformação, aquilo que a parada de um objeto móvel é, relativamente ao movimento do objeto móvel no espaço".[11] Em sua terceira tese, Bergson apresenta, portanto, a seguinte analogia:

$$\frac{\text{cortes imóveis}}{\text{movimento}} = \frac{\text{movimento como corte móvel}}{\text{mudança qualitativa}}$$

Com a única diferença que a correspondência da esquerda exprime uma ilusão, e a da direita uma realidade.

O que Bergson pretende dizer principalmente com o copo de água açucarada é que minha espera, seja ela qual for, exprime uma duração enquanto realidade mental, espiritual. Mas por que essa

[9] A propósito de todos esses pontos, cf. Henri Bergson, *Matière et mémoire*, cap. 4, pp. 332-40 (220-30) [ed. bras.: *Matéria e memória: ensaio sobre a relação do corpo com o espírito*, tradução de Paulo Neves, São Paulo, Martins Fontes, 2011].

[10] *EC*, p. 502 (9-10).

[11] *EC*, p. 521 (32).

duração espiritual testemunha não apenas por mim, que espero, mas por um todo que muda? Bergson dizia: o todo não é dado nem pode vir a sê-lo (e o erro da ciência moderna, como o da ciência antiga, era dar-se o todo, de duas maneiras diferentes). Muitos *[20]* filósofos já haviam dito que o todo não era dado nem passível de ser dado; eles só tiravam disto a conclusão de que o todo era uma noção desprovida de sentido. A conclusão de Bergson é muito diferente: se o todo não pode se dar é porque ele é o Aberto, e porque cabe a ele mudar incessantemente ou fazer surgir algo de novo; em suma: durar. "A duração do universo deve constituir uma unidade com a latitude de criação que nele pode achar lugar."[12] De modo que toda vez que nos encontrarmos diante de uma duração, ou numa duração, poderemos concluir pela existência de um todo que muda e que é aberto em algum lugar. Sabemos muito bem que Bergson descobriu inicialmente a duração como idêntica à consciência. Mas um estudo mais aprofundado da consciência levou-o a mostrar que ela só existia abrindo-se para um todo, coincidindo com a abertura de um todo. Assim também para o vivente: quando Bergson compara o vivente a um todo, ou ao todo do universo, ele parece retomar a mais antiga comparação.[13] E, no entanto, inverte completamente os termos. Pois se o vivente é um todo, portanto assimilável ao todo do universo, não é tanto porque ele seria um microcosmo tão fechado quanto o todo supostamente o é, mas, ao contrário, é enquanto ele é aberto para um mundo e que o mundo, o próprio universo, é o Aberto. "Em qualquer lugar onde alguma coisa vive, existe, aberto em alguma parte, um registro onde o tempo se inscreve."[14]

Se fosse preciso definir o todo, nós o definiríamos pela Relação. É que a relação não é uma propriedade dos objetos, ela é sempre exterior a seus termos. Ela é também inseparável do aberto e

[12] *EC*, p. 782 (339).

[13] *EC*, p. 507 (15).

[14] *EC*, p. 508 (16). A única semelhança, mas considerável, entre Bergson e Heidegger é justamente esta: ambos fundam a especificidade do tempo sobre uma concepção do aberto.

apresenta uma existência espiritual ou mental. As relações não pertencem aos objetos, mas ao todo, sob a condição de que não seja confundida com um conjunto fechado de objetos.[15] Por meio do movimento no espaço, os objetos *[21]* de um grupo mudam suas respectivas posições. Mas, através das relações, o todo se transforma ou muda de qualidade. Da própria duração, ou do tempo, podemos afirmar que é o todo das relações.

Não se deve confundir o todo, os "todos", com os *conjuntos*. Os conjuntos são fechados, e tudo o que é fechado é artificialmente fechado. Os conjuntos são sempre conjuntos de partes. Mas um todo não é fechado, é aberto; e não tem partes, exceto num sentido muito especial, pois ele não se divide sem mudar de natureza a cada etapa da divisão. "O todo real poderia muito bem ser uma continuidade indivisível."[16] O todo não é um conjunto fechado, mas, ao contrário, aquilo que faz com que o conjunto nunca esteja absolutamente fechado, nunca esteja completamente protegido, aquilo que o mantém aberto em algum ponto, como se um fio tênue o ligasse ao resto do universo. O copo de água é de fato um conjunto fechado que compreende partes, a água, o açúcar, talvez a colher; mas o todo não está aí. O todo se cria e não para de se criar numa outra dimensão sem partes, como aquilo que leva o conjunto de um estado qualitativo a outro, como o puro devir incessante que passa por esses estados. É nesse sentido que ele é espiritual ou mental. "O copo de água, o açúcar e o processo de dissolução do açúcar na água são, sem dúvida, abstrações, e o Todo do qual eles foram recortados pelos meus sentidos e pelo meu entendimento progride, talvez, à maneira de uma consciência."[17] Esse recorte artificial de um conjunto ou de um sistema fechado não

[15] Fazemos intervir aqui o problema das relações, ainda que ele não seja explicitamente colocado por Bergson. É sabido que a relação entre duas coisas não pode ser reduzida a um atributo de uma ou da outra, e muito menos ainda a um atributo do conjunto. Em compensação, a possibilidade de reportar as relações a um todo permanece intacta se esse todo for concebido como um "contínuo" e não como um conjunto dado.

[16] *EC*, p. 520 (31).

[17] *EC*, pp. 502-3 (10-1).

é ainda uma pura ilusão. Ele é bem fundado, e se o liame de cada coisa com o todo (esse liame paradoxal que a liga ao aberto) é impossível de ser rompido, ele pode ao menos ser estendido, esticado ao infinito, tornar-se cada vez mais tênue. É que a organização da matéria torna possíveis os sistemas fechados ou os conjuntos determinados de partes; e o desdobramento do espaço os torna necessários. Porém, se os conjuntos estão no espaço, o todo, os todos estão precisamente na duração, são a própria duração na medida em que ela não para de mudar. De modo que as duas fórmulas que correspondiam à primeira tese de Bergson adquirem *[22]* agora um estatuto muito mais rigoroso: "cortes imóveis + tempo abstrato" remete aos conjuntos fechados, cujas partes são, na verdade, cortes imóveis, e cujos estados sucessivos são calculados sobre um tempo abstrato; enquanto "movimento real → duração concreta" remete à abertura de um todo que dura, cujos movimentos são os tantos cortes móveis que atravessam o sistema fechado.

Ao fim dessa terceira tese encontramo-nos na verdade em três níveis: 1) os conjuntos ou sistemas fechados, que se definem através dos objetos discerníveis ou das partes distintas; 2) o movimento de translação, que se estabelece entre esses objetos e modifica suas posições respectivas; 3) a duração ou o todo, realidade espiritual que não para de mudar segundo suas próprias relações.

O movimento tem assim, de certo modo, duas faces. Por um lado, ele é o que se passa entre objetos ou partes; por outro, o que exprime a duração ou o todo. Ele faz com que a duração, ao mudar de natureza, se divida nos objetos e que os objetos, ao se aprofundarem, perdendo seus contornos, reúnam-se na duração. Diremos, então, que o movimento remete os objetos de um sistema fechado à duração aberta e a duração aos objetos do sistema que ela força a se abrirem. O movimento remete os objetos, entre os quais se estabelece, ao todo cambiante que ele exprime e vice-versa. Pelo movimento, o todo se divide nos objetos e os objetos se reúnem no todo: e, justamente entre os dois, "tudo" muda. Podemos considerar os objetos ou partes de um conjunto como *cortes imóveis*; mas o movimento se estabelece entre esses cortes e remete os objetos ou partes à duração de um todo que muda: ele exprime, pois, a mudança do todo no que diz respeito aos objetos e é, ele mesmo, um *corte móvel* da duração. Estamos agora em condições de compreender a tese tão profunda do primeiro capítulo de *Matéria e memória*: 1) não há apenas imagens instantâneas, isto é, cortes imóveis do movimento; 2) há imagens-movimento que são cortes móveis da duração; 3) há, por fim, imagens-tempo, isto é, imagens-mudança, imagens-relação, imagens-volume, para além do próprio movimento...

Capítulo 2
QUADRO E PLANO, ENQUADRAMENTO E DECUPAGEM
[23]

1

Partamos de definições muito simples, sob pena de corrigi-las mais adiante. Chamamos *enquadramento a determinação de um sistema fechado, relativamente fechado, que compreende tudo o que está presente na imagem*, cenários, personagens, acessórios. O quadro cinematográfico constitui, portanto, um conjunto que possui um grande número de partes, isto é, de elementos que entram, por sua vez, em subconjuntos. Pode-se dividi-lo em partes. Evidentemente, as próprias partes estão também em imagem. O que leva Jakobson a dizer que são objetos-signos, enquanto para Pasolini são "cinemas".* Esta terminologia sugere, entretanto, aproximações com a linguagem (os "cinemas" seriam como fonemas e o plano como um monema) que não parecem necessárias.[1] Pois se o quadro tem um análogo, é mais do lado de um sistema informático do que de um sistema linguístico. Os elementos constituem dados ora muito numerosos, ora em número reduzido. O quadro é, portanto, inseparável de duas tendências — à saturação ou à rarefação. Notadamente, a tela larga e a profundidade de campo

* Pasolini cunhou o termo "cinema" por analogia com os fonemas, para designar, no nexo criativo entre o plano e seus objetos, as unidades linguísticas mínimas no cinema; os "cinemas" seriam "os objetos (objetivamente em número infinito) que pertencem à realidade e que estão compreendidos no plano". Ver a esse respeito o capítulo "Théorie des raccords", em Pier Paolo Pasolini, *L'Expérience hérétique: langue et cinéma*, Paris, Payot, 1976. (N. da T.)

[1] Cf. Pasolini, *L'Expérience hérétique*, pp. 263-5.

permitiram a multiplicação dos dados independentes, a ponto de uma cena secundária aparecer na frente, enquanto o principal se passa ao fundo (Wyler), ou nem se pode mais fazer diferença entre o principal e o secundário (Altman). Ao contrário, produzem-se imagens rarefeitas seja quando *[24]* a tônica é colocada sobre um único objeto (em Hitchcock, o copo de leite iluminado do interior, em *Suspeita* [*Suspicion*, 1941]; a brasa do cigarro no retângulo negro da janela em *Janela indiscreta* [*Rear Window*, 1954], seja quando o conjunto é esvaziado de certos subconjuntos (as paisagens desertas de Antonioni, os interiores evacuados de Ozu). O máximo de rarefação parece ser atingido com o conjunto vazio, quando a tela fica inteiramente negra ou branca. Hitchcock dá um exemplo em *Quando fala o coração* [*Spellbound*, 1945], quando um copo de leite invade a tela, deixando apenas uma imagem branca vazia. Mas em ambos os extremos, rarefação ou saturação, o quadro nos ensina assim que a imagem não se dá apenas a ver. Ela é tão legível quanto visível. O quadro tem essa função implícita de registrar informações não apenas sonoras, mas visuais. Se vemos muito poucas coisas numa imagem é porque não sabemos lê-la bem, é porque avaliamos mal tanto a sua rarefação quanto a sua saturação. Haverá uma pedagogia da imagem, especialmente com Godard, quando essa função for levada a se explicitar, quando o quadro passar a valer enquanto superfície opaca de informação, ora turva pela saturação, ora reduzida ao conjunto vazio, a tela branca ou negra.[2]

Em segundo lugar, o quadro sempre foi geométrico *ou* físico, conforme constitui o sistema fechado no que diz respeito a coordenadas escolhidas ou a variáveis selecionadas. Assim, ora o quadro é concebido como uma composição de espaço em paralelas e diagonais, constituindo um receptáculo, de modo tal que as massas e as linhas da imagem que vêm ocupá-lo encontrarão um equi-

[2] Noël Burch, *Praxis du cinéma*, Paris, Gallimard, 1969, p. 86: a propósito da tela negra ou branca, quando ela não serve mais simplesmente de "pontuação", mas assume um "valor estrutural" [ed. bras.: *Práxis do cinema*, tradução de Marcelle Pithon e Regina Machado, São Paulo, Perspectiva, 2006].

líbrio, e seus movimentos, uma invariante. É o que acontece frequentemente com Dreyer; Antonioni parece chegar ao limite dessa concepção geométrica do quadro, que preexiste ao que nele vem se inscrever (*O eclipse* [*L'Eclisse*, 1962]).[3] Ou então o quadro é concebido como uma construção dinâmica em ato, que depende estreitamente da cena, da imagem, das personagens e dos objetos que *[25]* o preenchem. O procedimento da íris em Griffith, que primeiro isola um rosto, depois se abre e mostra as suas imediações; as pesquisas de Eisenstein, inspiradas no desenho japonês, que adaptam o quadro ao tema; a tela variável de Gance, que abre e fecha "segundo as necessidades dramatúrgicas", como um "acordeom visual": houve desde o início a tentativa de variações dinâmicas do quadro. De qualquer modo, o enquadramento é limitação.[4] Mas, de acordo com o próprio conceito, os limites podem ser concebidos de dois modos, matemático ou dinâmico: ora como prévios à existência dos corpos cuja essência os limites vão fixar, ora se estendendo precisamente até onde vai a potência do corpo existente. Desde a filosofia antiga, esse era um dos principais aspectos da oposição entre platônicos e estoicos.

O quadro é geométrico ou físico ainda de outra maneira, no que se refere às partes do sistema que ele ao mesmo tempo separa e reúne. No primeiro caso, o quadro é inseparável de acentuadas distinções geométricas. Uma belíssima imagem de *Intolerância* [*Intolerance*, 1916], de Griffith, corta a tela segundo uma vertical que corresponde à muralha do recinto de Babilônia enquanto se vê, à direita, o rei avançar numa horizontal superior, o caminho da ronda no alto da muralha e, à esquerda, os carros entrando e saindo numa horizontal inferior pelas portas da cidade. Eisenstein estuda

[3] Claude Ollier, *Souvenirs écran*, Paris, Cahiers du Cinéma/Gallimard, 1981, p. 88. É o que Pasolini analisava como "enquadramento obsessivo" em Antonioni (Pasolini, *L'Expérience hérétique*, p. 148).

[4] Dominique Villain, num trabalho inédito que compreende entrevistas com *cameramen*, analisa essas duas concepções do enquadramento: *Le Cadrage cinématographique* [publicado em 1992 sob o título *L'Oeil à la caméra: le cadrage cinématographique*, edição revista e corrigida, Paris, Cahiers du Cinéma, 2001. (N. da T.)].

os efeitos da seção áurea na imagem cinematográfica; Dreyer explora as horizontais e as verticais, as simetrias, o alto e o baixo, as alternâncias de preto e branco; os expressionistas desenvolvem diagonais e contradiagonais, figuras piramidais ou triangulares, que aglomeram os corpos, as multidões, os lugares, o choque dessas massas, toda uma pavimentação do quadro "onde se desenham como que quadrados negros e brancos de um tabuleiro de xadrez" (*Os Nibelungos* [*Die Nibelungen*, 1924] e *Metrópolis* [*Metropolis*, 1927] de Lang).[5] Até a luz é objeto de uma óptica geométrica, quando se organiza com as trevas em duas metades, ou em riscos alternantes, segundo uma tendência do expressionismo (Wiene, Lang). As linhas de separação dos grandes elementos *[26]* da Natureza desempenham, evidentemente, um papel fundamental — como nos céus de Ford: a separação entre o céu e a terra, a terra reduzida à parte inferior da tela. Mas há também a água e a terra, ou a linha delgada e alongada que separa o ar da água, quando a água esconde um fugitivo no fundo, ou quando asfixia uma vítima no limite da superfície em *O fugitivo* [*I am a Fugitive from a Chain Gang*, 1932], de Roy, e *Uma lição para não esquecer* [*Sometimes a Great Notion*, 1971], de Newman. Em geral as potências da Natureza não são enquadradas da mesma maneira que as pessoas ou as coisas, nem os indivíduos do mesmo modo que as multidões, tampouco os subelementos do mesmo modo que os termos. Tanto assim que há no quadro muitos quadros diferentes. As portas, as janelas, os postigos, as lucarnas, as janelas dos carros, os espelhos são outros tantos quadros dentro do quadro. Os grandes autores têm afinidades particulares com um ou outro desses quadros segundos, terceiros etc. E é através desses encaixes de quadros que as partes do conjunto ou do sistema fechado se separam, mas também conspiram e se reúnem.

Por outro lado, a concepção física ou dinâmica do quadro induz a conjuntos vagos que passam a se dividir somente em zonas

[5] Lotte Eisner, *L'Écran démoniaque*, Paris, Éditions André Bonne, col. Encyclopédie du Cinéma, 1952, p. 124 [ed. bras.: *A tela demoníaca: as influências de Max Reinhardt e do expressionismo*, tradução de Lúcia Nagib, São Paulo, Paz e Terra, 2002].

ou bandas. O quadro não é mais o objeto de divisões geométricas, mas de gradações físicas. Então, as partes do conjunto valem como partes intensivas, e o próprio conjunto é uma mistura que passa por todas as partes, por todos os graus de sombra e luz, por toda a escala do claro-escuro (Wegener, Murnau). Trata-se da outra tendência da óptica expressionista, embora certos autores participem das duas, dentro ou fora do expressionismo. É a hora em que não se pode mais distinguir a aurora do crepúsculo, o ar e a água, a água e a terra, na grande mistura de um pântano ou de uma tempestade.[6] Aqui, é pelos graus da mistura que as partes se distinguem ou se confundem, numa transformação contínua dos valores. O conjunto não se divide em partes sem mudar a cada vez de natureza: não se trata nem do divisível nem do indivisível, mas do "dividual". É verdade que já era esse o caso da concepção geométrica: era o encaixe dos quadros que indicava então as mudanças de *[27]* natureza. A imagem cinematográfica é sempre dividual. A razão última disso é que a tela, enquanto quadro dos quadros, confere uma medida comum àquilo que não a tem, plano distante de paisagem e primeiro plano de rosto, sistema astronômico e gota de água, partes que não apresentam um mesmo denominador de distância, de relevo, de luz. Em todos esses sentidos, o quadro assegura uma desterritorialização da imagem.

Em quarto lugar, o quadro se refere a um ângulo de enquadramento. É que o próprio conjunto fechado é um sistema óptico que remete a um ponto de vista sobre o conjunto das partes. Na verdade, o ponto de vista pode ser ou parecer insólito, paradoxal: o cinema mostra pontos de vista extraordinários, rente ao chão, de cima para baixo, de baixo para cima etc. Mas eles parecem submetidos a uma regra pragmática que não vale apenas no cinema de narração: a menos que se caia num esteticismo vazio, eles têm de ter uma explicação, devem se revelar normais ou regulares, seja do ponto de vista de um conjunto mais amplo que compreende o primeiro, seja do ponto de vista de um elemento inicialmente despercebido, não dado, do primeiro conjunto. Em Jean Mitry, en-

[6] Cf. Michel Bouvier e Jean-Louis Leutrat, *Nosferatu*, Paris, Cahiers du Cinéma/Gallimard, 1981, pp. 75-6.

contramos a descrição de uma sequência exemplar a este respeito (*Não matarás* [*Broken Lullaby*, 1933], de Lubitsch): num *travelling* lateral a meia altura, a câmera mostra uma fileira de espectadores vistos de costas e tenta se insinuar até o primeiro posto; e então se detém num perneta cuja perna ausente propicia uma vista para o espetáculo, a passagem de um desfile militar. Ela enquadra, portanto, a perna sã, a muleta e, sob o coto, o desfile. Eis um ângulo de enquadramento eminentemente insólito. Mas um novo plano mostra outro aleijado atrás do primeiro, um homem-tronco que vê precisamente deste modo o desfile, e que atualiza ou efetua o ponto de vista precedente.[7] Diremos, então, que o ângulo do enquadramento estava justificado. Entretanto essa regra pragmática não é sempre válida ou, pelo menos, quando vale, não esgota o caso. Bonitzer elaborou o conceito muito interessante de "desenquadramento" para designar esses pontos de vista anormais que não se confundem com uma perspectiva oblíqua ou um ângulo paradoxal, e remetem a outra *[28]* dimensão da imagem.[8] Deles, encontraríamos exemplos nos quadros cortantes de Dreyer, os rostos cortados pela borda da tela em *A paixão de Joana d'Arc* [*La Passion de Jeanne d'Arc*, 1928]. Mas, mais ainda, como veremos, nos espaços vazios à maneira de Ozu, que enquadram uma zona morta, ou então nos espaços desconectados à maneira de Bresson, cujas partes não se juntam, excedem qualquer justificação narrativa ou, mais geralmente, pragmática e vêm talvez confirmar que a imagem visual tem uma função legível, para além de sua função visível.

Resta o fora de campo.* Não se trata de uma negação; também não basta defini-lo pela não coincidência entre dois quadros,

[7] Jean Mitry, *Esthétique et psychologie du cinéma*, vol. II, Paris, Éditions Universitaires, 1965, pp. 78-9.

[8] Pascal Bonitzer, "Décadrages", *Cahiers du Cinéma*, nº 284, jan. 1978.

* Na época da primeira tradução (1985), o *hors-champ* ainda não tinha tradução estabelecida na crítica brasileira. Propus o termo "extracampo" desde que o autor distinguirá nesta noção dois aspectos, um dos quais não se refere à presença virtual do espaço. Ele considera um aspecto absoluto no *hors-champ*, que introduz o transespacial e o espiritual no sistema cons-

dos quais um seria visual e o outro, sonoro (em Bresson, por exemplo, quando o som dá testemunho do que não se vê e "reveza" com o visual em vez de duplicá-lo).[9] O fora de campo remete ao que, embora perfeitamente presente, não se ouve nem se vê. É verdade que esta presença é problemática, e remete, por sua vez, a duas novas concepções do enquadramento. Se retomarmos a alternativa de Bazin, quadro ou máscara, ora o quadro opera uma máscara móvel, de acordo com a qual todo conjunto se prolonga num conjunto homogêneo mais vasto com o qual ele comunica, ora como um quadro pictural que isola um sistema e neutraliza seu contexto. Essa dualidade se exprime de modo exemplar entre Renoir e Hitchcock; para o primeiro, o espaço e a ação sempre excedem os limites do quadro, que opera apenas uma extração em uma área; no segundo, o quadro opera um "aprisionamento de todos os componentes" e age muito mais como um quadro de tapeçaria do que como quadro pictural ou teatral. Mas, se um conjunto parcial só se comunica formalmente com o seu fora de campo através das características positivas do quadro e do reenquadramento, é verdade que um sistema fechado, mesmo muito fechado, só aparentemente suprime o fora de campo e também lhe atribui, a seu modo, uma importância também decisiva, mais decisiva ainda.[10] *[29]*

tituído pelo quadro. Por meio do termo "extra" busquei por isso evitar a referência unicamente ao espaço. Posteriormente, a expressão "fora de campo" acabou se impondo — o que me levou a acatá-la, apesar de a considerar menos elegante. (N. da T.)

[9] Robert Bresson, *Notes sur le cinématographe*, Paris, Gallimard, 1975, pp. 61-2: "Um som nunca deve vir em socorro de uma imagem, nem uma imagem em socorro de um som [...]. Som e imagem não devem se ajudar mutuamente, mas trabalhar cada um por sua vez numa espécie de revezamento" [ed. bras.: *Notas sobre o cinematógrafo*, tradução de Evaldo Mocarzel, São Paulo, Iluminuras, 2005].

[10] O estudo mais sistemático do fora de campo foi realizado por Noël Burch, justamente a propósito de *Nana* [1926], de Renoir (*Praxis du cinéma*, pp. 30-51). E é desse ponto de vista que Jean Narboni opõe Hitchcock a Renoir ("Visages d'Hitchcock", *Hitchcock*, Paris, Cahiers du Cinéma, hors série, nº 8, 1980, p. 37). Mas, como lembra Narboni, o quadro cinematográfico é sempre uma máscara, como o entendia Bazin: é por isto que o enquadra-

Todo enquadramento determina um fora de campo. Não há dois tipos de quadro, dos quais apenas um remeteria ao fora de campo, mas sim dois aspectos muito diferentes do fora de campo, remetendo cada um a um modo de enquadrar.

A divisibilidade da matéria significa que as partes entram em conjuntos variados, que não param de se subdividir em subconjuntos ou são, eles próprios, o subconjunto de um conjunto mais vasto, ao infinito. É por isso que a matéria se define ao mesmo tempo pela tendência para constituir sistemas fechados e pela inconclusão dessa tendência. Todo sistema fechado é também comunicante. Há sempre um fio para ligar o copo de água açucarada ao sistema solar e qualquer conjunto a um conjunto mais vasto. Esse é o primeiro sentido do que chamamos fora de campo: ao ser enquadrado o conjunto, e portanto visto, há sempre um conjunto maior ou um outro com o qual o primeiro forma um maior que, por sua vez, pode ser visto desde que suscite um novo fora de campo etc. O conjunto de todos esses conjuntos forma uma continuidade homogênea, um universo ou um plano de matéria propriamente ilimitado. Mas certamente não se trata de um "todo", embora esse plano ou esses conjuntos cada vez maiores guardem necessariamente um nexo indireto com o todo. São bem conhecidas as contradições insolúveis em que se cai quando o conjunto de todos os conjuntos é tratado como um todo. Não é que a noção de todo seja desprovida de sentido; mas ela não é um conjunto e não tem partes. A noção de todo é antes o que impede cada conjunto, por maior que seja, de se fechar sobre si próprio, e o que o força a se prolongar num conjunto maior. O todo é, pois, como o fio que atravessa os conjuntos, e confere a cada um deles a possibilidade necessariamente realizada de um se comunicar com o outro, ao infinito. O todo é assim o Aberto, e remete mais ao tempo ou até mesmo ao espírito do que à matéria e ao espaço. Seja qual for o

mento fechado de Hitchcock também tem seu fora de campo, ainda que de um modo completamente diferente do que em Jean Renoir (não mais "um espaço contínuo e homogêneo ao espaço da tela", mas um "espaço *off* descontínuo e heterogêneo ao da tela", que define virtualidades. [Costuma-se traduzir "espace off" por "espaço *off*". (N. da T.)]

nexo entre os dois, não se deve, portanto, confundir o prolongamento dos *[30]* conjuntos uns nos outros e a abertura do todo que passa por cada um. Um sistema fechado nunca é absolutamente fechado; por um lado ele é ligado no espaço a outros sistemas por um fio mais ou menos "tênue", e por outro é integrado ou reintegrado a um todo que lhe transmite uma duração ao longo desse fio.[11] Portanto, talvez não baste distinguir com Burch um espaço concreto e um espaço imaginário do fora de campo, o imaginário tornando-se concreto quando entra por sua vez num campo — logo, quando deixa de ser fora de campo. Pois é em si mesmo, ou enquanto tal, que o fora de campo já contém dois aspectos que diferem por natureza: um aspecto relativo, através do qual um sistema fechado remete no espaço a um conjunto que não se vê e que pode, por sua vez, ser visto suscitando um novo conjunto não visto, ao infinito; um aspecto absoluto, através do qual o sistema fechado se abre para uma duração imanente ao todo do universo, que não é mais um conjunto e não é da ordem do visível.[12] *Os desenquadramentos que não se justificam "pragmaticamente" remetem precisamente a esse segundo aspecto como a sua razão de ser.*

Num caso o fora de campo designa o que existe alhures, ao lado ou em volta; noutro caso atesta uma presença mais inquietante, da qual nem se pode mais dizer que existe, mas antes que "insiste" ou "subsiste", um Alhures mais radical, fora do espaço e do tempo homogêneos. Sem dúvida, esses dois aspectos do fora de campo se misturam constantemente. Mas, quando consideramos uma imagem enquadrada como um sistema fechado, podemos

[11] Henri Bergson desenvolveu todos esses pontos em *L'Évolution créatrice*, cap. I. Sobre o "fio tênue", cf. p. 503 (10).

[12] Pascal Bonitzer objetava a Burch que não existe "devir-campo do fora de campo" e que o fora de campo continua imaginário, mesmo quando se atualizou sob efeito de um *raccord*: alguma coisa sempre fica fora do campo e, segundo Bonitzer, é a própria câmera que por sua vez pode aparecer a seu modo, mas introduzindo uma nova dualidade na imagem (*Le Regard et la voix*, Paris, Union Générale d'Éditions, col. 10-18, 1976, p. 17). Estas observações de Bonitzer nos parecem inteiramente fundadas. Mas acreditamos que existe no próprio fora de campo uma dualidade interna, que não remete apenas ao instrumento de trabalho.

dizer que um aspecto se sobrepõe ao outro, conforme a natureza do "fio". Quanto mais grosso for o fio que liga o conjunto visto a outros conjuntos não vistos, melhor o fora de campo cumpre sua primeira função, que é a de acrescentar espaço ao espaço. Mas, quando *[31]* o fio é muito tênue, não se contenta em reforçar o fechamento do quadro, ou em eliminar o nexo com o exterior. É claro que ele não garante um isolamento completo do sistema relativamente fechado, o que seria impossível. Mas quanto mais tênue for, mais a duração desce no sistema como uma aranha, melhor o fora de campo realiza sua outra função, que é a de introduzir o transespacial e o espiritual no sistema que nunca é perfeitamente fechado. Dreyer havia feito disto um método ascético: quanto mais a imagem é fechada do ponto de vista do espaço, reduzida até a duas dimensões, mais ela está apta a *se abrir* para uma quarta dimensão, que é o tempo, e para uma quinta, que é o Espírito, a decisão espiritual de Joana ou de Gertrud.[13] Quando Claude Ollier define o quadro geométrico de Antonioni, não diz apenas que a personagem esperada ainda não está visível (primeira função do fora de campo), mas também que se encontra momentaneamente numa zona de vazio, "branco sobre branco impossível de filmar", propriamente invisível (segunda função). E, de outra maneira, os quadros de Hitchcock não se contentam em neutralizar o meio em torno, em levar tão longe quanto possível o sistema fechado e em aprisionar na imagem o máximo de componentes; ao mesmo tempo farão da imagem uma *imagem mental*, aberta (como veremos) para um jogo de relações puramente pensadas, que tecem um todo. É por isso que dizíamos que há sempre um fora de campo, mesmo na imagem mais fechada. E que há sempre, simultaneamente, dois aspectos do fora de campo: a conexão atualizável com outros conjuntos, a conexão virtual com o todo. Mas num caso, a segunda conexão, o mais misterioso será atingido indiretamente, no infinito, por intermédio e extensão do primeiro, na sucessão das imagens; no outro caso ela será atingida mais diretamente, na própria imagem, através da limitação e neutralização do primeiro.

[13] Dreyer, citado por Maurice Drouzy, *Carl Th. Dreyer né Nilsson*, Paris, Cerf, 1982, p. 353.

Resumamos os resultados dessa análise do quadro. O enquadramento é a arte de escolher toda a espécie de partes de todos os tipos que entram num conjunto. Tal conjunto é um sistema fechado, relativamente e artificialmente fechado. O sistema fechado determinado pelo quadro pode ser considerado no que se refere aos dados *[32]* que ele comunica aos espectadores: ele é informático e saturado ou rarefeito. Considerado em si mesmo e como limitação, é geométrico ou físico-dinâmico. Considerado na natureza de suas partes, ainda é geométrico ou, então, físico e dinâmico. É um sistema óptico, quando o consideramos relativamente ao ponto de vista, ao ângulo de enquadramento: então, ele é pragmaticamente justificado, ou exige uma justificação mais elevada. Enfim, ele determina um fora de campo, seja sob a forma de um conjunto mais vasto que o prolonga, seja sob a forma de um todo que o integra.

2

A decupagem é a determinação do plano, e o plano a determinação do movimento que se estabelece no sistema fechado, entre elementos ou partes do conjunto. Mas, como já observamos, o movimento diz respeito também a um todo que difere em natureza do conjunto. O todo é o que muda, é o aberto ou a duração. O movimento exprime, portanto, uma mudança do todo, ou uma etapa, um aspecto dessa mudança, uma duração ou uma articulação de duração. Assim, o movimento tem duas faces, tão inseparáveis quanto o direito e o avesso, o reto e o verso: *ele é nexo entre partes, e é afecção do todo*. Por um lado, modifica as posições respectivas das partes de um conjunto, que são como seus cortes, cada um imóvel em si mesmo; por outro, ele próprio é o corte móvel de um todo, cuja mudança exprime. Sob um aspecto é dito relativo; sob o outro é dito absoluto. Consideremos um plano fixo onde personagens se movimentam: elas modificam suas posições respectivas num conjunto enquadrado; mas essa modificação seria totalmente arbitrária se não exprimisse também algo que está mudando, uma alteração qualitativa, por mínima que seja, no todo que passa por este conjunto. Consideremos um plano onde a câmera se movimenta: ela pode ir de um conjunto a outro, modificar a posição respectiva dos conjuntos — tudo isso só é necessário se a modificação relativa exprime uma mudança absoluta do todo que passa por esses conjuntos. Por exemplo: a câmera segue um homem e uma mulher que sobem uma escada e chegam a uma porta, que o homem abre; em seguida a câmera os deixa e *[33]* retrocede num único plano, ladeia a parede exterior do apartamento, volta à escada descendo-a de costas, desemboca na calçada e se ergue pelo exterior até a janela opaca do apartamento visto de fora. Tal movimento, que modifica a posição relativa de conjuntos imóveis só é necessário se exprime algo que está acontecendo, uma mudança num todo que passa, ele mesmo, por essas modificações: a mulher está sendo assassinada, ela entrara livre e não pode mais esperar socorro algum, o assassinato é inexorável. Dir-se-á que este exemplo (*Frenesi* [*Frenzy*, 1973] de Hitchcock) é um caso de elipse na narração. Mas, que haja elipse ou não, ou mesmo que haja narração ou não, por enquanto não importa. O que conta nesses exemplos é que o plano, seja ele qual for, tem como que dois polos: um no que se refere aos conjuntos no espaço, onde ele introduz modificações relativas entre conjuntos ou subconjuntos; outro no que se refere a um todo cuja mudança absoluta na duração ele exprime. Esse todo nunca se limita a ser elíptico, nem narrativo, embora possa sê-lo. Mas, seja qual for o plano, ele tem sempre dois aspectos: por um lado, apresenta modificações de posição relativa num conjunto ou conjuntos, por outro, exprime mudanças absolutas num todo ou no todo. Em geral, o plano tem uma face voltada para o conjunto, do qual traduz as modificações entre as partes, e outra voltada para o todo, do qual exprime a mudança ou, pelo menos, uma mudança. Daí decorre a situação do plano, que pode ser definido abstratamente como intermediário entre o enquadramento do conjunto e a montagem do todo. Ora voltado para o polo do enquadramento, ora para o polo da montagem. O plano é o movimento considerado em seu duplo aspecto: translação das partes de um conjunto que se estende no espaço, mudança de um todo que se transforma na duração.

Não se trata unicamente de uma determinação abstrata do plano. Pois ele encontra sua determinação concreta na medida em que está sempre assegurando a passagem de um aspecto ao outro, a ventilação ou a distribuição dos dois aspectos, sua perpétua conversão. Retomemos os três níveis bergsonianos: os conjuntos e suas partes; o todo que se confunde com o Aberto ou a mudança na duração; o movimento que se instaura entre as partes ou os conjuntos, *[34]* mas que também exprime a duração, isto é, a mudança do todo. O plano é como o movimento que está sempre assegurando a conversão, a circulação. Ele divide e subdivide a duração de acordo com os objetos que compõem o conjunto, ele reúne os objetos e os conjuntos em uma única e mesma duração. Está sempre dividindo a duração em subdurações, elas próprias heterogêneas, e reunindo-as numa duração imanente ao todo do universo. Considerando que é uma consciência que opera tais divisões e reuniões, dir-se-á do plano que ele age como uma consciência. Mas a única consciência cinematográfica não somos nós, cada espectador, nem o herói, é a câmera, ora humana, ora inumana ou sobre-humana. Seja o movimento da água, o de um pássaro ao longe e o de uma personagem num barco: eles se confundem em uma percepção única, um todo pacífico da natureza humanizada. Mas eis que o pássaro, uma gaivota banal avança e vem ferir a pessoa: os três fluxos se dividem e tornam-se exteriores uns aos outros. O todo voltará a se formar, mas terá mudado: terá se tornado a consciência única ou a percepção de um todo dos pássaros, uma natureza inteiramente passarizada, voltada contra o homem, numa espera infinita. E se redividirá novamente quando os pássaros atacarem, de acordo com os modos, os lugares, as vítimas de seu ataque. E se constituirá de novo graças a uma trégua, quando o humano e o inumano entrarem numa conexão indecisa (*Os pássaros* [*The Birds*, 1963], de Hitchcock). Tanto poderemos dizer que a divisão está entre dois todos, quanto que o todo está entre duas divisões.[14] O plano, isto é, a consciência, traça um movimen-

[14] Sobre a separação e a reunião dos fluxos, cf. Henri Bergson, *Durée et simultanéité*, cap. 3 (Bergson toma por modelo os três fluxos: de uma consciência, de uma água que escoa e de um pássaro que voa) [ed. bras.: *Duração e simultaneidade*, tradução de Claudia Berliner, São Paulo, Martins Fontes, 2006].

to que faz com que as coisas entre as quais ele se estabelece não parem de se reunir em um todo e o todo de se dividir entre as coisas (o Dividual).

É o próprio movimento que se decompõe e se recompõe. Decompõe-se de acordo com os elementos entre os quais atua dentro de um conjunto: os que permanecem fixos, aqueles aos quais o movimento é atribuído, os que fazem ou sofrem tal movimento simples ou divisível... Mas também se *[35]* recompõe em um grande movimento complexo indivisível de acordo com o todo cuja mudança exprime. Podemos considerar certos grandes movimentos como a assinatura própria de um autor, que caracterizam o todo de um filme ou até o todo de uma obra, mas que ressoam com o movimento relativo de tal imagem assinada, ou de tal detalhe na imagem. Num estudo exemplar sobre o *Fausto* [*Faust*, 1926] de Murnau, Éric Rohmer mostrava como os movimentos de expansão e de contração se distribuíam entre as pessoas e os objetos num "espaço pictural", mas também exprimiam verdadeiras Ideias no "espaço fílmico", o Bem e o Mal, Deus e Satã.[15] Orson Welles descreve frequentemente dois movimentos que se compõem, dos quais um é como uma fuga horizontal linear numa espécie de jaula alongada e estriada, com abertura, e o outro como um traçado circular cujo eixo vertical opera, no sentido da altura, uma *plongée* ou uma contra-*plongée*:* se esses movimentos já são aqueles que animam a obra literária de Kafka, concluiremos que existe uma afinidade entre Welles e Kafka que não se reduz ao filme *O processo* [*The Trial*, 1981], mas antes explica por que Welles precisou confrontar-se diretamente com Kafka; se tais movimentos aparecem de novo e se combinam profundamente em *O terceiro homem* [*The Third Man*, 1949] de Reed, concluiremos que Welles foi mais que um ator nesse filme, e participou intimamente da sua construção, ou que Reed foi um discípulo inspirado de Welles. Em muitos de seus filmes, Kurosawa tem uma assinatura que parece um ideogra-

[15] Éric Rohmer, *L'Organisation de l'espace dans le Faust de Murnau*, col. 10-18, Paris, Union Générale d'Éditions, 1977.

* Usa-se mais comumente a forma francesa do que a sua tradução "câmera alta" e "câmera baixa". (N. da T.)

ma japonês fictício: um grosso traço vertical desce de alto a baixo da tela, enquanto dois movimentos laterais mais finos a atravessam da direita para a esquerda e da esquerda para a direita; um movimento complexo desse tipo, como veremos, aguarda um nexo com o todo do filme, com uma maneira de conceber o todo de um filme. Ao analisar certos filmes de Hitchcock, François Regnault distinguia para cada um deles um movimento global ou uma "forma principal, geométrica ou dinâmica", que poderiam aparecer em estado puro nos créditos: "as espirais de *Um corpo que cai* [*Vertigo*, 1958], as linhas quebradas e a estrutura contrastada por alternância em preto e branco de *Psicose* [*Psycho*, 1960], as coordenadas cartesianas em flecha de *Intriga internacional* [*North by Northwest*, 1959]". *[36]* E talvez os grandes movimentos deste filme sejam, por sua vez, componentes de um movimento ainda maior, que exprimiria o todo da obra de Hitchcock e a maneira segundo a qual essa obra evoluiu, se transformou. Mas não menos interessante é a outra direção, de acordo com a qual um grande movimento, voltado para um todo que muda, se decompõe em movimentos relativos, em formas locais voltadas para as posições respectivas das partes de um conjunto, para as atribuições às pessoas e aos objetos, para as repartições entre elementos. É o que Regnault estuda em Hitchcock (assim, em *Um corpo que cai*), a grande espiral pode tornar-se a vertigem do herói, mas também o circuito que ele traça com seu carro, ou então o anel nos cabelos da heroína).[16] Mas é para cada autor que esse tipo de análise é desejável, é o programa de pesquisa necessário para toda análise de autor, o que se poderia chamar de estilística: o movimento que se instaura entre as partes de um conjunto num quadro, ou de um conjunto a outro num reenquadramento; o movimento que exprime um todo num filme ou numa obra; a correspondência entre os dois, a maneira segundo a qual eles se respondem mutuamente, passam de um a outro. Pois trata-se do mesmo movimento, ora compondo, ora decompondo, são os dois aspectos do mesmo mo-

[16] François Regnault, "Système Formel d'Hitchcock", *Hitchcock*, Paris, Cahiers du Cinéma, hors série, nº 8, 1980. Sobre a composição de um movimento que exprimiria o todo da obra, cf. p. 27.

vimento. E esse movimento é o plano, o intermediário concreto entre um todo que apresenta mudanças e um conjunto que tem partes e que não para de converter um no outro segundo suas duas faces.

O plano é a imagem-movimento. Enquanto refere o movimento a um todo que muda, é o corte móvel de uma duração. Ao descrever a imagem de uma manifestação, Pudóvkin diz: é como se subíssemos num telhado para vê-la, depois descêssemos à janela do primeiro andar para ler as faixas, depois misturamo-nos à multidão...[17] É apenas "como se"; porque a percepção natural introduz paradas, ancoragens, pontos fixos ou pontos de vista separados, corpos móveis ou mesmo veículos distintos, enquanto a percepção cinematográfica opera continuamente, num *[37]* único movimento cujas próprias paradas são parte integrante e não passam de uma vibração sobre si mesmos. Consideremos o célebre plano de *A turba* [*The Crowd*, 1928] de King Vidor, que Mitry denominava "um dos mais belos *travellings* de todo o cinema mudo": a câmera avança no meio da multidão à contracorrente, dirige-se para um arranha-céu, sobe até o vigésimo andar, enquadra uma das janelas, descobre um hall cheio de escrivaninhas, entra, avança e chega até uma escrivaninha atrás da qual está o herói. Ou também o célebre plano de *A última gargalhada* [*Der letzte Mann*, 1924]* de Murnau: a câmera sobre uma bicicleta, inicialmente colocada num elevador, desce com ele e capta o hall do grande hotel através dos vidros, operando incessantes decomposições e recomposições, depois "corre através do vestíbulo e dos enormes batentes da porta giratória num único e perfeito *travelling*". Aqui a câmera carrega consigo dois movimentos, dois objetos móveis ou dois veículos, o elevador e a bicicleta. Ela pode mostrar um, que faz parte da imagem, e esconder o outro (pode também, em certos casos, mostrar na imagem a própria câmera). Mas não é isso que interessa. O que interessa é que a câmera móvel é como um

[17] Vsievolod I. Pudóvkin, citado por Pierre Lherminier, *L'Art du cinéma*, Paris, Seghers, 1960, p. 192.

* Filme também conhecido pelo título *O último dos homens* ou *O último homem*. (N. da T.)

equivalente geral de todos os meios de locomoção que ela mostra ou dos quais se serve (avião, carro, barco, bicicleta, marcha, metrô...). Dessa equivalência Wenders fará a alma de dois de seus filmes, *No decurso do tempo* [*Im lauf der Zeit*, 1976] e *Alice nas cidades* [*Alice in den Städten*, 1974], introduzindo assim no cinema uma reflexão particularmente concreta sobre o cinema. Em outras palavras, o próprio da imagem-movimento cinematográfica é extrair dos veículos ou dos corpos móveis o movimento que é sua substância comum, ou extrair dos movimentos a mobilidade que é a sua essência. Era a aspiração de Bergson: a partir do corpo ou do móvel ao qual nossa percepção natural vincula o movimento como a um veículo, extrair uma simples "mancha" colorida, a imagem-movimento, que "em si mesma se reduz a uma série de oscilações extremamente rápidas" e "não passa, na realidade, de um movimento de movimentos".[18] Ora, aquilo de que Bergson considerava o cinema incapaz, porque levava em conta apenas o que *[38]* se passava no aparelho (o movimento homogêneo abstrato do desfilar das imagens), é aquilo de que o aparelho é o mais capaz, eminentemente capaz: a imagem-movimento, isto é, o movimento puro extraído dos corpos ou dos móveis. Não se trata de uma abstração, mas de uma emancipação. Trata-se sempre de um grande momento no cinema, como em Renoir, quando a câmera deixa uma personagem e até lhe vira as costas, adquirindo um movimento próprio ao cabo do qual ela a reencontrará.[19]

[18] Henri Bergson, *Matière et mémoire*, p. 331 (219); *La Pensée et le mouvant*, pp. 1.382-3 (164-5). Encontraremos frequentemente em Gance a mesma expressão "movimentos de movimentos". [Ed. bras.: *Matéria e memória*, tradução de Paulo Neves, São Paulo, Martins Fontes, 2011. A introdução a *La Pensée et le mouvant* está traduzida no volume dedicado a Bergson na coleção "Os Pensadores", tradução de Franklin Leopoldo da Silva, São Paulo, Abril, 1984.]

[19] Cf. a análise de André Bazin que tornou célebre uma grande panorâmica de Renoir, em *Le Crime de M. Lange*: a câmera abandona uma personagem numa extremidade do pátio, volta no sentido contrário varrendo o lado vazio do cenário, para atingir a personagem na outra extremidade do pátio, onde ela vai cometer seu crime (*Jean Renoir*, Paris, Champ Libre, 1971,

Ao operar assim um corte móvel dos movimentos, o plano não se contenta em exprimir a duração de um todo que muda, mas faz incessantemente variarem os corpos, as partes, os aspectos, as dimensões, as distâncias, as posições respectivas dos corpos que compõem um conjunto na imagem. Um se faz por meio do outro. É porque o movimento puro faz variar por fracionamento os elementos do conjunto segundo denominadores diferentes, é porque decompõe e recompõe o conjunto que ele também se reporta a um todo fundamentalmente aberto, cuja particularidade é "se fazer" sem cessar, ou mudar, durar. E vice-versa. Foi Epstein quem mais profunda e mais poeticamente realçou essa natureza do plano como puro movimento, comparando-o a uma pintura cubista ou simultaneísta: "Todas as superfícies se dividem, se truncam, se decompõem, se quebram, como se imagina que acontece no olho de mil facetas do inseto. Geometria descritiva cuja tela é o plano final. Em vez de se submeter à perspectiva, o pintor fende-a, nela penetra [...]. A perspectiva do exterior é substituída, assim, pela *perspectiva do interior*, uma perspectiva múltipla, cambiante, sinuosa, variável e contráctil como um higrômetro ao cabelo.* Ela não é a mesma à direita que à esquerda, nem em cima e embaixo. Vale dizer que as frações que o pintor apresenta da realidade não têm os mesmos denominadores de distância, nem de relevo, nem de luz". *[39]* É que o cinema, ainda mais diretamente que a pintura, dá um relevo ao tempo, uma perspectiva ao tempo: exprime o próprio tempo como perspectiva ou relevo.[20] É por isso que o tempo adquire essencialmente o poder de se contrair ou de se dilatar, assim como o movimento o de se atenuar ou acelerar. Epstein toca de per-

p. 42: "Este espantoso movimento de aparelho [...] é a expressão espacial de toda a *mise-en-scène*").

* Higrômetro a cabelo: instrumento da física que serve para medir o grau de umidade atmosférica, baseado no fato de que algumas substâncias orgânicas variam de volume quando recebem umidade. (N. da T.)

[20] Jean Epstein (*Écrits*, vol. I, Paris, Seghers, 1974, p. 115) escreve esse texto a propósito de Fernand Léger, que foi sem dúvida o pintor mais próximo do cinema. Mas ele retomará seus termos diretamente a propósito do cinema (pp. 138 e 178).

to o conceito de plano: é um corte móvel, quer dizer, *uma perspectiva temporal ou uma modulação*. A diferença entre a imagem cinematográfica e a imagem fotográfica decorre daí. A fotografia é uma espécie de "moldagem": o molde organiza as forças internas da coisa de tal modo que elas atingem um estado de equilíbrio num certo instante (corte imóvel). Enquanto a modulação não se detém quando o equilíbrio é atingido, e não para de modificar o molde, de constituir um molde variável, contínuo, temporal.[21] Assim é a imagem-movimento que, deste ponto de vista, Bazin opunha à fotografia: "O fotógrafo procede por intermédio da objetiva a uma verdadeira captação do registro luminoso, a uma moldagem [...] (mas) o cinema realiza o paradoxo de moldar-se sobre o tempo do objeto e de captar, além do mais, o registro de sua duração".[22]

3

O que acontecia no tempo da câmera fixa? A situação foi descrita muitas vezes. Em primeiro lugar, o quadro é definido por um ponto de vista único e frontal, que é o do espectador, sobre um conjunto invariável: não há, portanto, comunicação de conjuntos variáveis remetendo-se uns aos outros. Em segundo lugar, o plano é uma determinação unicamente espacial que indica uma "fatia" de espaço a esta ou aquela distância da câmera, do primeiro plano ao plano distante (cortes imóveis): o movimento não é, assim, liberado por si *[40]* mesmo e permanece preso aos elementos, personagens e coisas que lhe servem de móvel ou de veículo. Finalmente, o todo se confunde com o conjunto em profundidade, de tal modo que o corpo móvel o percorre passando de um plano espacial a outro, de uma fatia paralela a outra, cada uma com sua

[21] A propósito desta diferença entre moldagem e modulação em geral, cf. Gilbert Simondon, *L'Individu et sa génèse physico-biologique*, Paris, Presses Universitaires de France, 1964, pp. 40-2.

[22] André Bazin, *Qu'est-ce que le cinéma?*, Paris, Cerf, 1976, p. 151 [ed. bras.: *O que é o cinema?*, tradução de Eloisa Araújo Ribeiro, São Paulo, Cosac Naify, 2014].

independência ou seu foco: portanto, não há propriamente nem mudança nem duração, na medida em que a duração implica outra concepção da profundidade que embaralha e desloca as zonas paralelas, em vez de as superpor. Podemos assim definir um estado primitivo do cinema no qual a imagem está em movimento em vez de ser imagem-movimento; e é relativamente a esse estado primitivo que se exerceu a crítica bergsoniana.

Mas, se perguntamos como se constituiu a imagem-movimento, ou como o movimento se emancipou das pessoas e das coisas, constatamos que isto se deu sob duas formas diferentes e, nos dois casos, de maneira imperceptível: por um lado, evidentemente, por meio da mobilidade da câmera, quando o próprio plano torna-se móvel; mas, por outro lado também, por meio da montagem, isto é, do *raccord** de planos, cada um dos quais ou a maioria dos quais podiam perfeitamente continuar fixos. Desse modo uma podia atingir uma pura mobilidade, extraída dos movimentos de personagens, com muito pouco movimento da câmera: era até o caso mais frequente, e especialmente ainda o do *Fausto* de Murnau, ficando a câmera móvel reservada para cenas excepcionais ou momentos marcantes. Ora, de início, ambos os meios se verão em certa obrigação de se esconder: não só os *raccords* de montagem (por exemplo, *raccords* no eixo) deviam ser imperceptíveis, como também os movimentos da câmera, na medida em que se referiam a momentos ordinários ou cenas banais (movimentos de uma lentidão próxima do limite da percepção).[23] É que as duas *[41]* for-

* O *raccord* é a ligação entre planos. Usa-se habitualmente o termo em francês. (N. da T.)

[23] Estes pontos essenciais foram analisados por Noël Burch: 1) o *raccord* de montagem e os movimentos de câmera têm origens muito diferentes; é Griffith quem codifica os *raccords*, mas fazendo da câmera móvel um uso excepcional (*Nascimento de uma nação*); é Pastrone quem faz da câmera móvel um uso ordinário, mas negligenciando os *raccords* e situando-se "sob o signo exclusivo da frontalidade, característicos do primeiro cinema primitivo" (*Noites de Cabíria*); 2) mas em Griffith e em Pastrone os dois procedimentos defrontam uma mesma condição de imperceptibilidade voluntariamente procurada (Noël Burch, *Marcel L'Herbier*, Paris, Seghers, 1973, pp. 142-5).

mas ou meios só intervinham para realizar um potencial contido na imagem fixa primitiva, isto é, no movimento enquanto ainda preso a pessoas e a coisas. É este movimento que já era próprio do cinema e que reclamava uma espécie de emancipação, não podendo se contentar com os limites nos quais o mantinham as condições primitivas. Tanto que a imagem dita primitiva, a imagem em movimento, definia-se menos por seu estado que por sua tendência. O plano espacial ou fixo tendia a propiciar uma imagem-movimento pura, tendência que passava insensivelmente ao ato por meio da mobilização da câmera no espaço, ou então da montagem de planos móveis ou simplesmente fixos no tempo. Como diz Bergson, apesar de não o ter visto para o cinema, as coisas nunca se definem pelo seu estado primitivo, mas pela tendência oculta nesse estado.

Podemos reservar a palavra "plano" para as determinações espaciais fixas, fatias de espaço ou distâncias relativamente à câmera: como faz Jean Mitry, não apenas quando denuncia a expressão "plano-sequência", segundo ele incoerente, como também, com mais razão ainda, quando vê no *travelling* não um plano, mas uma sequência de planos. É então a sequência de planos que herda o movimento e a duração. Mas como não se trata de uma noção suficientemente determinada, será preciso criar conceitos mais precisos para distinguir as unidades de movimento e de duração: o que veremos com os "sintagmas" de Christian Metz e os "segmentos" de Raymond Bellour. Mas por enquanto, do nosso ponto de vista, a noção de plano pode ter unidade e extensão suficiente se lhe atribuirmos seu pleno sentido projetivo, perspectivo ou temporal. Com efeito, uma unidade é sempre unidade de um ato que compreende, enquanto tal, uma multiplicidade de elementos passivos ou agidos.[24] Nesse sentido, *os* planos, enquanto determinações espaciais imóveis podem perfeitamente ser a multiplicidade que corresponde à unidade *do* plano, enquanto corte móvel ou perspectiva temporal. A unidade variará conforme a multiplicida-

[24] Henri Bergson, *Essai sur les donnés immédiates de la conscience*, p. 55 (60) [ed. port.: *Ensaio sobre os dados imediatos da consciência*, tradução de João da Silva Gama, Lisboa, Edições 70, 1988].

de que contém, mas continuará sendo a unidade desta multiplicidade correlativa.

Distinguiremos diversos casos a esse respeito. Num primeiro caso, o movimento contínuo da câmera definirá *[42]* o plano, sejam quais forem as mudanças de ângulo e de pontos de vista múltiplos (por exemplo, um *travelling*). Num segundo caso, é a continuidade do *raccord* que constituirá a unidade do plano, embora esta unidade tenha por "matéria" dois ou vários planos sucessivos que podem, aliás, ser fixos. Do mesmo modo, certos planos móveis podem ter sua distinção atribuída unicamente a limitações materiais, e, no entanto, formar uma unidade perfeita em função da natureza de seu *raccord*: como em Orson Welles, as duas *plongées* de *Cidadão Kane* [*Citizen Kane*, 1941], onde a câmera atravessa literalmente uma vidraça e penetra um grande recinto, seja graças à chuva que bate contra o vidro e o embaça, seja graças ao temporal que se abate contra a vidraça e a quebra. Num terceiro caso, nos encontramos diante de um plano de longa duração fixo ou móvel, "plano-sequência", com profundidade de campo: um plano desse tipo compreende em si mesmo todas as porções de espaço simultaneamente, do primeiro plano ao plano afastado, mas não deixa de ter uma unidade que permite defini-lo como um plano. É que a profundidade não é mais concebida à maneira do cinema "primitivo", como uma superposição de fatias paralelas, em que cada uma diz respeito somente a si mesma, sendo apenas atravessadas por um único móvel. Ao contrário, em Renoir ou em Welles, o conjunto dos movimentos se distribui em profundidade de modo a estabelecer ligações, ações e reações que nunca se desenvolvem uma ao lado da outra num mesmo plano, mas antes se escalonam em distâncias diferentes e de um plano para o outro. A unidade do plano é conferida aqui pela ligação direta entre elementos tomados na multiplicidade dos planos superpostos que deixam de ser isoláveis: é o nexo entre as partes próximas e distantes que opera a unidade. A mesma evolução aparece na história da pintura, entre os séculos XVI e XVII: a superposição de planos em que cada um é preenchido por uma cena específica e as personagens se encontram lado a lado foi substituída por uma visão completamente diferente da profundidade, em que as personagens se encontram em linha oblíqua e se interpelam de um plano ao outro, em que os elementos de um plano agem e reagem sobre os elementos de um outro plano, em que nenhuma forma, nenhuma cor se encerram num único plano, em que as dimensões do primeiro plano acham-se anormalmente aumentadas para entrar diretamente em conexão com o plano de fundo por redução brusca *[43]* das grandezas.[25] Num quarto caso, o plano-sequência (pois há muitos tipos de plano-sequência) não comporta mais nenhuma profundidade, nem de superposição nem de recuo: ao contrário, ele rebate todos os planos espaciais sobre um único primeiro plano que passa por diferentes quadros de tal modo que a unidade do plano remete à perfeita planura da imagem, enquanto a multiplicidade correlativa é conferida pelos reenquadramentos. Era o caso de Dreyer nos seus planos-sequência análogos a superfícies chapadas* e que negam qualquer distinção entre diferentes planos espaciais, fazendo o movimento passar por uma série de reenquadramentos que se substituem a mudança de plano *Gertrud* [*Gertrud*, 1964] e *A*

[25] Essas duas concepções da profundidade na pintura foram estudadas por Heinrich Wölfflin num belíssimo capítulo ("Plans et profondeur") de *Principes fondamentaux de l'histoire de l'art*, Paris, G. Monfort, 1984 [ed. bras.: *Conceitos fundamentais da história da arte*, tradução de João Azenha Jr., São Paulo, Martins Fontes, 2015]. O cinema apresenta exatamente a mesma evolução como dois aspectos muito diferentes da profundidade que foram analisados por André Bazin ("Pour en finir avec la profondeur de champ", *Cahiers du Cinéma*, nº 1, abr. 1951). Apesar de todas as suas reservas a respeito da tese de Bazin, Jean Mitry concede-lhe o essencial: numa primeira forma, a profundidade é recortada segundo fatias superpostas isoláveis em que cada uma vale por si própria (assim em Feuillade e em Griffith); mas em Renoir e em Welles é outra forma que substitui as fatias por uma interação perpétua, curto-circuitando o primeiro plano e o plano de fundo. As personagens não se encontram mais num mesmo plano, elas remetem-se umas às outras e se interpelam de um plano a outro. Os primeiros exemplos desta nova profundidade talvez estejam em *Ouro e maldição* [*Greed*, 1924], de Stroheim, e corresponderiam perfeitamente à análise de Wofflin: a mulher se sobressalta em plano aproximado, enquanto o marido entra pela porta do fundo e um raio de luz vai de um até o outro.

* No original, *aplats*. (N. da T.)

palavra [*Ordet*, 1955].[26] As imagens sem profundidade ou com profundidade rasa* formam um tipo de plano corrediço e deslizante, que se opõe ao volume das imagens profundas.

Em todos estes sentidos, o plano tem realmente uma unidade. É uma unidade de movimento, e como tal compreende uma multiplicidade correlativa que não o contradiz.[27] No máximo pode-se *[44]* dizer que essa unidade submete-se a uma dupla exigência — no que diz respeito ao todo, cuja mudança ela exprime ao longo do filme, e no que diz respeito às partes, cujos deslocamentos em cada conjunto e de um conjunto ao outro ela determina. Pasolini exprimiu essa dupla exigência de uma maneira muito clara. Por um lado, o todo cinematográfico seria um único e mesmo plano-sequência analítico, ilimitado por direito, e teoricamente contínuo; por outro, as partes do filme seriam de fato planos descontínuos, dispersos, disseminados, sem ligação atribuível. É preciso,

[26] A tentativa de Hitchcock em *Festim diabólico* [*Rope*, 1948], um único plano-sequência para todo o filme (interrompido unicamente para troca de rolo), corresponde ao mesmo caso. Bazin objetava que o plano-sequência de Renoir, Welles e Wyler rompia com a decupagem ou com o plano tradicional, enquanto Hitchcock os conservava, contentando-se em operar "uma perpétua sucessão de reenquadramentos". Rohmer e Chabrol respondem com razão que esta é precisamente a novidade de Hitchcock, que transforma o quadro tradicional, enquanto Welles, inversamente, o conserva (Éric Rohmer e Claude Chabrol, *Hitchcock*, Paris, Éditions D'Aujourd'hui, 1975, pp. 98-9).

* Em oceanografia usa-se o termo "profundidade rasa", ou "plataforma", em oposição a "profundidades abissais". (N. da T.)

[27] Pascal Bonitzer analisou todos esses tipos de plano, da profundidade de campo, planos sem profundidade, aos planos modernos que chama de "contraditórios" (em Godard, Syberberg, Marguerite Duras) em *Le Champ aveugle*, Paris, Cahiers du Cinéma/Gallimard, 1982. E, sem dúvida, entre os críticos contemporâneos, Bonitzer é o que se interessou mais pela noção de plano e pela sua evolução. Parece-nos que suas análises muito rigorosas deveriam levá-lo a uma nova concepção do plano enquanto unidade consistente, a uma nova concepção das unidades (das quais encontraríamos equivalentes na ciência). No entanto, ele antes delas extrai dúvidas sobre a consistência da noção de plano, cujo "caráter múltiplo, ambíguo e fundamentalmente falso" denuncia. É com relação apenas a esse ponto que não podemos segui-lo.

portanto, que o todo renuncie à sua idealidade e se torne o todo sintético do filme que se realiza na montagem das partes; e, inversamente, que as partes se selecionem, se coordenem, entrem em *raccords* e ligações que reconstituam pela montagem o plano-sequência virtual ou o todo analítico do cinema.[28]

Mas não existe tal repartição entre o que é de fato e o que é de direito (que implica em Pasolini uma grande repulsa pelo plano-sequência, sempre mantido na sua virtualidade). Há dois aspectos que são ao mesmo tempo de fato e de direito, e que manifestam a tensão do plano como unidade. Por um lado, as partes e seus conjuntos entram em continuidades relativas por meio de *raccords* imperceptíveis, de movimentos de câmera, de planos-sequência de fato, com ou sem profundidade de campo. O todo intervém, por outro lado e numa outra ordem como aquilo que impede os conjuntos de se fecharem sobre si ou uns sobre outros, o que atesta uma abertura irredutível às continuidades, tanto quanto às suas rupturas. Ele surge na dimensão de uma duração que muda e não para de mudar. Ele aparece nos falsos *raccords* enquanto polo essencial do cinema. O falso *raccord* pode atuar num conjunto (Eisenstein) ou *[45]* na passagem de um conjunto a outro, entre dois planos-sequência (Dreyer). Por isso mesmo não basta dizer que o plano-sequência interioriza a montagem no ato de filmar; ao contrário, ele coloca problemas específicos de montagem. Numa discussão sobre a montagem, Narboni, Sylvie Pierre e Rivette perguntam: onde foi parar Gertrud, por onde Dreyer a fez passar? E a resposta que propõem é: ela passou através da emenda.[29] O falso *raccord* não é nem um *raccord* de continuidade nem uma ruptura ou uma descontinuidade no *raccord*. O falso *raccord* é por si mesmo uma dimensão do Aberto, que escapa aos conjuntos e às suas partes. Ele realiza outra potência do fora de campo, este alhures ou esta zona vazia, este "branco sobre branco impossível de filmar". Gertrud foi parar naquilo que Dreyer chamava de quarta

[28] Pasolini, *L'Expérience hérétique*, pp. 197-212.

[29] Jean Narboni, Sylvie Pierre e Jacques Rivette, "Montage", *Cahiers du Cinéma*, nº 210, mar. 1969.

e quinta dimensões. Longe de romper o todo, os falsos *raccords* são o ato do todo, a cunha que cravam nos conjuntos e suas partes, assim como os verdadeiros *raccords* são a tendência inversa das partes e dos conjuntos de se reunirem em um todo que lhes escapa.

Capítulo 3
MONTAGEM
[46]

1

Através dos *raccords*, dos cortes e dos falsos *raccords* a montagem é a determinação do Todo (o terceiro nível bergsoniano). Eisenstein não cessa de lembrar que a montagem é o todo do filme. Mas por que o todo é justamente o objeto da montagem? Do começo ao fim de um filme, algo muda, algo mudou. Mas esse todo que muda, este tempo ou esta duração, parece poder ser apreendido apenas indiretamente, no que diz respeito às imagens-movimento que o exprimem. A montagem é essa operação que recai sobre as imagens-movimento para extrair delas o todo, a ideia, isto é, a imagem *do* tempo. É uma imagem necessariamente indireta, pois é inferida das imagens-movimento e de seus nexos. Nem por isso a montagem vem depois. É até preciso, de certo modo, que o todo seja primeiro, que esteja pressuposto. Tanto mais que, como já vimos, só raramente a imagem-movimento remete por si mesma à mobilidade da câmera, tanto na época de Griffith quanto depois, surgindo constantemente de uma sucessão de planos fixos que supõe a montagem. Se consideramos os três níveis — a determinação dos sistemas fechados, a do movimento que se estabelece entre as partes do sistema, e a do todo cambiante que se exprime no movimento — há tamanha circulação entre os três que cada um pode conter ou prefigurar os outros. Certos autores poderão assim já "pôr" a montagem no plano ou até no *[47]* quadro e, assim, dar pouca importância à montagem em si mesma. Mas a especificidade das três operações continua subsistindo até na sua mútua interioridade. O que cabe à montagem, em si mesma ou em outra coisa, é a imagem indireta do tempo, da duração. Não um tempo homogêneo ou uma duração espacializada, como a que Bergson denuncia, mas sim uma duração e um tempo efetivos que decorrem da articulação das imagens-movimento, segundo os textos precedentes de Bergson. Quanto à questão de saber se além disso existem imagens diretas que poderíamos chamar de imagens-tempo, de saber em que medida se distinguiriam das imagens-movimento ou, ao contrário, se apoiariam em certos aspectos desconhecidos dessas imagens — nada disso pode ser considerado por enquanto.

A montagem é a composição, o agenciamento das imagens-movimento enquanto constituem uma imagem indireta do tempo. Ora, desde a mais antiga filosofia há muitas maneiras pelas quais o tempo pode ser concebido em função do movimento, em referência ao movimento, de acordo com composições diversas. Reencontraremos provavelmente essa diversidade nas diferentes "escolas" de montagem. Se Griffith é glorificado não propriamente por ter inventado a montagem, mas por a ter elevado ao nível de uma dimensão específica, nos parece possível distinguir quatro grandes tendências: a tendência orgânica da escola americana, a dialética da escola soviética, a quantitativa da escola francesa do pré-guerra, a intensiva da escola expressionista alemã. Em cada caso os autores podem ser bem diferentes; no entanto, partilham uma comunidade de temas, de problemas, de preocupações, em suma, uma comunidade ideal que é suficiente, no cinema como em toda parte, para fundar conceitos de escolas ou de tendências. Gostaríamos de caracterizar sucintamente essas quatro correntes de montagem.

Griffith concebeu a composição das imagens-movimento como uma organização, um organismo, uma grande unidade orgânica. Foi essa a sua descoberta. O organismo é antes de tudo uma unidade no diverso, isto é, um conjunto de partes diferenciadas: há os homens e as mulheres, os ricos e os pobres, a cidade e o campo, o Norte e o Sul, os interiores e os exteriores etc. Estas partes são tomadas em conexões binárias que constituem uma *montagem alternada [48] paralela*, na qual a imagem de uma parte sucede à outra de acordo com um ritmo. Mas é preciso, além disso, que a parte e o conjunto também entrem, eles próprios, em conexão, que permutem suas dimensões relativas: neste sentido a *inserção do primeiro plano* não opera apenas a ampliação de um detalhe, mas acarreta uma miniaturização do conjunto, uma redução da cena (à escala de uma criança, por exemplo, como o primeiro plano de um bebê que assiste ao drama em *O massacre* [*The Massacre*, 1912]). E, de uma maneira mais geral, ao mostrar o modo como as personagens vivem a cena da qual fazem parte, o primeiro plano confere ao conjunto objetivo uma subjetividade que o iguala ou até supera (como os primeiros planos de combatentes que alternam com os planos gerais de batalhas, ou os primeiros planos aterrorizados da jovem perseguida pelo negro em *O nascimento de uma nação* [*The Birth of a Nation*, 1915], mas também o primeiro plano da jovem que se associa com as imagens de seu pensamento em *Enoch Arden* [1911]).[1] Finalmente, é preciso ainda que as partes ajam e reajam umas sobre as outras para mostrar simultaneamente como entram em conflito e ameaçam a unidade do conjunto orgânico, e como superam o conflito ou restauram a unidade. De certas partes emanam ações que opõem o bom e o mau, mas de outras partes emanam ações convergentes que vêm socorrer o bom: é a forma do duelo que se desenvolve através de todas essas ações e passa por diferentes estágios. Com efeito, é próprio do conjunto orgânico estar sempre ameaçado; é de quererem romper a unidade recente dos Estados Unidos aproveitando a derrota do Sul que os negros são acusados em *O nascimento de uma nação*... As ações convergentes tendem para um mesmo fim, chegando ao lugar do duelo para inverter seu desfecho, salvar a inocência ou reconstituir a unidade comprometida, como a galopada dos cavaleiros que vêm socorrer os sitiados, ou o percurso do salvador que alcança a jovem sobre os blocos de gelo que derretem (*Horizonte sombrio* [*Way Down East*, 1920]). É a terceira figura da montagem, *montagem concorrente ou convergente*, que faz *[49]* alternar os momentos de duas ações que vão convergir uma para a outra. E quanto mais as ações convergem, quanto mais a junção

[1] A propósito de primeiro plano e da estrutura binária em Griffith, cf. Jacques Fieschi, "Griffith, le précurseur", *Cinématographe*, nº 24, fev. 1977. A propósito do primeiro plano de Griffith e os processos de miniaturização e de subjetivação, cf. Yann Lardeau, "King David", *Cahiers du Cinéma*, nº 346, abr. 1983.

se aproxima, mais rápida é a alternância (montagem acelerada). É verdade que nem sempre a junção ocorre em Griffith, e que frequentemente a jovem inocente é condenada, quase com sadismo, porque só poderia encontrar abrigo e salvação numa união anormal "inorgânica": o chinês opiômano não chegará a tempo em *O lírio partido* [*Broken Blossoms*, 1919]. Desta vez, uma aceleração perversa antecipa a convergência.

São estas as três formas de montagem ou de alternância rítmica: a alternância das partes diferenciadas, a das dimensões relativas, a das ações convergentes. Trata-se de uma poderosa representação orgânica que impele, assim, o conjunto e suas partes. O cinema americano dela tirará a sua forma mais sólida: da situação de conjunto à situação restabelecida ou transformada, por intermédio de um duelo, de uma convergência de ações. A montagem americana é orgânico-ativa. É errôneo acusá-la de se ter submetido à narração — ao contrário, é a narratividade que decorre dessa concepção da montagem. Em *Intolerância*, Griffith descobre que a representação orgânica pode ser imensa e englobar não apenas famílias e uma sociedade, mas milênios e civilizações diferentes. Ali, as partes articuladas pela montagem paralela serão as próprias civilizações. As dimensões relativas permutadas irão da cidadela do rei ao escritório do capitalista. E as ações convergentes não serão apenas os duelos próprios a cada civilização, a corrida de carros no episódio babilônico, a corrida do automóvel e do trem no episódio moderno: as próprias corridas convergirão, através de séculos, numa montagem acelerada que superpõe Babilônia e América. Nunca tamanha unidade orgânica terá emanado, pelo ritmo, de partes tão diferentes e de ações tão distantes.

Toda vez que se considerou o tempo relativamente ao movimento, toda vez que ele foi definido como a medida do movimento, descobriram-se dois aspectos do tempo que são cronossignos: de um lado o tempo como todo, como grande círculo ou espiral que acolhe o conjunto do movimento no universo; de outro, o tempo como *[50]* intervalo, que marca a menor unidade de movimento ou de ação. O tempo como todo, o conjunto do movimento no universo, é o pássaro que adeja e amplia cada vez mais o seu círculo. Mas a unidade numérica de movimento é a batida de asa, o intervalo entre dois movimentos ou duas ações que se torna sempre menor. O tempo como intervalo é o presente variável acelerado, e o tempo como todo é a espiral aberta nas duas extremidades, a imensidade do passado e do futuro. Infinitamente dilatado, o presente tornar-se-ia o próprio todo; infinitamente contraído, o todo passaria através do intervalo. O que emerge da montagem ou da composição das imagens-movimento é a Ideia, essa imagem indireta do tempo: o todo que enrola e desenrola o conjunto das partes no célebre berço de *Intolerância*, e o intervalo entre ações que se torna cada vez menor na montagem acelerada das corridas.

2

Embora reconhecendo toda sua dívida para com Griffith, Eisenstein coloca duas objeções. De início dir-se-ia que as partes diferenciadas do conjunto se dão por si mesmas, como fenômenos independentes. Como o toucinho, com sua alternância de gordo e magro: há pobres e ricos, bons e maus, brancos e negros etc. Assim, quando os representantes dessas partes se opõem, então é forçoso que isto se dê sob a forma de duelos individuais, em que as motivações coletivas acobertam motivos estritamente pessoais (por exemplo, uma história de amor, o elemento melodramático). Como linhas paralelas que perseguem uma a outra e que evidentemente se reconciliam no infinito, mas que aqui se chocam apenas quando uma secante faz um ponto particular de uma se defrontar com um ponto particular da outra. Griffith ignora que os ricos e os pobres não são dados como fenômenos independentes, mas dependem de uma mesma causa geral, que é a exploração social... Tais objeções, que denunciam a concepção "burguesa" de Griffith, não dizem respeito apenas à maneira de contar uma história, ou de compreender a História. Elas concernem diretamente à montagem *[51]* paralela (e também convergente).[2] Eisenstein censura

[2] A análise brilhantíssima de Eisenstein consiste em mostrar que a montagem paralela, não apenas em sua concepção, mas na sua prática remete à sociedade burguesa tal como ela própria se pensa e se pratica: *Film Form*

Griffith por ter uma concepção inteiramente empírica do organismo, sem lei de gênese nem de crescimento; por ter concebido a unidade de maneira inteiramente extrínseca, como unidade de congregação, reunião de partes justapostas, e não como unidade de produção, *célula* que produz suas próprias partes por divisão, diferenciação; é o fato de ter compreendido a oposição de maneira acidental, e não como a força motriz interna por meio da qual a unidade dividida refaz uma nova unidade num outro nível. Deve-se observar que Eisenstein conserva a ideia griffithiana de uma composição e de um agenciamento orgânicos das imagens-movimento: da situação de conjunto à situação transformada, por intermédio do desenvolvimento e da superação das oposições. Mas, justamente, Griffith não viu a natureza dialética do organismo e de sua composição. O orgânico é realmente uma grande espiral, mas a espiral deve ser concebida "cientificamente" e não empiricamente, em função de uma lei de gênese, de crescimento e de desenvolvimento. Eisenstein considera que chegou ao domínio de seu método com *O encouraçado Potemkin* [*Bronenosets Potyomkin*, 1925], e é exatamente no comentário desse filme que apresenta a nova concepção do orgânico.[3]

A espiral orgânica encontra sua lei interna na seção áurea, que marca um ponto-cesura e divide o conjunto em duas grandes partes oponíveis, mas desiguais (é o momento do luto, em que passamos do navio à cidade e onde o movimento se inverte). Mas é também cada espira ou segmento, que, por sua vez, se divide em duas partes desiguais opostas. E as oposições são múltiplas: quantitativa (um-vários, um homem-vários homens, um único tiro-uma

("Dickens, Griffith and the Film Today"), Nova York, Meridian Books, 1957, pp. 234 ss. [ed. bras.: *A forma do filme*, tradução de Teresa Ottoni, Rio de Janeiro, Zahar, 2002].

[3] Serguei Eisenstein, *La Non-indifférente Nature*, vol. I, col. 10-18, Paris, Union Générale d'Éditions, 1974; "L'Organique et le patéthique". Este capítulo, centrado em *O encouraçado Potemkin*, analisa o orgânico (gênese e crescimento) e aborda o patético (desenvolvimento) que o completa. O capítulo seguinte, "La Centrifugeuse et le Graal", centrado em *A linha geral* [*Staróie i novoie*, 1929], prossegue a análise do patético no seu nexo com o orgânico.

salva, um navio-uma frota), qualitativa (as águas-a terra), *[52]* intensiva (as trevas-a luz), dinâmica (movimento ascendente e descendente, da direita para a esquerda e inversamente). Mais ainda, se se parte do término da espiral e não de seu começo, a seção áurea fixa uma outra cesura, o ponto mais alto de inversão em vez do mais baixo, que engendra outras divisões e outras oposições. É assim por oposições ou contradições que a espiral avança ao crescer. Mas o que se exprime desse modo é o movimento do Um que se duplica e volta a formar uma nova unidade. Com efeito, se referirmos as partes oponíveis à origem O (ou ao final), do ponto de vista da gênese elas entram numa proporção que é a mesma da seção áurea, de acordo com a qual a parte menor deve estar para a maior assim como a maior está para o conjunto:

$$\frac{OA}{OB} = \frac{OB}{OC} = \frac{OC}{OD} \cdots = m$$

A oposição está a serviço da unidade dialética, cuja progressão ela marca, desde a situação de partida até a situação de chegada. É nesse sentido que o conjunto se reflete em cada parte e que cada espira ou parte reproduz o conjunto. E isso não é válido apenas para a sequência, mas para cada imagem, que também contém suas cesuras, suas oposições, sua origem e seu término: ela não tem apenas a unidade de um elemento que pode ser justaposto a outros, mas a unidade genética de uma "célula" divisível em outras. Eisenstein dirá da imagem-movimento que ela é célula de montagem, e não simples elemento de montagem. Em suma, a *montagem de oposição* se substitui à montagem paralela sob a lei dialética do Um que se divide para formar a nova unidade mais elevada.

Retemos aqui apenas o esqueleto teórico do comentário de Eisenstein, que acompanha de perto as imagens concretas (por exemplo, a escadaria de Odessa). E essa composição dialética será novamente encontrada em *Ivan, o terrível* [*Ivan Grozni*, 1944]: principalmente com as duas cesuras que correspondem aos dois momentos de dúvida de Ivan, uma vez quando ele se interroga junto ao caixão de sua mulher, outra quando suplica ao monge — uma a marcar o fim da primeira espira, o primeiro estágio da luta contra os boiardos, a outra a marcar o início do segundo estágio e, entre as duas, a retirada de *[53]* Moscou. A crítica oficial soviética censurará Eisenstein por ter concebido o segundo estágio como um duelo pessoal entre Ivan e sua tia: com efeito, Eisenstein recusa o anacronismo de um Ivan que se uniria ao povo. Do princípio ao fim, Ivan faz do povo um simples instrumento, em conformidade com as condições históricas da época; entretanto, dentro dessas condições, ele faz avançar sua oposição aos boiardos, que não se torna por isso um duelo pessoal *à la* Griffith, mas passa do compromisso político ao extermínio físico e social.

Eisenstein pode invocar a ciência, a matemática e as ciências naturais. A arte nada perde com isso pois, como a pintura, o cinema deve inventar a espiral que convém ao tema e escolher bem os pontos-cesuras. Já desse ponto de vista da gênese e do crescimento nota-se como o método de Eisenstein comporta essencialmente a determinação de pontos notáveis ou de instantes privilegiados; mas eles não exprimem, como em Griffith, um elemento acidental ou a contingência do indivíduo: ao contrário, integram plenamente a construção regular da espiral orgânica. Isto fica ainda mais evidente se considerarmos uma nova dimensão, que Eisenstein apresenta ora como que se juntando às dimensões do orgânico, ora como que as aperfeiçoando. A composição, o agenciamento dialético não comporta apenas o orgânico, isto é, a gênese e o crescimento, mas também o *patético*, ou o "desenvolvimento". O patético não deve ser confundido com o orgânico. É que, de um ponto ao outro da espiral podem-se traçar vetores que são como as cordas de um arco, de uma espira. Não se trata mais da formação e da progressão das próprias oposições segundo as espiras, mas da passagem de um oposto ao outro, ou melhor, de um oposto dentro do outro, segundo as cordas: o salto para o contrário. Não há apenas oposição entre terra e água, entre o uno e o múltiplo, há passagem de um para o outro, e surgimento súbito do outro a partir do um. Não há apenas unidade orgânica dos opostos, mas passagem patética do oposto para o seu contrário. Não há apenas liame orgânico entre dois instantes, mas salto patético em que o segundo instante adquire uma nova potência, pois o primeiro instante passou para ele. Da tristeza à cólera, da *[54]* dúvida à certeza, da resignação à revolta... O patético comporta, a seu modo, esses dois aspectos: ele é ao mesmo tempo a passagem de um termo a outro, de uma qualidade a outra, e o surgimento súbito da nova qualidade que nasce da passagem efetivada. É ao mesmo tempo "compressão" e "explosão".[4] *A linha geral* [*Staróie i novoie*, 1929] divide sua espiral em duas partes opostas, "o Antigo" e "o Novo", e reproduz sua divisão, reparte suas oposições tanto de um lado quanto de outro: é o orgânico. Mas, na célebre cena da desnatadeira assistimos à passagem de um momento ao outro, da desconfiança e da desesperança ao triunfo, do cano vazio à primeira gota, passagem que se acelera à medida que a qualidade nova se aproxima, a gota triunfal: é o patético, o pulo ou o salto qualitativo. O orgânico era o arco, o conjunto dos arcos, mas o patético é ao mesmo tempo a corda e a flecha, a mudança de qualidade e o surgimento súbito da nova qualidade, sua elevação ao quadrado, à segunda potência.

Do mesmo modo, o patético não implica apenas uma mudança no conteúdo da imagem, mas também na sua forma. Com efeito, a imagem deve mudar de potência, passar a uma potência superior. É o que Eisenstein chama de "mudança absoluta de dimensão", para opô-la às mudanças apenas relativas de Griffith. Entenda-se por mudança absoluta que o salto qualitativo é tanto formal quanto material. A inserção do primeiro plano em Eisenstein marcará precisamente esse salto formal, uma mudança absoluta, isto é, uma elevação da imagem ao quadrado: relativamente a Griffith, trata-se de uma função inteiramente nova do primeiro plano.[5] E, se ele envolve uma subjetividade, é no sentido de que a consciência também é passagem para uma nova dimensão, elevação à segunda potência (que pode se efetivar por uma "série de primeiros

[4] Eisenstein, *Mémoires*, col. 10-18, Paris, Union Générale d'Éditions, 1978-80, pp. 283-4 [ed. bras.: *Memórias imorais: uma autobiografia*, tradução de Carlos Eugênio Marcondes de Moura, São Paulo, Companhia das Letras, 1987].

[5] Pascal Bonitzer analisa esta diferença Eisenstein-Griffith (mudança de dimensão absoluta ou relativa) em *Le Champ aveugle*, Paris, Cahiers du Cinéma/Gallimard, 1982, pp. 30-2.

planos crescentes", mas que também pode adotar outros procedimentos). De qualquer maneira, a consciência é o patético, a passagem da Natureza ao homem, e a qualidade que nasce da passagem efetivada. É simultaneamente a tomada *[55]* de consciência e a consciência atingida, a consciência revolucionária atingida pelo menos até certo ponto, que tanto pode ser o ponto muito restrito de Ivan, quanto o ponto apenas precursor de *O encouraçado Potenkim*, ou o ponto culminante de *Outubro* [*Oktiabr*, 1928]. Se o patético é desenvolvimento, é porque é desenvolvimento da própria consciência: é o salto do orgânico que produz uma consciência externa da Natureza e de sua evolução, mas também uma consciência interna da sociedade e de sua história, de um momento ao outro do organismo social. E há ainda outros saltos, em conexões variáveis com os saltos da consciência, todos exprimindo novas dimensões, mudanças formais e absolutas, elevações a potências ainda superiores. É o salto para a cor, como a bandeira vermelha de *O encouraçado Potenkim* ou o festim vermelho de *Ivan*. Com o cinema sonoro e o falado, Eisenstein continuará descobrindo outras elevações de potência.[6] Mas, para nos restringirmos ao cinema mudo, o salto qualitativo pode atingir mudanças formais ou absolutas que já constituem "enésimas" potências: a onda de leite em *A linha geral* será substituída por jatos de água (passagem à cintilação), depois por um fogo de artifício (passagem à cor) e finalmente por zigue-zagues de cifras (passagem do visível ao legível). É desse ponto de vista que se pode tornar bem mais compreensível a "montagem de atrações", o conceito tão difícil de Eisenstein que certamente não se reduz a um jogo de comparações, nem mesmo de metáforas.[7] Parece-nos que as "atrações" consistem

[6] Por exemplo, o que Eisenstein chama de "montagem vertical" em *The Film Sense*, Nova York, Meridian Books, 1957, pp. 74 ss. [ed. bras.: *O sentido do filme*, tradução de Teresa Ottoni, Rio de Janeiro, Zahar, 2008].

[7] Em *La Non-indifférente Nature*, Eisenstein já insiste muito a respeito do caráter formal do salto qualitativo (e não apenas material). O que define este caráter é que deve haver nele elevação de potência da imagem. A "montagem de atrações" intervém necessariamente aqui. Os numerosos comentários suscitados pela montagem de atrações tal como ela é apresentada por Ei-

ora em representações teatrais ou circenses (a festa vermelha de *Ivan*), ora em representações plásticas (as estátuas e esculturas em *O encouraçado Potenkim* e sobretudo em *Outubro*), *[56]* que se prolongam ou se revezam com a imagem. Os jatos de água e de fogo em *A linha geral* são do mesmo tipo. Evidentemente, a atração deve ser tomada primeiro no sentido espetacular. Mas também num sentido associativo: a associação de imagens como lei de atração newtoniana. Porém, o que Eisenstein chama de "cálculo atracional" marca sobretudo a aspiração dialética da imagem para ganhar novas dimensões, isto é, para saltar formalmente de uma potência a outra. Os jatos de água e de fogo elevam a gota de leite a uma dimensão propriamente cósmica. E é a consciência que se torna cósmica ao mesmo tempo que se torna revolucionária, tendo atingido, num último salto patético, o conjunto do orgânico em si mesmo, a terra, o ar, a água e o fogo. Veremos mais tarde como a montagem de atrações faz assim todo o tempo o orgânico e o patético se comunicarem em ambos os sentidos.

Eisenstein substitui a montagem paralela de Griffith por uma montagem de oposições; a montagem convergente ou concorrente pela montagem de saltos qualitativos ("montagem por saltos"). Todas as espécies de novos aspectos da montagem a ela se aliam, ou melhor, dela decorrem, numa grande criação não só de operações práticas como de conceitos teóricos: nova concepção do primeiro plano, nova concepção da montagem acelerada, montagem vertical, montagem de atrações, montagem intelectual ou de consciência... Acreditamos na coerência desse conjunto orgânico-patético. E é isto o essencial da revolução de Eisenstein: ele confere à dialética um sentido propriamente cinematográfico, arranca o ritmo de sua avaliação unicamente empírica ou estética, como em Griffith; ele tem, do organismo, uma concepção essencialmente dialética. O tempo permanece uma imagem indireta que nasce da

senstein em *Au-delà des étoiles* (Paris, col. 10-18, Union Générale d'Éditions, 1974) parecem-nos intermináveis, se não levarmos em conta as potências crescentes da imagem. E, desse ponto de vista, a questão de saber se Eisenstein renunciou a esse procedimento não se coloca: ele sempre precisará dele na sua concepção do salto qualitativo.

composição orgânica das imagens-movimento, *mas tanto o intervalo quanto o todo adquirem um novo sentido*. O intervalo, o presente variável, tornou-se o salto qualitativo que atinge a potência elevada do instante. Quanto ao todo como imensidão, não se trata mais de uma totalidade de reunião que subsome partes independentes, desde que existam umas para as outras, e que pode ser aumentado sempre se acrescentarmos partes ao conjunto condicionado, ou se referirmos dois conjuntos independentes à ideia de um mesmo fim. É *[57]* uma totalidade que se tornou concreta ou existente, onde as partes se produzem uma pela outra em seu conjunto, e o conjunto se reproduz nas partes de tal modo que esta causalidade recíproca remete ao todo como causa do conjunto *e* de suas partes, segundo uma finalidade interior. A espiral aberta nas duas extremidades não é mais uma maneira de congregar a partir de fora uma realidade empírica, mas o modo como a realidade dialética não para de se produzir e de crescer. As coisas mergulham, portanto, verdadeiramente *no* tempo e se tornam imensas, porque aí ocupam um lugar infinitamente maior do que aquele que as partes têm no conjunto, ou que o conjunto tem em si mesmo. O conjunto e as partes de *O encouraçado Potemkim*, 48 horas, ou de *Outubro*, dez dias, ocupam no tempo, isto é, no todo, um lugar prolongado sem medida. E, em vez de se acrescentarem ou de se compararem a partir de fora, as atrações são o próprio prolongamento ou esta existência interior no todo. Em Eisenstein, a concepção dialética do organismo e da montagem conjuga a espiral sempre aberta e o instante que sempre salta.

É sabido que a dialética tem várias leis pelas quais se define. Há a lei do processo quantitativo e do salto qualitativo: a passagem de uma qualidade a outra, e o surgimento repentino da nova qualidade. Há a lei do todo, do conjunto e das partes. Há, ainda, a lei do Um e da oposição, da qual se diz que as duas outras dependem: o Um que se torna dois para atingir uma nova unidade. Se é possível falar de uma escola soviética da montagem, não é porque seus autores se assemelham, mas porque, na concepção dialética que lhes é comum, eles, ao contrário, diferem, estando cada um em afinidade com esta ou aquela lei que sua inspiração recria. É evidente que Pudóvkin se interessa antes de tudo pela progressão da consciência, pelos saltos qualitativos de uma tomada de consciência: é desse ponto de vista que *A mãe* [*Mat*, 1926], *O fim de São Petersburgo* [*Konets Sankt-Peterburga*, codireção de Mikhail Doller, 1927] e *Tempestade sobre a Ásia* [*Potomok Chingis-Khana*, 1928] formam uma grande trilogia. Lá está a Natureza em seu esplendor e em sua dramaturgia, o Neva levando suas geleiras, as planícies da Mongólia, mas enquanto impulsão linear que subentende os momentos da tomada de consciência — da mãe, do camponês ou do mongol. E a arte mais profunda de Pudóvkin é desvendar o conjunto de uma situação *[58]* por meio da consciência que dela adquire uma personagem, e de prolongá-lo até onde a consciência pode ir e agir (a mãe vigiando o pai que quer roubar os pesos do relógio ou, em *O fim de São Petersburgo*, a mulher que em um relance avalia os elementos da situação: o policial, o copo de chá sobre a mesa, a vela fumegante, as botas do marido que chega).[8] Dovjenko é dialético de um outro modo, é obcecado pela relação triádica entre as partes, o conjunto e o todo. Se há um autor que soube fazer com que um conjunto e as partes mergulhassem num todo que lhes confere uma profundidade e uma extensão que não podem ser medidas pelos limites próprios do conjunto e das partes, este autor foi Dovjenko, muito mais que Eisenstein. É a fonte do fantástico e do feérico em Dovjenko. Ora há cenas que podem ser partes estáticas ou fragmentos descontínuos, como as imagens de miséria no início de *Arsenal* [1929], a mulher prostrada, a mãe paralisada, o mujique, a semeadora, os mortos pelo gás (ou, ao contrário, as imagens bem-aventuradas de *Terra* [*Zemlia*, 1930], os casais imóveis, sentados, de pé ou deitados). Ora um conjunto dinâmico e contínuo pode se constituir em determinado lugar, em determinado momento, por exemplo na taiga de *Fron-*

[8] Cf. Jean Mitry, *Histoire du cinéma muet*, vol. III, Paris, Éditions Universitaires, 1973, p. 306: "Então ela olha: o copo, as botas, o miliciano, depois se precipita sobre o copo e o atira de um só golpe na vidraça; o velho imediatamente se abaixa, percebe o policial e foge. Primeiramente simples copo de chá, depois elemento denunciador, meio de sinalização e salvador, este objeto [...] reflete sucessivamente uma atenção, um estado de espírito, uma intenção".

teira [*Aerograd*, 1935]. Há cada vez a certeza de que um mergulho no todo vai fazer as imagens se comunicarem com um passado milenar, como o da montanha da Ucrânia e o tesouro dos citas em *Zvenigora* [1928], e com um futuro planetário, como o de *Fronteira*, em que aviões trazem de todos os pontos do horizonte os construtores da nova cidade. Amengual fala da "abstração da montagem" que, através do conjunto ou dos fragmentos, confere ao autor o "poder de falar fora do tempo ou do espaço reais".[9] Mas é também a Terra, ou a verdadeira interioridade do tempo, isto é, o todo que muda e que, mudando de perspectiva, não para de *[59]* atribuir aos seres reais esse lugar desmesurado pelo qual tocam tanto o mais longínquo passado quanto o futuro profundo, e pelo qual participam do movimento de sua própria "revolução": como o avô que morre serenamente no início de *Terra*, ou o avô de *Zvenigora*, que habita o interior do tempo. Lembrando Proust, esta estatura de gigantes que os homens adquirem no tempo, e que tanto separa as partes quanto prolonga um conjunto é aquela que Dovjenko confere a seus camponeses, a que confere *Chtchors*, como a "seres lendários de uma época fabulosa".

Se, quanto a Pudóvkin e Dovjenko, de certo modo Eisenstein podia se considerar como chefe da escola era porque estava imbuído da terceira lei da dialética, a que parece conter as outras: o Um que se torna dois e restitui uma nova unidade, reunindo o todo orgânico e o intervalo patético. Na verdade, eram três maneiras de conceber uma montagem dialética, e nenhuma delas devia agradar à crítica stalinista. Mas o que havia de comum entre as três era a ideia de que o materialismo era antes de tudo histórico, e de que a Natureza só era dialética porque estava sempre integrada numa totalidade humana. Donde o nome dado por Eisenstein à Natureza: ela era "a não indiferente". Pelo contrário, o que constitui a originalidade de Viértov é a afirmação radical de uma dialética da matéria em si mesma. Como uma quarta lei em ruptura com as

[9] Barthélemy Amengual, *Alexandre Pétrovich Dovjenko*, *Dossiers du Cinéma*, nº 1, 1971: "A liberdade poética que ele exigia outrora da organização de fragmentos descontínuos, Dovjenko a consegue (em *Fronteira*) com uma decupagem de uma prodigiosa continuidade".

outras três.[10] Evidentemente, o que Viértov mostrava era o homem presente na Natureza, suas ações, suas paixões, sua vida. Mas se procedia por meio de documentários e atualidades, se recusava violentamente a encenação da Natureza e o roteiro da ação, era por uma razão profunda. Pouco importava que se tratasse de máquinas, paisagens, edifícios ou homens: cada um, mesmo a mais encantadora camponesa ou a criança mais comovente se apresentava como sistemas materiais em perpétua interação. Eram catalisadores, conversores, *[60]* transformadores que recebiam e restituíam movimentos cuja velocidade, direção e ordem modificavam, fazendo a matéria evoluir para estados menos "prováveis", operando mudanças que não podem ser medidas por suas dimensões próprias. Não que Viértov considerasse os seres como máquinas, eram, antes, as máquinas que tinham "coração" e "rolavam, tremiam, fremiam e lançavam raios", como o homem também podia fazer com outros movimentos e em outras condições, mas sempre em interação uns com os outros. Tanto quanto os sistemas ditos mecanismos ou máquinas, o que Viértov descobria na atualidade era a criança molecular, a mulher molecular, a mulher e a criança materiais. O importante eram todas as passagens (comunistas) de uma ordem que se desfaz a uma ordem que se constrói. Porém, entre dois sistemas ou duas ordens, entre dois movimentos há necessariamente o intervalo variável. Em Viértov, o intervalo de movimento é a percepção, o olhar de relance, o olho. Simplesmente, o olho não é aquele demasiado imóvel do homem, é o olho da câmera, isto é, um olho na matéria, uma percepção tal como existe na matéria, tal como se estende de um ponto onde uma ação começa até o ponto onde vai a reação, tal como preenche o intervalo entre os dois, percorrendo o universo e piscando segundo seus intervalos. A correlação entre uma matéria não humana e um olho sobre-humano é a própria dialética, pois é, principalmente, a identidade de uma comunidade da matéria com um comunismo do ho-

[10] A questão de saber se a única dialética que existe é binária, ou se se pode falar de uma dialética da Natureza em si própria (ou da matéria) sempre agitou o marxismo. Sartre a relança na *Crítica da razão dialética*, ao afirmar o caráter humano de toda dialética.

mem. E a própria montagem sempre adaptará as transformações de movimentos no universo material ao intervalo de movimento no olho da câmera: o ritmo. É preciso dizer que a montagem já se encontrava em toda parte, nos dois momentos precedentes. Ela se encontra antes do ato de filmar, na escolha do material, isto é, das porções de matéria, às vezes muito distantes ou longínquas, que vão entrar em interação (a vida como ela é). Ela se encontra na filmagem, nos intervalos ocupados pelo olho-câmera (a câmera que segue, corre, entra, sai, em suma, a vida no filme). Ela se encontra depois da filmagem na sala de montagem, onde material e tomada são confrontados um com o outro (a vida do filme), e nos espectadores que confrontam a vida no filme e a vida como *[61]* ela é. São esses os três níveis explicitamente mostrados como coexistentes em *O homem com a câmera* [*Chelovek s kinoapparatom*, 1929], mas que já inspiravam toda a obra precedente.

Dialética não era uma mera palavra para os cineastas soviéticos. Era, ao mesmo tempo, a prática e a teoria da montagem. Mas, enquanto os três outros grandes autores se serviam da dialética para transformar a composição orgânica das imagens-movimento, Viértov encontrava aí o meio de romper com ela. Ele acusava seus rivais de continuarem a reboque de Griffith e de um cinema à americana ou de um idealismo burguês. Em seu entender, a dialética devia romper com uma Natureza ainda excessivamente orgânica e com um homem muito facilmente patético. Viértov fazia de tal modo que o todo se confundisse com o conjunto infinito da matéria, e que o intervalo se confundisse com um olho na matéria, câmera. Como os outros, tampouco encontrará compreensão na crítica oficial. Mas terá levado ao extremo um debate interior à dialética, que Eisenstein sabe muito bem resumir quando ultrapassa a polêmica. É um par "matéria-olho" que Viértov opõe ao par "Natureza-homem", "Natureza-murro", "Natureza-soco" (orgânico-patético).[11]

[11] Eisenstein reconhece que o método Viértov pode convir, uma vez que o homem tenha atingido seu pleno "desenvolvimento". "Não é de um cine-

3

Também na escola francesa do pré-guerra (da qual Gance foi, sob certos aspectos, o chefe reconhecido) assistimos a uma ruptura com o princípio da composição orgânica. Não se trata entretanto de viertovismo, mesmo moderado. Seria o caso de se falar de um impressionismo, para melhor opô-lo ao expressionismo alemão? O que poderia definir a escola francesa seria, antes, uma espécie de cartesianismo: são autores que se interessam principalmente pela *quantidade de movimento* e pelas relações métricas que permitem defini-la. Eles devem tanto *[62]* a Griffith quanto aos soviéticos, e também almejam superar o que permanecia empírico em Griffith com vistas a uma concepção mais científica, desde que ela servisse à inspiração do cinema e até à unidade das artes (é a mesma preocupação com a "ciência" que se encontra na pintura dessa época). Ora, os franceses se afastam da composição orgânica, mas também não entram na composição dialética, elaborando em vez disso uma extensa composição mecânica das imagens-movimento. Trata-se, no entanto, de um termo ambíguo. Consideremos algumas cenas que se tornaram antológicas no cinema francês: a quermesse de Epstein (*Coração fiel* [*Coeur fidèle*, 1923]), o baile de L'Herbier (*El Dorado*, 1921), as farândolas de Grémillon (a partir de *Maldone* [1928]). Evidentemente, numa dança coletiva há uma composição orgânica dos dançarinos e uma composição dialética de seus movimentos, não apenas lentos e rápidos, mas retilíneos e circulares etc. Entretanto, mesmo reconhecendo esses movimentos pode-se extrair ou abstrair deles um único corpo que seria "o" dançarino, o corpo único de todos esses dançarinos e um único movimento que seria "o" fandango de L'Herbier, o movimento que se tornou visível de todos os fandangos possíveis.[12] Os

-olho que precisamos, mas de um cine-murro. O cinema soviético deve rachar os crânios" e não apenas "reunir milhões de olhos". Cf. *Au-delà des étoiles*, p. 153.

[12] Jean Epstein, *Écrits sur le cinéma*, vol. II, Paris, Seghers, 1975, p. 67 (a propósito de L'Herbier): "Através de um *flou* progressivamente acentuado, os dançarinos perdem pouco a pouco suas diferenças pessoais, deixam de

corpos móveis são ultrapassados para extrair um máximo de quantidade de movimento num dado espaço. É assim que Grémillon filma sua primeira farândola num espaço fechado que libera um máximo de movimento: e das outras farândolas nos filmes seguintes não se deve dizer que são outras, mas sim que são sempre "a" farândola, cujo mistério, isto é, a quantidade de movimento, Grémillon não cansa de extrair; um pouco como Monet não para de pintar "a" ninfeia.

No limite, a dança seria uma máquina cujas peças seriam os dançarinos. Com efeito, o cinema francês se serve da máquina de duas maneiras, para obter uma composição *[63]* mecânica das imagens-movimento. Um primeiro tipo de máquina é o autômato, máquina simples ou mecanismo de relojoaria, configuração geométrica de partes que combinam, superpõem ou transformam movimentos no espaço homogêneo, segundo os nexos pelos quais passam. O autômato não representa aqui, como no expressionismo alemão, outra vida ameaçadora que mergulharia na noite, mas antes um claro movimento mecânico como lei do máximo para um conjunto de imagens que reúne, homogeneizando-se, as coisas e os seres vivos, o animado e o inanimado. Os títeres, os transeuntes, os reflexos de títeres, as sombras dos transeuntes vão entrar em sutilíssimos nexos de reduplicação, de alternância, de retorno periódico e de reação em cadeia que constituem o conjunto ao qual deve ser atribuído o movimento mecânico. É o que ocorre na fuga da jovem em *O Atalante* [*L'Atalante*, 1934], de Vigo, mas também em Renoir, desde o sonho de *A pequena vendedora de fósforos* [*La Petite marchande d'allumettes*, 1928] até a grande composição de *A regra do jogo* [*La Règle du jeu*, 1939]. É, evidentemente, René Clair quem confere a maior generalidade poética a essa fórmula, e dá vida a abstrações geométricas num espaço homogêneo, lumi-

ser reconhecíveis enquanto indivíduos distintos, para se confundirem num termo visual comum: o dançarino, elemento doravante anônimo, impossível de discernir de vinte ou cinquenta elementos equivalentes, cujo conjunto vem constituir uma outra generalidade, uma outra abstração: não aquele fandango ou este aqui, mas o fandango, isto é, a estrutura que se tornou visível do ritmo musical de todos os fandangos".

noso e cinza, sem profundidade.[13] O objeto concreto, o objeto do desejo, aparece como motor ou mola que age no tempo, *primum movens*, que desencadeia um movimento mecânico para o qual conspira um número cada vez maior de personagens; estas, por sua vez, aparecem no espaço como partes de um conjunto crescente mecanizado (*Um chapéu de palha da Itália* [*Le Chapeau de paille d'Italie*, 1928], *O milhão* [*Le Million*, 1931]). O individualismo é em toda parte o essencial: o próprio indivíduo se posta atrás do objeto, ou melhor, desempenha ele mesmo o papel de mola ou motor que desenvolve seus efeitos no tempo, fantasma, ilusionista, diabo ou sábio louco destinado a se apagar quando o movimento que ele determina tiver chegado ao máximo, ou quando o tiver superado. Então, tudo voltará a entrar na ordem. Em suma, um balé automático em que o próprio motor circula através do movimento. O outro tipo de máquina é a máquina a vapor, a fogo, a potente máquina energética que produz o movimento a partir de outra coisa, *[64]* e afirma incessantemente uma heterogeneidade cujos termos ela liga, o mecânico e o vivo, o interior e o exterior, o maquinista e a força num processo de ressonância interna ou de comunicação amplificadora. Ao elemento cômico e dramático se substitui um elemento épico ou trágico. Desta vez a escola francesa desmarca-se particularmente dos soviéticos, que puseram constantemente em cena grandes máquinas de energia (não apenas Eisenstein e Viértov, mas a obra-prima de Turin, *Turksib*). Para eles, o homem e a máquina formavam uma unidade dialética ativa, que sobrepujava a oposição entre o trabalho mecânico e o trabalhador humano, enquanto os franceses concebiam a unidade cinética da quantidade de movimento em uma máquina, e a direção do movimento numa alma, afirmando esta unidade como uma Paixão que devia ir até à morte. Os estados pelos quais passam o novo motor e o movimento mecânico ampliam-se até a escala do cosmos, assim como os estados pelos quais passam o novo indivíduo e os

[13] Cf. as análises de Barthélemy Amengual em *René Clair*, Paris, Seghers, 1969. Amengual analisa também o papel do autômato em Vigo, opondo-o ao expressionismo: *Jean Vigo*, col. Études Cinématographiques, Paris, Minard, 1966, pp. 67-72.

conjuntos humanos elevam-se até a escala de uma alma do mundo, nessa outra união do homem e da máquina. Por isso é inútil querer distinguir dois tipos de imagens em *A roda* [*La Roue*, 1923], de Gance: as do movimento mecânico, que teriam conservado sua beleza, e as da tragédia, tida como tola e pueril. Os momentos do trem, sua velocidade, sua aceleração, sua catástrofe não são separáveis dos estados do maquinista, desde Sísifo no vapor e de Prometeu no fogo até Édipo na neve. A união cinética do homem e da máquina definirá uma Besta Humana, muito diferente da marionete animada, cujas novas dimensões Renoir também saberá explorar, retomando de maneira definitiva a herança de Gance.

Uma arte abstrata deveria daí resultar, na qual ora o movimento puro se destacava de objetos deformados por abstração progressiva, ora de elementos geométricos em transformação periódica, um grupo de transformação afetando o conjunto de um espaço. Era a busca de um cinetismo como arte propriamente visual e que colocava, a partir do cinema mudo, o problema de um nexo da imagem-movimento com a cor e com a música. *Balé mecânico* [*Ballet mécanique*, 1924], do pintor Fernand Léger, inspirava-se mais em máquinas simples, enquanto *Fotogenias* [*Photogénies*, 1925], de Epstein, *A fotogenia mecânica* [*La Photogénie mécanique*, 1924], de Grémillon, nas *[65]* máquinas industriais. Um impulso ainda mais profundo atravessava o cinema francês — como veremos —, uma preferência generalizada pela água, o mar ou os rios (L'Herbier, Epstein, Renoir, Vigo, Grémillon). Não se tratava em absoluto de uma renúncia à mecânica mas, ao contrário, da passagem de uma mecânica dos sólidos a uma mecânica dos fluidos que, de um ponto de vista concreto, iria opor um mundo ao outro e, de um ponto de vista abstrato, iria encontrar na imagem líquida uma nova extensão da quantidade de movimento no seu conjunto: melhores condições para passar do concreto ao abstrato, uma possibilidade maior de comunicar aos movimentos uma duração irreversível independentemente de suas características figurativas, uma potência mais apta a extrair o movimento da coisa movida.[14] Havia uma forte presença da água no cinema ame-

[14] Sobre este cinema cinético abstrato e suas concepções do ritmo, cf.

ricano e no cinema soviético, tão favorável quanto devastadora; mas, para o melhor ou para o pior, ela era confrontada e referida a fins orgânicos. É a escola francesa que emancipa a água, que lhe dá finalidades próprias, e que faz dela a forma do que não tem consistência orgânica.

Quando Delluc, Germaine Dulac e Epstein falam de "fotogenia" não se trata evidentemente da qualidade da fotografia, mas, ao contrário, de definir a imagem cinematográfica na sua diferença com a foto. A fotogenia é a imagem enquanto "majorada" pelo movimento.[15] O problema é precisamente o de definir essa *majorante*. Ela implica primeiramente o intervalo de tempo como presente variável. Desde seu primeiro filme, *Paris adormecida* [*Paris qui dort*, 1924], René Clair impressionara Viértov ao destacar tais intervalos como pontos em que o movimento se detém, recomeça, se inverte, se acelera ou se reduz: uma espécie de diferencial do movimento.[16] *[66]* Mas, nesse sentido, o intervalo se efetua como uma unidade numérica que produz na imagem um máximo de quantidade de movimento *relativamente a outros fatores determináveis*, e que varia de uma imagem à outra segundo a variação desses próprios fatores. Esses fatores são de espécies muito diferentes: a natureza e as dimensões do espaço enquadrado, a repartição do que é móvel e do que é fixo, o ângulo do enquadramento, a objetiva, a duração cronométrica do plano, a luz e as suas gradações, suas tonalidades, mas também as tonalidades figurais e

Jean Mitry, *Le Cinéma expérimental*, Paris, Seghers, 1974, caps. IV, V e X. Mitry coloca o problema da imagem visual, que não tem as mesmas possibilidades rítmicas que a imagem musical. Nas suas próprias tentativas, Mitry mesmo passará do sólido (*Pacific 231*) ao líquido (*Images pour Debussy*) para resolver uma parte de seus problemas.

[15] Jean Epstein, *Écrits sur le cinéma*, vol. I, Paris, Seghers, 1974, pp. 137-8.

[16] Cf. a análise do filme de René Clair e de suas relações com Viértov por Annette Michelson, "L'Homme à la caméra, de la magie à l'épistémologie", em Dominique Noguez (org.), *Cinéma: théorie, lectures*, Paris, Klincksieck, 1973, pp. 305-7 [ed. bras.: "O homem da câmera: de mágico a epistemólogo", tradução de Vinicius Dantas, *Cine-Olho*, nº 8-9, out.-nov.-dez., 1979].

afetivas (mesmo sem levar em conta a cor, o ruído no cinema sonoro e a música). Entre o intervalo ou a unidade numérica e esses fatores há um conjunto de *relações métricas* que constituem os "números", o ritmo, e dão a "medida" da maior quantidade de movimento relativa. Sem dúvida a montagem sempre implicara, por um lado, tais cálculos empíricos ou intuitivos tendendo, por outro, para uma certa cientificidade.[17] Mas o que parece próprio da escola francesa, neste sentido cartesiana, é ao mesmo tempo elevar o cálculo para além da sua condição empírica, a fim de fazer dele uma espécie de "álgebra" — de acordo com o termo de Gance — e, a cada vez, dele fazer resultar o máximo possível de quantidade de movimento como função de todas as variáveis, ou forma do que excede o orgânico. Os interiores monumentais de L'Herbier nos cenários de Léger ou de Barsacq (*L'Inhumaine* [*O inumano*, 1924], *L'Argent* [*O dinheiro*, 1928]) seriam o melhor exemplo de um espaço submetido a relações métricas, segundo as quais as forças ou os fatores que nele se exercem determinam a maior quantidade de movimento.

Ao contrário do que se passa no expressionismo alemão, tudo existe para o movimento, até a luz. Evidentemente a luz não é só um fator que vale apenas pelo movimento que acompanha, sofre ou mesmo condiciona. Há um luminismo francês criado por grandes fotógrafos (como Perinal), em que a luz vale por si própria. Mas, justamente, o que ela já é por si própria é movimento, puro movimento de extensão que se realiza no cinza, em "uma imagem *[67]* em camafeu que joga com todas as nuanças cinza".[18] Trata-se de uma luz que não para de circular num espaço homogêneo, e cria formas luminosas mais por sua própria mobilidade

[17] Cf., por exemplo, em Eisenstein (*Film Form*, "Methods of Montage") a montagem métrica e suas sequências: montagem rítmica, tonal, harmônica. Todavia, em Eisenstein trata-se mais de proporções orgânicas que de relações propriamente métricas.

[18] Noël Burch, *Marcel L'Herbier*, Paris, Seghers, 1973, p. 139. Cf. também as observações de Amengual a propósito da luz em René Clair (p. 50) e sobretudo em Vigo (p. 72): "dessacralização das trevas do expressionismo". E, sobre Grémillon, Mireille Latil, em *Cinématographe*, nº 40, out. 1978.

do que por seu encontro com objetos que se deslocam. O célebre cinza luminoso da escola francesa é já como uma cor-movimento. Ela não é, à maneira de Eisenstein, a unidade dialética que se divide em preto e branco, ou que resulta de ambos como nova qualidade. Mas menos ainda é à maneira expressionista, o resultado de um violento combate entre a luz e as trevas, ou de um amplexo do claro com o escuro. O cinza ou a luz como movimento é o movimento alternativo. Sem dúvida trata-se de uma originalidade da escola francesa: ter substituído a oposição dialética e o conflito expressionista pela alternância. Podemos encontrá-la em seu grau mais elevado em Grémillon: a alternância regular entre a luz e a sombra, que o farol torna móvel em *Faroleiros* [*Gardiens de phare*, 1928], mas também a alternância entre a cidade diurna e a cidade noturna em *O homem que vivia duas vidas* [*L'Étrange monsieur Victor*, 1938]. Há alternância em extensão e não conflito porque, de ambos os lados, é a luz, luz do Sol e luz da Lua, paisagem lunar e paisagem solar que se comunicam no cinza e passam por todas as nuanças. Tal concepção da luz deve muito, apesar das aparências, ao colorismo de Delaunay.

É evidente que até agora a maior quantidade de movimento deve ser entendida como um máximo relativo, pois ela depende da unidade numérica escolhida como intervalo, dos fatores variáveis de que é função, das relações métricas entre os fatores e a unidade, que conferem uma forma ao movimento. Considerando todos esses elementos, trata-se da "melhor" quantidade de movimento. O máximo é qualificado a cada vez, ele é em si mesmo uma qualidade: fandango, farândola, bailado etc. De acordo com as variações do presente, ou com as contrações e dilatações do intervalo, poder-se-á dizer que um movimento lentíssimo realiza a maior *[68]* quantidade de movimento possível, tanto quanto um movimento rapidíssimo no outro caso: se *A roda*, de Gance, fornecia um modelo de movimento cada vez mais rápido, com a montagem acelerada, *A queda da casa de Usher* [*La Chute de la maison Usher*, 1928] de Epstein permanece a obra-prima de uma câmera lenta que também constitui o máximo de movimento em uma forma infinitamente estirada. Uma vez nesse ponto, devemos então passar ao outro aspecto, isto é, ao absoluto da quantidade de movimento, ao máximo absoluto. Longe de se contradizerem, esses dois aspectos são estritamente inseparáveis, e se implicavam mutuamente, como se supunha desde o início. Já em Descartes existe uma quantificação eminentemente relativa do movimento nos conjuntos variáveis, mas também uma quantidade absoluta de movimentos no todo do universo. O cinema recobra essa correlação necessária em suas condições mais íntimas: por um lado, o plano está voltado para conjuntos enquadrados e introduz entre seus elementos um máximo de movimento relativo; por outro, está voltado para um todo que muda, cuja mudança se exprime num máximo absoluto de movimento. A diferença não é simplesmente entre cada imagem em si (enquadramento) e as conexões entre imagens (montagem). O movimento da câmera já introduz várias imagens numa única, com reenquadramentos e faz também com que uma única imagem possa exprimir o todo. Isso é particularmente sensível em Abel Gance, que em *Napoleão* [*Napoléon*, 1927] se vangloria de ter liberado a câmera não só de seus trilhos terrestres, mas até de seus nexos com um homem que a carrega, para colocá-la a cavalo, lançá-la como uma arma, fazê-la rolar como uma bola, precipitar-se em hélice no mar.[19] Entretanto, a observação precedente que emprestávamos de Burch continua valendo: na maioria dos autores que abordamos neste capítulo, o movimento de câmera fica reservado para momentos notáveis, enquanto o puro movimento ordinário remete antes a uma sucessão de planos fixos. De tal modo que a montagem se encontra de ambos os lados do plano: do lado do conjunto enquadrado, que não se contenta com uma única imagem, mas manifesta o movimento relativo numa sequência em que *[69]* muda a unidade de medida (reenquadramento); do lado do todo do filme, que não se contentará com uma sucessão de imagens, mas se exprimirá num movimento absoluto, cuja natureza é preciso descobrir agora.

Kant dizia que, enquanto a unidade de medida (numérica) for homogênea, pode-se ir facilmente até o infinito, mas abstratamente. Quando a unidade de medida é variável, ao contrário, a imagi-

[19] Abel Gance, em Pierre Lherminier, *L'Art du cinéma*, Paris, Seghers, 1960, pp. 163-7.

nação se choca rapidamente com um limite: para além de uma curta sequência, ela não consegue mais *compreender* o conjunto das grandezas e dos movimentos que apreende sucessivamente. E, no entanto, o Pensamento, a Alma, em virtude de uma experiência que lhe é própria, deve compreender *em um todo* o conjunto dos movimentos na Natureza ou no Universo. Isto é o que Kant chama de sublime matemático: a imaginação empenha-se na apreensão dos movimentos relativos, onde esgota rapidamente suas forças em converter as unidades de medida, mas o pensamento deve atingir aquilo que ultrapassa toda imaginação, isto é, o conjunto dos movimentos como todo, máximo absoluto de movimento, movimento absoluto que se confunde em si mesmo com o incomensurável ou o desmedido, o gigantesco, o imenso, abóbada celeste ou mar sem limites.[20] É o segundo aspecto do tempo, não mais o intervalo enquanto presente variável, mas o todo fundamentalmente aberto, como imensidão do futuro e do passado. Não é mais o tempo como sucessão de movimentos e de suas unidades, mas o tempo como simultaneísmo e simultaneidade (pois a simultaneidade pertence tanto ao tempo quanto a sucessão, ela é o tempo como todo). É esse ideal do simultaneísmo que sempre perseguiu o cinema francês, assim como inspirava a pintura, a música e até a literatura. Evidentemente pode-se acreditar que é possível e fácil passar do primeiro ao segundo aspecto: não é a sucessão infinita por direito e, quer se acelere cada vez mais, quer se estire infinitamente, não tem ela por limite uma simultaneidade da qual se apropria no infinito? É nesse sentido que Epstein falará da "sucessão rápida e angular que tende para o círculo perfeito do simultaneísmo impossível".[21] Viértov, ou *[70]* ainda os futuristas, poderiam ter falado desse modo. Entretanto, na escola francesa há dualismo entre os dois aspectos: o movimento relativo é da matéria, e descreve os conjuntos que nela podemos distinguir ou fazer comunicar pela "imaginação", enquanto o movimento absoluto é do es-

[20] Immanuel Kant, *Critique du jugement*, § 36 [ed. bras.: *Crítica da faculdade de julgar*, tradução de Valério Rohden e Antonio Marques, Rio de Janeiro, Forense, 2012].

[21] Jean Epstein, *Écrits sur le cinéma*, vol. I, p. 67.

pírito e exprime o caráter psíquico do todo que muda. De modo tal que não se passa de um ao outro jogando com unidades de medida, por maiores ou menores que sejam, mas somente atingindo algo de desmedido, Demasia ou Excesso no que diz respeito a qualquer medida, que não pode ser concebido por uma alma pensante. Em *O dinheiro*, de L'Herbier, Noël Burch destaca um caso particularmente interessante dessa construção de um todo do tempo necessariamente desmedido.[22] Ainda assim, a aceleração ou o retardamento do movimento relativo, a relatividade essencial da unidade de medida, as dimensões do cenário desempenham um papel indispensável; mas acompanham ou condicionam o outro aspecto, em vez de se incumbirem eles próprios da passagem. É que o dualismo francês mantém a diferença entre o espiritual e o material, mesmo mostrando a complementaridade entre ambos: não só em Gance como em L'Herbier, ou no próprio Epstein. Observou-se com frequência que a escola francesa dera tanta importância e desenvolvimento à imagem subjetiva quanto o expressionismo alemão, embora de outra maneira. De fato, ela resume por excelência o dualismo e a complementaridade dos dois temas: por um lado, multiplica o máximo relativo de quantidade de movimento possível, ao adicionar o movimento de um corpo que vê ao movimento dos corpos vistos; mas, por outro, constitui nessas condições o máximo absoluto da quantidade de movimento relativamente a uma Alma independente que "envolve" e "precede" os *[71]* corpos.[23] É o caso do célebre *flou* na dança de *El Dorado*.

Esse espiritualismo e esse dualismo foi Gance quem deu ao cinema francês. O que pode ser claramente percebido nos dois as-

[22] Burch pergunta como *L'Argent* pode oferecer uma tal impressão de movimento na medida que os grandes movimentos de câmera são relativamente raros. Ora, o caráter monumental do cenário (por exemplo, um grande salão) implica sem dúvida deslocamentos muito amplos de personagens, mas nem por isso explica nossa impressão de um máximo absoluto de movimento. Burch descobre a explicação numa multiplicação de planos para uma dada sequência: trata-se de uma "supersaturação" que produz um efeito desmesurado, e nos faz ultrapassar as relações entre grandezas relativas (*Marcel L'Herbier*, pp. 146-57).

[23] Cf. Abel Gance, em Pierre Lherminier, *L'Art du cinéma*, pp. 163-7.

pectos que a montagem assume em sua obra. De acordo com o primeiro, que Gance não pretende ter inventado, mas que comanda o desenrolar da película, o movimento relativo encontra sua lei numa "montagem vertical sucessiva" — um caso célebre é a montagem acelerada da maneira como aparece em *A roda*, e também em *Napoleão*. Mas o movimento absoluto se define por uma figura inteiramente diferente a que Gance denomina "montagem horizontal simultânea", e que encontrará em *Napoleão* suas duas formas principais: por um lado, a utilização original das sobreimpressões, por outro, a invenção da tela tríplice e da polivisão. Ao sobrepor um vasto número de sobreimpressões (às vezes dezesseis), ao introduzir entre elas pequenas defasagens temporais, ao acrescentar algumas e retirar outras, Gance sabe perfeitamente que o espectador não verá o que está sobreposto: a imaginação é como que ultrapassada, transbordada, atingindo rapidamente o seu limite. Mas Gance conta com o efeito de todas estas sobreimpressões na alma, com a constituição de um ritmo de valores adicionados e suprimidos que confere à alma a ideia de um todo como sentimento de uma desmesura e de uma imensidão. Ao inventar a tela tríplice, Gance atinge a simultaneidade de três aspectos de uma mesma cena ou de três cenas diferentes, e constrói ritmos ditos "não retrogradáveis", ritmos cujos dois extremos são a retrogradação um do outro com um valor central comum a ambos. Ao unir a simultaneidade de sobreimpressão com a simultaneidade de contraimpressão, Gance constitui efetivamente a imagem como o movimento absoluto do todo que muda. Não se trata mais do domínio relativo do intervalo variável, da aceleração ou do retardamento cinéticos na matéria, mas sim do domínio absoluto da simultaneidade luminosa, da luz em extensão, do todo que muda e que é Espírito (grande hélice espiritual em vez de espiral orgânica, hélice que em Gance e em L'Herbier às vezes se manifestará diretamente no movimento da câmera). *[72]* Seria este o ponto de encontro com o "simultaneísmo" de Delaunay.[24]

[24] Delaunay se opõe aos futuristas, para quem a simultaneidade é o limite de um movimento cinético cada vez mais rápido. Para Delaunay, ela não tem nada a ver com o movimento cinético, mas com uma pura mobilidade da

Em suma: com Gance, o que a escola francesa inventa é o cinema do sublime. A composição das imagens-movimento oferece sempre a imagem do tempo sob seus dois aspectos, o tempo como intervalo e o tempo como todo, o tempo como presente variável e o tempo como imensidão do passado e do futuro. Por exemplo, em *Napoleão* de Gance, a referência constante ao homem do povo, ao veterano de guerra e à vivandeira introduz o presente crônico de um testemunho imediato singelo na imensidão épica de um futuro e de um passado refletidos.[25] Em René Clair, ao contrário, encontramos sempre, numa forma encantadora e feérica, esse todo do tempo que se confronta com as variações do presente. Ora, o que assim aparece com a escola francesa é uma nova maneira de conceber os dois signos do tempo: o intervalo tornou-se a unidade numérica variável e sucessiva que assume relações métricas com os outros fatores, definindo em cada caso a maior quantidade relativa de movimento na matéria e para a imaginação; o todo tornou-se o Simultâneo, o desmesurado, o imenso, que reduz a imaginação à impotência e a confronta com o seu próprio limite, fazendo nascer no espírito o puro pensamento de uma quantidade de movimento absoluto, que exprime toda a sua história ou sua mudança, seu universo. É exatamente o sublime matemático de Kant. Dessa montagem, dessa concepção da montagem, dir-se-á que é matemático-espiritual, *[73]* extensivo-psíquica, quantitativo-poética (Epstein falava de "filosofia").

luz, que cria suas formas luminosas e coloridas e as abrange em discos e hélices que são da natureza do tempo. Foi através de Blaise Cendrars que os cineastas franceses puderam ficar a par das concepções de Delaunay. Cf. o texto de Gance "Le Temps de l'image éclatée", em Sophie Daria, *Abel Gance hier et demain*, Paris/Genebra, La Palatine, 1959. Num sentido próximo, existe em Messiaen um simultaneísmo musical, que é definido precisamente pelos "ritmos com valor acrescentado" e pelos "ritmos não retrogradáveis" (Antoine Goléa, *Rencontres avec Olivier Messiaen*, Paris, Julliard, 1961, pp. 65 ss.).

[25] Cf. o papel de Fleuri tal como foi analisado por Norman King através dos projetos sucessivos de Gance: "Une épopée populiste", *Cinématographe*, nº 83, nov. 1982.

Poder-se-ia contrapor ponto por ponto a escola francesa ao expressionismo alemão. O "mais luz" responde ao "mais movimento"! O movimento é desencadeado, mas a serviço da luz, para fazê-la cintilar, formar ou deslocar estrelas, multiplicar reflexos, traçar rastros brilhantes, como na grande cena de *music-hall* de *Variedades* [*Variétés*, 1925], de Dupont, ou no sonho de *A última gargalhada* [*Der letzte Mann*, 1924], de Murnau. Evidentemente a luz é movimento, e a imagem-movimento e a imagem-luz são as duas faces de uma mesma aparição. Mas não é do mesmo modo que há pouco a luz era um imenso movimento de extensão e que agora se apresenta no expressionismo como um poderoso movimento de intensidade, o movimento intensivo por excelência. Há, efetivamente, uma arte cinética abstrata (Richter, Ruttmann), mas a quantidade extensiva, o deslocamento no espaço são como o mercúrio que mede indiretamente a quantidade intensiva, sua elevação e queda. A luz e a sombra deixam de constituir um movimento alternativo em extensão e entram agora em intenso combate, que comporta vários estágios.

Para começar, a força infinita da luz opõe-se às trevas, como uma força igualmente infinita, sem a qual não poderia se manifestar. Ela se opõe às trevas para se manifestar. Não se trata, portanto, de um dualismo, tampouco de uma dialética, pois estamos fora de qualquer unidade ou totalidade orgânica. Trata-se de uma oposição infinita, tal como já aparece em Goethe e nos românticos: a luz não seria nada, pelo menos nada de manifesto, sem o opaco ao qual se opõe e que a torna visível.[26] A imagem visual divide-se, portanto, em duas segundo uma diagonal ou uma linha dentada, de modo tal que restituir à *[74]* luz, como diz Valéry, "supõe uma

[26] A propósito da luz e de suas conexões com as trevas ou o opaco o texto de base é a *Théorie des couleurs*, de Goethe (Paris, Triades, 1980) [ed. bras.: *Doutrina das cores*, tradução de Marco Giannotti, São Paulo, Nova Alexandria, 2013]. Eliane Escoubas faz uma excelente análise desta teoria, capaz de comportar muitas aplicações cinematográficas: "L'Oeil du teinturier", *Critique*, nº 418, mar. 1982. A luz expressionista é goethiana, tanto quanto a luz francesa — próxima de Delaunay — era newtoniana. É verdade que a teoria de Goethe comporta um outro aspecto que encontraremos mais tarde: o puro nexo da luz com o branco.

lúgubre metade de sombra". Trata-se não só de uma divisão da imagem ou do plano, que já encontramos em *Homúnculo* [*Homunculus*, 1916], de Rippert, e reencontramos em Lang, em Pabst, mas também de uma matriz de montagem, em *A noite de São Silvestre* [*Sylvester*, 1924] de Pick, que opõe a opacidade da espelunca à luminosidade do hotel elegante: ou em *Aurora* [*Sunrise*, 1927], de Murnau, que opõe a cidade luminosa ao pântano opaco. Em segundo lugar, o afrontamento das duas forças infinitas determina um ponto zero, relativamente ao qual toda luz é um grau finito. Com efeito, o que cabe à luz é envolver uma conexão com o negro como negação = 0, em função da qual ela se define como intensidade, quantidade intensiva. O instante aparece aqui (contrariamente à unidade e a parte extensivas) como aquilo que apreende a grandeza ou o grau luminoso relativamente ao negro. Por isso o movimento intensivo é inseparável de uma queda, ainda que virtual, que exprime apenas essa distância do grau de luz até zero. Só a ideia da queda mede o grau até o qual *sobe* a quantidade intensiva e, mesmo em sua maior glória, a luz da Natureza cai e não para de cair. Portanto é preciso também que a ideia de queda passe ao ato e se torne uma queda real ou material nos seres particulares. A luz tem apenas uma queda ideal, mas o dia, esse, tem uma queda real: esta é a aventura da alma individual, tragada por um buraco negro, da qual o expressionismo nos oferecerá exemplos vertiginosos (em Murnau, a queda de Margarida no *Fausto*, a do último dos homens, engolido pelo buraco negro das toaletes do grande hotel em *A última gargalhada*, ou, em Pabst, a de Lulu em *A caixa de Pandora* [*Die Büchse der Pandora*, 1929].

Eis que a luz enquanto grau (o branco) e o zero (o negro) entram em nexos concretos de contraste ou de mistura. Como vimos, é toda a série contrastada das linhas brancas e das linhas negras, dos raios de luz e dos traços de sombra: um mundo estriado, listrado, que aparece já em Wiene nas telas pintadas de *O gabinete do dr. Caligari* [*Das Kabinett des Dr. Caligari*, 1920], mas que assume todos os seus valores luminosos com Lang, em *Os Nibelungos* (por exemplo, a luz no mato ou os fachos através das janelas). Ou então é a série mista do claro-escuro, a transformação contínua de todos os graus constituindo "uma gama fluida *[75]* de gradações que se sucedem sem parar" — Wegener e sobretudo Murnau serão os mestres dessa fórmula. É verdade que os grandes autores foram capazes de fazer progressos em ambas e Lang soube atingir os claros-escuros mais sutis (*Metrópolis*), assim como Murnau foi capaz de traçar os raios mais contrastados: assim, em *Aurora*, a cena da busca da afogada começa com as estrias luminosas dos faróis sobre as águas negras para dar lugar de repente às transformações de um claro-escuro que degrada os tons ao longo de todo o seu percurso. Por mais diferente que seja do expressionismo (principalmente em sua concepção de tempo e da queda das almas), Stroheim toma dele o tratamento da luz e surge como um luminista tão profundo quanto Lang e mesmo Murnau: ora é uma série de estrias como as barras luminosas que as persianas semifechadas projetam sobre a cama, o rosto e o busto da mulher adormecida, em *Esposas ingênuas* [*Foolish Wives*, 1922], ora são todos os graus de claro-escuro com contraluz e jogos de *flou*, no jantar de *Minha rainha* [*Queen Kelly*, 1929].[27]

Em tudo isso o expressionismo rompia com o princípio de composição orgânica instaurado por Griffith, e que a maioria dos dialéticos soviéticos tinha retomado. Mas fazia essa ruptura de maneira completamente diferente daquela da escola francesa. O que ele invoca não é a clara mecânica da quantidade de movimento no sólido ou no fluido, mas sim uma obscura vida pantanosa onde mergulham todas as coisas, ora retalhadas pelas sombras, ora escondidas nas brumas. *A vida não orgânica das coisas*, uma vida terrível que ignora a moderação e os limites do organismo — tal é o primeiro Princípio do expressionismo, válido para a Natureza inteira, isto é, para o espírito inconsciente perdido nas trevas, luz que se tornou opaca, *lumen opacatum*. Desse ponto de vista,

[27] Lotte Eisner, "Note sur le style Stroheim", *Cahiers du Cinéma*, nº 67, jan. 1957. É em *L'Écran démoniaque* (col. Encyclopédie du Cinéma, Paris, Éditions André Bonne, 1952) [ed. bras.: *A tela demoníaca: as influências de Max Reinhardt e do expressionismo*, tradução de Lúcia Nagib, São Paulo, Paz e Terra, 2002] que Lotte Eisner analisa constantemente os dois procedimentos, os estriamentos e os claros-escuros do expressionismo; e no seu livro *Murnau* (Paris, Le Terrain Vague, 1964), particularmente pp. 88-9 e 162.

as substâncias naturais e os produtos artificiais, os candelabros e as árvores, a turbina e o Sol não têm mais diferença. Um muro que vive é algo assustador; mas são também assustadores os utensílios, os móveis, as casas e seus tetos que se inclinam, se apertam, *[76]* se espreitam ou se unem. São as sombras das casas que perseguem aquele que corre na rua.[28] Em todos esses casos não é o mecânico, é o vital como potente germinalidade pré-orgânica, comum ao animado e ao inanimado, a uma matéria que se eleva até à vida e a uma vida que se esparge em toda a matéria. O animal perdeu o orgânico tanto quanto a matéria ganhou a vida. O expressionismo pode reivindicar um cinético puro, é um movimento violento que não respeita nem o contorno nem as determinações mecânicas da horizontal e da vertical; seu percurso é o de uma linha perpetuamente quebrada, onde cada mudança de direção marca a um só tempo a força de um obstáculo e a potência de uma nova impulsão, em suma, a subordinação do extensivo à intensidade. Worringer foi o primeiro teórico a criar o termo "expressionismo", e o definiu pela oposição entre o impulso vital e a representação orgânica, invocando a linha decorativa "gótica ou setentrional": linha quebrada que não forma contorno algum, onde a forma e o fundo se distinguissem, mas que passa em zigue-zague entre as coisas, ora as arrastando para um sem-fundo em que ela própria se perde, ora as fazendo turbilhonar num sem-forma em que ela se revira em "convulsão desordenada".[29] Então, os autômatos, os robôs e os títeres não são mais mecanismos que exploram ou majoram uma

[28] Herman Warm descreve um cenário de *Phantom*, filme perdido de Murnau: exterior, uma rua cujo lado esquerdo é efetivamente construído, mas o lado direito é ocupado por fachadas falsas montadas sobre trilhos. Assim, as fachadas em movimento cada vez mais rápido lançavam sua sombra sobre as casas imóveis do outro lado, e pareciam perseguir o jovem. Warm cita um outro exemplo tirado do mesmo filme, onde um mecanismo complicado produz ao mesmo tempo um movimento de turbilhão e uma queda num buraco negro. Cf. Lotte Eisner, *Murnau*, pp. 231-2.

[29] Wilhelm Worringer, *L'Art gothique*, Paris, Gallimard, 1941, pp. 66-80. Foi Rudolf Kurtz que desenvolveu particularmente o tema de uma visão não orgânica no cinema: *Expressionismus und Film*, Berlim, Der Lichtbildbühne, 1926.

quantidade de movimento, mas sonâmbulos, zumbis, ou golens que exprimem a intensidade desta vida não orgânica: não apenas *O Golem, como ele veio ao mundo* [*Der Golem, wie er in die Welt kam*, 1920], de Wegener, mas o filme gótico de terror por volta de 1930, com o *Frankenstein* [*Frankenstein, The Man who Made the Monster*, 1931] e *A noiva de Frankenstein* [*The Bride of Frankenstein*, 1935], de Whale, e *Zumbi branco* [*White Zombie*, 1932], de Halperin. *[77]*

A geometria não perde seus direitos, mas é uma geometria inteiramente diversa daquela da escola francesa porque é liberada, ao menos diretamente, das coordenadas que condicionam a quantidade extensiva e das relações métricas que regulam o movimento no espaço homogêneo. Trata-se de uma geometria "gótica", que constrói o espaço em vez de descrevê-lo: ela não procede mais por metrificação, mas por prolongamento e acumulação. As linhas são prolongadas para além de qualquer medida até seus pontos de encontro, enquanto seus pontos de ruptura produzem acumulações. A acumulação pode ser de luz ou de sombra, assim como os prolongamentos pelas sombras ou pela luz. Lang inventa falsos *raccords* luminosos que exprimem mudanças intensivas do todo. É uma geometria perspectivista violenta, que opera por projeções e por faixas de sombras, com perspectivas oblíquas. As diagonais e contradiagonais tendem a substituir a horizontal e a vertical, o cone substitui o círculo e a esfera, os ângulos agudos e triângulos pontudos substituem as linhas curvas ou retangulares (as portas de *Caligari*, os pinhões e os chapéus de *Golem*). Se compararmos a arquitetura monumental de L'Herbier à de Lang (*Os Nibelungos*, *Metrópolis*), veremos como Lang opera por prolongamento de linhas e pontos de acumulação, que só indiretamente se traduzirão em relações métricas.[30] E se o corpo humano entra diretamente nesses "agrupamentos geométricos", se ele é um "fator básico dessa arquitetura", não é exatamente porque "a estilização transforma o humano em fator mecânico", fórmula que conviria mais à escola francesa, mas porque fundiu-se toda diferença entre o me-

[30] Sobre a geometria em Lang, cf. Lotte Eisner, *L'Écran démoniaque*, "Architecture et paysage de studio" e "Le Maniément des foules".

cânico e o humano, desta vez em proveito da potente vida não orgânica das coisas.

Nos contrastes de branco e de negro ou nas variações do claro-escuro, dir-se-ia que o branco se obscurece e que o negro se atenua. Como dois graus captados no instante, pontos de acumulação que corresponderiam ao surgimento da cor na teoria de Goethe: o azul como negro clareado, o amarelo como branco escurecido. E, sem dúvida, *[78]* apesar das tentativas de monocromia e mesmo de policromia em Griffith e em Eisenstein, o precursor de um verdadeiro colorismo no cinema foi, sem dúvida, o expressionismo. Goethe explicava precisamente que as duas cores fundamentais, o amarelo e o azul, eram captadas como graus num *movimento de intensificação* que, de ambos os lados, era seguido por um reflexo avermelhado. A intensificação do grau é como o instante elevado à segunda potência, é expressa por esse reflexo. O reflexo avermelhado ou brilhante acompanhará todos os estágios da intensificação, cambiante, reverberação, cintilação, incandescência, halo, fluorescência, fosforescência. Todos esses aspectos escandem a criação do robô em *Metrópolis*, bem como a de Frankenstein e de sua noiva. Stroheim extrai daí extraordinárias combinações às quais entrega as criaturas vivas, perversas ou vítimas inocentes: assim, como analisa Lotte Eisner na ceia de *Minha rainha*, a jovem ingênua é captada entre dois fogos, o das velas sobre a mesa diante dela, que *chamejam* sobre seu rosto e o fogo na chaminé por trás dela, que a envolve num halo luminoso (então ela sentirá muito calor e deixará que tirem o casaco que a cobre...). Mas é Murnau o mestre de todos esses estágios e aspectos que anunciam a um só tempo a chegada do diabo e a cólera de Deus.[31] Com efeito, Goethe mostrava que a intensificação de ambos os lados (do amarelo e do azul) não se contentava com os reflexos avermelhados que os acompanhavam como efeitos crescentes de brilho, mas cul-

[31] Cf. especialmente a análise da cintilação por Éric Rohmer, *L'Organisation de l'espace dans le Faust de Murnau*, col. 10-18, Paris, Union Générale d'Éditions, 1977. No artigo anteriormente citado Eliane Escoubas estuda os efeitos de brilhância e de intensidade segundo a teoria das cores de Goethe.

minava num vermelho vivo como terceira cor que se tornou independente, pura incandescência ou flamejar de uma luz terrível que queimava o mundo e suas criaturas. Como se a intensidade finita recobrasse agora, no ápice de sua própria intensificação, um lampejo do infinito de onde se tinha partido. O infinito não parara de trabalhar no finito que o restitui sob essa forma ainda mais sensível. O espírito não havia abandonado a Natureza, ele animava toda a vida não orgânica, mas só pode nela se descobrir e nela se reencontrar como o espírito do mal que abrasa a Natureza *[79]* inteira. É o círculo de chamas da invocação do demônio em *Golem*, de Wegener, ou no *Fausto*, de Murnau. É a fogueira de Fausto. É a "cabeça fosforescente do demônio de olhos tristes e vazio" de Wegener. É a cabeça chamejante de Mabuse, e a de Mefisto. São os momentos do sublime, o reencontro com o infinito no espírito do mal: em Murnau, particularmente, *Nosferatu* não passa só por todos os aspectos do claro-escuro, da contraluz e da vida não orgânica das sombras, não só produz todos os momentos de um reflexo avermelhado, mas chega ao ápice quando uma luz potente (um vermelho puro) o destaca de seu fundo tenebroso, o faz surgir de um sem-fundo ainda mais direto e lhe confere uma aparência de onipotência, para além de sua forma achatada.[32]

Esse novo sublime não é o mesmo da escola francesa. Kant distinguia duas espécies de Sublime, o matemático e o dinâmico, o imenso e o potente, o desmesurado e o informe. Ambas tinham

[32] Michel Bouvier e Jean-Louis Leutrat, *Nosferatu*, Paris, Cahiers du Cinéma/Gallimard, 1981, pp. 135-6: "Refletores que desenham um círculo branco por trás das personagens de modo tal que as formas, em vez de determinadas por seu movimento próprio, parecem excluídas, expulsas de um sem-fundo ou de um fundo mais originário do que o seu plano de fundo, assim particularmente inundado de claridade. [...] Através desta ruptura, o que se atualiza diante desta mancha de luz e irrompe, fantasma recortado do fundo, *não é aquilo que permanece habitualmente escondido nesta evanescência profunda sugerida pelo claro-escuro, por exemplo*. Donde esse caráter frequentemente achatado das figuras assim iluminadas e o sentimento de que elas provêm, por sua própria natureza, da sombra, *sem se alimentarem romanticamente nela* [...] *Esse efeito não é redutível aquele produzido por uma contraluz*" (grifo nosso).

a propriedade de desfazer a composição orgânica, uma extravasando-a, a outra rompendo-a. No sublime matemático a unidade de medida extensiva muda tanto que a imaginação não consegue mais compreendê-la, esbarra em seu próprio limite, se aniquila, mas dá lugar a uma faculdade pensante que nos força a conceber o imenso ou o desmesurado como todo. No sublime dinâmico, é a intensidade que se eleva a tal potência, que ofusca ou aniquila nosso ser orgânico, enche-o de terror, mas suscita uma faculdade pensante através da qual sentimo-nos superiores ao que nos aniquila, para descobrirmos em nós um espírito supraorgânico que domina toda a vida inorgânica das coisas: então não temos mais *[80]* medo, sabendo que nossa "destinação" espiritual é propriamente invencível.[33] Do mesmo modo, segundo Goethe, o vermelho flamejante não é apenas a cor terrível em que queimamos, mas a cor mais nobre, que contém todas as outras e engendra uma harmonia superior como círculo cromático inteiro. E é precisamente o que ocorre, ou tem chances de ocorrer, na história que o expressionismo nos conta, do ponto de vista do sublime dinâmico: *a vida não orgânica das coisas* culmina no fogo, que nos queima e queima toda a Natureza, agindo como o espírito do mal ou das trevas; mas este, pelo sacrifício extremo que suscita em nós, libera em nossa alma uma *vida não psicológica do espírito*, que não pertence nem à natureza nem à nossa individualidade orgânica, que é a parte divina em nós, a ligação espiritual em que estamos a sós com Deus como luz. Assim, a alma parece *subir de novo* à luz, mas na verdade reencontrou a parte luminosa de si mesma, cuja queda era apenas ideal e que mais caía no mundo do que nele se precipitava. O flamejante tornou-se o sobrenatural e o suprassensível, como o sacrifício de Ellen, em *Nosferatu*, ou o de Fausto, ou até mesmo o de Indre, em *Aurora*.

Notaremos, a esse respeito, a diferença considerável entre o expressionismo e o romantismo, pois não se trata mais, como no romantismo, de uma reconciliação da Natureza e do Espírito, do Espírito tal como está alienado na Natureza e do Espírito tal como se reconquista em si mesmo: concepção que implicava ainda como

[33] Kant, *Critique du jugement*, §§ 26-8.

que o desenvolvimento dialético de uma totalidade ainda orgânica. Enquanto o expressionismo, em princípio, só concebe o todo de um Universo espiritual a gerar suas próprias formas abstratas, seus seres de luz, seus *raccords*, que parecem falsos ao olho do sensível. Ele mantém à distância o caos do homem e da Natureza.[34] Ou *[81]* melhor, nos diz que só há e haverá caos, se não acedermos a este universo espiritual que ele próprio chega frequentemente a pôr em dúvida: muitas vezes o fogo do caos vence, ou nos é anunciado como triunfante por ainda muito tempo. Em suma, o expressionismo não para de pintar o mundo de vermelho sobre vermelho, um remetendo à terrível vida não orgânica das coisas, o outro à sublime vida não psicológica do espírito. O expressionismo chega ao grito, o grito de Margarida, o grito de Lulu, a marcar tanto o horror da vida não orgânica quanto a abertura talvez ilusória de um universo espiritual. Eisenstein também chegava ao grito, mas à maneira de um dialético, isto é, como o salto qualitativo que fazia o todo evoluir. Agora, ao contrário, o todo está na altura e confunde-se com o cume ideal de uma pirâmide que, subindo, está

[34] Cf. o texto de Wilhelm Worringer sobre o expressionismo como "arte nova", citado por Bouvier e Leutrat, *Nosferatu*, pp. 175-9. Apesar das reservas de certos críticos, as posições modernistas de Worringer nos parecem muito próximas das de Kandinsky (*Du spirituel dans l'art* [ed. bras.: *Do espiritual na arte*, tradução de Álvaro Cabral e Antônio da Pádua Danesi, São Paulo, Martins Fontes, 2015]). Ambos denunciam em Goethe e no romantismo uma preocupação de reconciliação Espírito-Natureza, que mantém a arte numa perspectiva individualista e sensualista. Eles concebem, ao contrário, uma "arte espiritual" como uma união com Deus, que ultrapassa as pessoas e mantém a natureza à distância, remetendo-as ao caos do qual o homem moderno deve sair. Nem mesmo estão certos de que esta empresa terá sucesso, mas não há outra escolha: donde as observações de Worringer a propósito do "grito" como a única expressão do expressionismo, e, no entanto, talvez ilusória. Este pessimismo a respeito de um mundo-caos é reencontrado no cinema expressionista e mesmo a ideia de uma salvação espiritual que passa pelo sacrifício nele permanece relativamente rara. É sobretudo em Murnau que ela se encontra, mais frequentemente que em Lang. Mas, também de todos os expressionistas, Murnau é o mais próximo do romantismo: ele conserva um individualismo e um "sensualismo" que se manifestarão cada vez mais livremente no seu período americano, com *Aurora* e sobretudo com *Tabu*.

sempre rechaçando a sua base. O todo tornou-se a intensificação propriamente infinita que se liberou de todos os graus, que passou pelo fogo, mas apenas para romper suas amarras sensíveis com o material, o orgânico e o humano, para se desvincular de todos os estados do passado e descobrir assim a Forma espiritual abstrata do futuro (os *Ritmos* [*Rhythmus*, 1921], de Hans Richter).

Vimos quatro tipos de montagem. É que as imagens-movimento são, a cada vez, o objeto de composições muito diferentes: a montagem orgânico-ativa, empírica, ou melhor, empirista do cinema americano; a montagem dialética do cinema soviético, orgânica ou material; a montagem quantitativo-psíquica da escola francesa, em sua ruptura com o orgânico; a montagem intensivo-espiritual do expressionismo alemão, que vincula uma vida não orgânica a uma vida não psicológica. São grandes visões de cineastas, com suas práticas concretas. Deve-se evitar *[82]* pensar, por exemplo, que a montagem paralela seja um dado que se encontra em toda parte, salvo num sentido muito geral, uma vez que o cinema soviético a substitui por uma montagem de oposição, o cinema expressionista por uma montagem de contraste etc. O que tentamos mostrar foi a variedade prática e teórica dos tipos de montagem segundo as concepções orgânica, dialética, extensiva e intensiva da composição das imagens-movimento. Foi o pensamento ou a filosofia do cinema, tanto quanto sua técnica. Seria tolice dizer que uma dessas práticas teóricas é melhor que a outra, ou representa um progresso (os progressos técnicos se deram em cada uma dessas direções e as supõem, em vez de as determinar). A única generalidade da montagem é que ela coloca a imagem cinematográfica em correspondência com o todo, isto é, com o tempo concebido como o Aberto. Assim, ela oferece uma imagem indireta do tempo, tanto na imagem-movimento particular, quanto no todo do filme. Por um lado, é o presente variável, por outro, a imensidão do futuro e do passado. Pareceu-nos que as formas de montagem determinavam de modo diferente esses dois aspectos. O presente variável podia tornar-se intervalo, salto qualitativo, unidade numérica, grau intensivo; e o todo orgânico, totalização dialética, totalidade desmedida do sublime matemático, totalidade intensiva do sublime dinâmico. Só mais tarde poderemos ver o que é a imagem indireta do tempo e as possibilidades comparadas de uma imagem-tempo direta. Por ora, se é verdade que a imagem-movimento tem duas faces — das quais uma se volta para os conjuntos e suas partes, e a outra para o todo e suas mudanças — é ela que devemos interrogar: à imagem-movimento por si mesma, em todas as suas espécies e em suas duas faces.

Capítulo 4
A IMAGEM-MOVIMENTO E SUAS TRÊS VARIEDADES (SEGUNDO COMENTÁRIO A BERGSON)
[83]

1

A crise histórica da psicologia coincide com o momento em que não foi mais possível manter uma certa posição, que consistia em colocar as imagens na consciência e os movimentos no espaço. Na consciência só haveria imagens, qualitativas, inextensas. No espaço só haveria movimentos, extensos, qualitativos. Mas como passar de uma ordem à outra? Como explicar que movimentos de repente produzam uma imagem, como na percepção, ou que a imagem produza um movimento, como na ação voluntária? Se invocarmos o cérebro, é preciso dotá-lo de um poder miraculoso. E como impedir que o movimento já não seja imagem, pelo menos virtual, e que a imagem já não seja movimento, pelo menos possível? O que parecia sem saída, afinal, era o confronto do materialismo com o idealismo, um querendo reconstituir a ordem da consciência com puros movimentos materiais, o outro a ordem do universo com puras imagens na consciência.[1] Urgia superar esta dualidade da imagem e do movimento, da consciência e da coisa a qualquer preço. E, na mesma época, dois autores muito diferentes iriam empreender essa tarefa, Bergson e Husserl. Cada um lançava seu grito de guerra: toda consciência *[84]* é consciência *de* alguma coisa (Husserl), ou, mais ainda, toda consciência *é* alguma coisa (Bergson). Sem dúvida, muitos fatores exteriores à filosofia explicavam por que a antiga posição tinha se tornado impossível. Eram fatores sociais e científicos, que punham cada vez mais movimen-

[1] É o tema mais geral do primeiro capítulo e da conclusão de *Matéria e memória*, de Bergson.

to na vida consciente e imagem no mundo material. Como então não levar em conta o cinema, que nesse momento também se preparava e que iria fornecer sua própria evidência de uma *imagem-movimento*?

É verdade que Bergson, como vimos, só encontra aparentemente no cinema um falso aliado. Quanto a Husserl, pelo que sabemos, nunca invoca o cinema (observar-se-á, ainda, que Sartre, bem mais tarde, não cita a imagem cinematográfica quando faz o inventário e a análise de todo tipo de imagem em *O imaginário*). É Merleau-Ponty quem tenta acessoriamente uma confrontação cinema-fenomenologia, mas para ver novamente no cinema um aliado ambíguo. Entretanto as razões da fenomenologia e as de Bergson são tão diferentes que sua própria oposição deve nos guiar. O que a fenomenologia erige em norma é a "percepção natural" e suas condições. Ora, tais condições são coordenadas existenciais que definem uma "ancoragem" do sujeito percipiente no mundo, um estar no mundo, uma abertura para o mundo que vai se exprimir no célebre "toda consciência é consciência de alguma coisa"... Consequentemente, o movimento percebido ou realizado deve ser compreendido, evidentemente, não no sentido de uma forma inteligível (Ideia) que se atualizaria numa matéria, mas de uma forma sensível (*Gestalt*) que organiza o campo perceptivo em função de uma consciência intencional em situação. Ora, por mais que o cinema nos aproxime ou nos distancie das coisas e gire em torno delas, ele suprime a ancoragem do sujeito tanto quanto o horizonte do mundo, de modo tal que substitui por um saber implícito e uma intencionalidade segunda as condições da percepção natural.[2] Ele não se confunde com as outras artes, que antes visam um irreal através do mundo, mas faz do próprio mundo um irreal ou uma narrativa: com o cinema, é o mundo que se torna sua própria imagem e não uma imagem que se torna o mundo. Observar-se-á que, sob certos aspectos, a fenomenologia *[85]* se atém a condições pré-cinematográficas, que explicam sua atitude embaraçada: ela

[2] Maurice Merleau-Ponty, *Phénoménologie de la perception*, Paris, Gallimard, 1945, p. 82 [ed. bras.: *Fenomenologia da percepção*, tradução de Carlos Alberto Ribeiro de Moura, São Paulo, Martins Fontes, 2014].

confere à percepção natural um privilégio que faz com que o movimento ainda se reporte a *poses* (simplesmente existenciais em vez de essenciais); consequentemente, o movimento cinematográfico tanto é denunciado como infiel às condições da percepção, quanto exaltado como uma nova narrativa capaz de "se aproximar" do percebido e do percipiente, do mundo e da percepção.[3]

É de maneira inteiramente diversa que Bergson denuncia o cinema como aliado ambíguo. Pois, se o cinema desconhece o movimento, é do mesmo modo que a percepção natural e pelas mesmas razões: "Nós temos visões quase instantâneas da realidade que passa [...] percepção, intelecção, linguagem procedem em geral assim".[4] Isso quer dizer que, para Bergson, o modelo não pode ser a percepção natural, que não possui privilégio algum. O modelo seria antes um estado das coisas que não pararia de mudar, uma matéria fluente onde nenhum ponto de ancoragem ou centro de referência seriam designáveis. A partir desse estado de coisas, seria necessário mostrar como podem se formar centros em pontos quaisquer, que imporiam vistas fixas instantâneas. Tratar-se-ia, portanto, de "deduzir" a percepção consciente, natural ou cinematográfica.[5] Mas o cinema talvez apresente uma grande vantagem: justamente porque lhe faltam centro de ancoragem e horizonte, os cortes que opera não o impediriam de remontar o caminho pelo qual desce a percepção natural. Em vez de ir do estado de coisas acentrado à percepção centrada, ele poderia remontar rumo ao estado de coisas acentrado e dele se aproximar. Ainda que falássemos de aproximação, seria o contrário daquela que a fe-

[3] Pelo menos, é o que nos é mostrado na teoria complexa, de inspiração fenomenológica, de Albert Laffay, *Logique du cinéma*, Paris, Masson, 1964.

[4] Henri Bergson, *L'Évolution créatrice* [*EC*], p. 753 (305) [ed. bras.: *A evolução criadora*, tradução de Bento Prado Neto, São Paulo, Martins Fontes, 2005].

[5] Henri Bergson, *Matière et mémoire* [*MM*], p. 182 (28) [ed. bras.: *Matéria e memória*, tradução de Paulo Neves, São Paulo, Martins Fontes, 2011]: "Afirmo consequentemente que a percepção consciente tem de se produzir".

nomenologia invocava. Mesmo através da sua crítica do cinema, Bergson estaria no mesmo plano que ele, e muito mais ainda do que imagina. É o que vamos ver com o brilhante primeiro capítulo de *Matéria e memória*. *[86]*

Vemo-nos, com efeito, diante da exposição de um mundo onde IMAGEM = MOVIMENTO. Chamemos Imagem o conjunto daquilo que aparece. Não se pode nem mesmo dizer que uma imagem aja sobre outra ou reaja a outra. Não há objeto móvel que se distinga do movimento executado, nada do que é movido se distingue do movimento recebido. Todas as coisas, isto é, todas as imagens se confundem com suas ações e reações: é a variação universal. Toda imagem não passa de um "caminho sobre o qual passam em todos os sentidos as modificações que se propagam na imensidão do universo". *Cada imagem age sobre outras e reage a outras em "todas as suas faces" e "através de todas as suas partes elementares"*.[6] "A verdade é que os movimentos são muito claros como imagens, e que não cabe procurar no movimento outra coisa além do que nele se vê."[7] Um átomo é uma imagem, logo, um conjunto de ações e de reações. Meu olho, meu cérebro, são imagens, partes de meu corpo. Como meu cérebro conteria as imagens, desde que é uma imagem dentre as outras? As imagens exteriores agem sobre mim, transmitem-me movimento e eu restituo movimento: como as imagens estariam em minha consciência, desde que eu mesmo sou imagem, isto é, movimento? E, nesse nível, posso ainda falar de mim, de olho, de cérebro e de corpo? Apenas por mera comodidade, pois nada ainda se deixa assim identificar. Seria antes um estado gasoso. Eu, meu corpo, seria antes um conjunto de moléculas e de átomos incessantemente renovados. Poderei ainda falar de átomos? Eles não se distinguiriam dos mundos, das influências interatômicas.[8] É um estado demasiado quente da matéria para que nele distingamos corpos sólidos. É um mundo de variação universal, ondulação universal, marulho universal: não

[6] *MM*, p. 187 (34).

[7] *MM*, p. 174 (18).

[8] *MM*, p. 188 (36); cf. átomos ou linhas de força.

há nem eixos nem centro, nem direita nem esquerda, nem alto nem baixo...

Este conjunto infinito de todas as imagens constitui uma espécie de plano de imanência. Nesse plano a imagem existe em si. Esse em-si da imagem é a matéria: não algo *[87]* que estaria escondido atrás da imagem, mas, ao contrário, a identidade absoluta da imagem e do movimento. A identidade da imagem e do movimento que nos leva a concluir que a identidade da imagem-movimento e da matéria são idênticas. "Dizei que meu corpo é matéria, ou dizei que *ele é imagem...*"[9] A *imagem-movimento* e a *matéria fluente* são estritamente a mesma coisa.[10] Seria esse universo material o mesmo do mecanismo? Não, pois (como demonstrará *A evolução criadora*) o mecanismo implica sistemas fechados, ações de contato, cortes imóveis instantâneos. Ora, é precisamente nesse universo ou nesse plano que se recortam sistemas fechados, conjuntos finitos; ele os torna possíveis pela exterioridade de suas partes. Mas ele próprio não é uno. É um conjunto, mas um conjunto infinito: o plano de imanência é o movimento (a face do movimento) que se estabelece entre as partes de cada sistema e de um sistema ao outro, a todos atravessa, embaralha, e os submete à condição que os impede de serem absolutamente fechados. Portanto, ele é um corte; mas apesar de certas ambiguidades de terminologia de Bergson, não se trata de um corte imóvel e instantâneo, mas de um corte móvel, um corte ou perspectiva temporal. É um bloco de espaço-tempo, pois lhe cabe a cada vez o tempo do movimento que nele se opera. Haverá até uma série infinita de tais blocos ou cortes móveis, que serão como tantas outras apresentações de plano, correspondendo à sucessão dos movimentos de universo.[11] E o

[9] *MM*, p. 171 (14).

[10] *EC*, p. 748 (299).

[11] Com esta noção de plano de imanência e as características que lhe atribuímos, parece que nos afastamos de Bergson. No entanto, acreditamos ser-lhe fiéis. É verdade que acontece de Bergson apresentar o plano da matéria como um "corte instantâneo" do devir (*MM*, p. 223 ou 81). Mas isso se dá por razões de comodidade da exposição. Porque, como o próprio Bergson já lembra e lembrará mais tarde ainda mais precisamente (p. 292 ou 160), é

plano não é distinto dessa apresentação dos planos. Não é mecanismo, é maquinismo. O universo material, o plano de imanência, é *[88]* o *agenciamento maquínico das imagens-movimento*. Há aqui um extraordinário avanço de Bergson: é o universo como cinema em si, um metacinema e que implica sobre o próprio cinema uma visão completamente diferente daquela que Bergson propunha em sua crítica explícita.

Mas como falar de imagens em si, que não existem para ninguém e não se endereçam a ninguém? Por que falar de um Aparecer, se nem mesmo há olho? Por duas razões, pelo menos. A primeira é para distingui-las das coisas concebidas como corpos. Com efeito, nossa percepção e nossa linguagem distinguem corpos (substantivos), qualidades (adjetivos), e ações (verbos). Mas, nesse sentido preciso, as ações já substituíram o movimento pela ideia de um lugar provisório para onde ele se dirige, ou de um resultado que ele obtém; e a qualidade substituiu o movimento pela ideia de um estado que persiste à espera de que um outro ocupe o seu lugar; e o corpo substituiu o movimento pela ideia de um sujeito que o executaria, ou de um objeto que o sofreria, de um veículo que o portaria.[12] Veremos que tais imagens se formam efetivamente no universo (imagens-ação, imagens-afecção, imagens-percepção). Mas elas dependem de novas condições e, evidentemente, não podem aparecer por enquanto. Por enquanto só dispomos de movimentos chamados imagens, para distingui-los de tudo o que ainda não são. No entanto, essa razão negativa não é suficiente. A razão positiva é que o plano de imanência é inteiramente Luz. O conjunto dos movimentos, das ações e reações é luz que se difunde, que se propaga "sem resistência e sem desperdício".[13] A identidade da

um plano onde sempre surgem e se propagam os movimentos que exprimem as mudanças no devir. Ele comporta tempo, então. Ele tem tempo como variável do movimento. Ainda mais, o próprio plano é imóvel, afirma Bergson. Com efeito, a cada conjunto de movimentos que exprime uma mudança corresponderá uma apresentação do plano. A ideia de blocos de espaço-tempo não é assim, em absoluto, contrária à tese de Bergson.

[12] *EC*, pp. 749-51 (330-3).

[13] *MM*, p. 188 (36).

imagem e do movimento tem por motivo a identidade da matéria e da luz. A imagem é movimento assim como a matéria é luz. Mais tarde, em *Duração e simultaneidade*, Bergson chegará a mostrar a importância da inversão operada pela teoria da relatividade, entre "linhas de luz" e "linhas rígidas", "figuras luminosas" e "figuras sólidas ou geométricas": com a Relatividade, "é a figura de luz que impõe suas condições à figura rígida".[14] Se nos lembrarmos do desejo *[89]* profundo de Bergson: fazer uma filosofia que fosse a filosofia da ciência moderna (não no sentido de uma reflexão sobre esta ciência, isto é, de uma epistemologia mas, ao contrário, no sentido de uma invenção de conceitos autônomos capazes de corresponder aos novos símbolos da ciência), compreenderemos que a confrontação de Bergson com Einstein era inevitável. Ora, o primeiro aspecto que essa confrontação assume é a afirmação de uma difusão ou propagação da luz sobre todo o plano de imanência. Na imagem-movimento ainda não há corpos ou linhas rígidas, mas nada além de linhas ou figuras de luz. Os blocos de espaço-tempo são tais figuras. São imagens em si. Se elas não aparecem para alguém, isto é, para um olho, é porque a luz ainda não se refletiu nem rebateu e, "propagando-se sempre, jamais (é) revelada".[15] Em outras palavras, o olho está nas coisas, nas próprias imagens luminosas. *A fotografia, se fotografia existe, já está batida e tirada no próprio interior das coisas e para todos os pontos do espaço...*

[14] Henri Bergson, *Durée et simultanéité*, cap. 5 [ed. bras.: *Duração e simultaneidade*, tradução de Claudia Berliner, São Paulo, Martins Fontes, 2006]. Sabemos da importância e da ambiguidade desse livro, em que Bergson se defronta com a teoria da relatividade. Mas se Bergson deveria proibir a sua reedição, não é por se ter dado conta de erros que teria cometido. A ambiguidade procedia antes de seus leitores, que acreditavam que Bergson discutia as próprias teorias de Einstein. Evidentemente não era este o caso (mas Bergson não podia dissipar esse mal-entendido). Acabamos de ver que ele aceitava perfeitamente o primado da luz e os blocos de espaço-tempo. A discussão se referia a outra coisa: será que esses blocos impedem a existência de um tempo universal, concebido como devir ou duração? Bergson nunca pensou que a teoria da relatividade fosse falsa, mas apenas que ela não tinha o poder de constituir a filosofia do tempo real que lhe deveria corresponder.

[15] *MM*, p. 186 (34).

Há aí uma ruptura com toda a tradição filosófica, que antes situava a luz do lado do espírito, e fazia da consciência um feixe luminoso que tirava as coisas da sua obscuridade nativa. A fenomenologia ainda participava inteiramente dessa tradição antiga; simplesmente em vez de fazer da luz uma luz de interior, abria-a para o exterior, um pouco como se a intencionalidade da consciência fosse o raio de uma lâmpada elétrica ("toda consciência é consciência *de* alguma coisa..."). Para Bergson, é exatamente o contrário. São as coisas que são luminosas por si mesmas, sem nada que as ilumine: toda consciência é alguma coisa, confunde-se com a coisa, *[90]* isto é, com a imagem de luz. Mas trata-se de uma consciência de direito, difusa em toda parte e que não se revela, trata-se realmente de uma fotografia já batida e tirada em todas as coisas e para todos os pontos, mas "translúcida". Se posteriormente uma consciência vem a se constituir de fato no universo, neste ou naquele lugar no plano de imanência, é porque imagens muito especiais terão aparado ou refletido a luz e terão fornecido a tela negra que faltava à placa.[16] Em suma, não é a consciência que é luz, é o conjunto das imagens ou a luz que é consciência, imanente à matéria. Quanto à *nossa* consciência de fato, será apenas a opacidade sem a qual a luz, "se propagando sempre, jamais tivesse sido revelada". A oposição entre Bergson e a fenomenologia é, a esse respeito, radical.[17]

[16] *MM*, p. 188 (36): "A fotografia do todo é aí translúcida: falta, atrás da placa, uma tela negra sobre a qual a imagem se destacaria".

[17] Sartre sublinhou bem a inversão bergsoniana em *L'Imagination*, Paris, Presses Universitaires de France [ed. bras.: *A imaginação*, tradução de Paulo Neves, Porto Alegre, L&PM, 2009] ("Há luz pura, fosforescente, sem matéria iluminada; só que essa luz pura, difusa por toda parte, apenas se atualiza ao se refletir em certas superfícies que servem ao mesmo tempo de tela em relação às outras zonas luminosas. Há uma espécie de inversão da comparação clássica: em vez da consciência ser uma luz que vai do sujeito à coisa, é a luminosidade que vai da coisa ao sujeito", p. 44). Mas o antibergsonismo de Sartre leva-o a diminuir o alcance desta inversão e a negar a novidade da concepção bergsoniana da imagem.

Do plano de imanência ou plano de matéria podemos, portanto, dizer que ele é: conjunto de imagens-movimento; coleção de linhas ou figuras de luz; série de blocos de espaço-tempo.

2

O que acontece ou o que pode acontecer nesse universo acentrado, onde tudo reage sobre tudo? Não devemos introduzir um fator diferente, de uma outra natureza. O que pode acontecer então é o seguinte: em pontos quaisquer do plano aparece um *intervalo*, um desvio* entre a ação e a reação. É o que basta para Bergson: movimentos e intervalos entre movimentos que servirão de unidades (é *[91]* exatamente o que também exigirá Dziga Viértov

* O filósofo usa os termos *écart* (distância que separa duas coisas) e *intervalle* (em itálico) como sinônimos, mas ao longo do texto deixa entrever uma diferença entre ambos. Na tradução para as línguas latinas surgem questões, sendo que o inglês dispõe do termo *gap*, usado para *écart* na tradução americana. Já a primeira tradução espanhola, de 1985, "saltou" a palavra *écart*, incorporando mais tarde "desvio" como fez a tradução portuguesa de 2004. Para substituir "hiato", tradução insatisfatória que usei na minha primeira versão (1985), consultei os filósofos David Lapoujade e Luiz Orlandi, a quem agradeço aqui pela atenção. Segui na presente edição a sugestão de Orlandi, "desvio", mas acho necessário anotar as advertências de ambos os filósofos quanto ao termo. "Intervalo" é um termo bergsoniano de origem musical e remete imediatamente ao tempo; *écart* sugere espontaneamente algo de mais espacial e, mesmo que possa remeter ao temporal, é menos temporal e mais dinâmico que *intervalle*. *Écart* designa uma relação de diferença, diferença no movimento — como um "passo de lado", como dirá Lapoujade. Ao remeter ora ao espacial, ora ao temporal, *intervalle* designa uma relação de diferença sem movimento. Orlandi sugere que ao usar "desvio" para *écart* deve-se ter em mente "distâncias nas quais pulsam diferenças entre isto e aquilo". Seja lá qual for o intervalo, por sua vez é preciso considerar que ele será sempre povoado de desvios. Os dois termos operam na exploração do "entre": entrecoisas, entressignos, entremundos — dimensionando mais (*intervalle*) e/ou punctualizando mais (*écart*). Quando o texto usa "desvio" (*détour*) no sentido próprio, a palavra em francês aparecerá entre parênteses. (N. da T.)

em sua concepção materialista do cinema).[18] É evidente que esse fenômeno de intervalo só é possível na medida que o plano da matéria comporta tempo. Para Bergson, o desvio, o intervalo, bastará para definir um tipo de imagem entre os outros, mas um tipo muito particular: imagens ou matérias vivas. Enquanto as outras imagens agem e reagem sobre todas as suas faces e em todas as suas partes, eis que há imagens que recebem ações apenas em uma face ou em certas partes, e que só executam reações por meio de e através de outras partes. São imagens de certo modo esquartejadas. E, de início, sua face especializada que denominaremos posteriormente receptiva ou sensorial exerce um efeito curioso sobre as imagens influentes ou as excitações recebidas: como se ela aí isolasse algumas dentre todas as que competem e co-agem no universo. É aí que vão poder se constituir sistemas fechados, "quadros" no sentido da pintura. Os seres vivos "se deixarão como que atravessar por aquelas que, dentre as ações exteriores, lhes são indiferentes; as outras, isoladas, tornar-se-ão percepções em virtude de seu próprio isolamento".[19] Trata-se de uma operação que consiste exatamente num *enquadramento*: certas ações sofridas são isoladas pelo quadro e consequentemente, como veremos, serão adiantadas, antecipadas. Mas, por outro lado, as reações executadas não se encadeiam mais imediatamente com a ação sofrida: em virtude do intervalo, são reações retardadas, que têm tempo de selecionar seus elementos, de organizá-los ou de integrá-los num movimento novo, impossível de ser concluído através do mero prolongamento da excitação recebida. Reações desse tipo que apresentarem algo de imprevisível ou novo serão denominadas "ação" propriamente dita. Assim, a imagem viva será "instrumento de análise no que diz respeito ao movimento acolhido e instrumento de seleção relativamente ao movimento executado".[20] Como elas

[18] Dziga Viértov, *Articles, journaux, projets*, col. 10-18, Paris, Union Générale d'Éditions, 1972 (é o tema constante dos manifestos de Viértov).

[19] *MM*, p. 186 (33): esta página é um belíssimo resumo do conjunto da tese de Bergson.

[20] *MM*, p. 181 (27).

devem tal privilégio unicamente ao fenômeno do desvio ou do intervalo entre um movimento *[92]* acolhido e um movimento executado, as imagens vivas serão "centros de indeterminação" que se formam no universo acentrado das imagens-movimento.

E se considerarmos o outro aspecto, o aspecto luminoso do plano de matéria, diremos desta vez que as imagens ou matérias vivas fornecem a tela negra que faltava à placa, e impedia a imagem influente (a foto) de se revelar. Agora, em vez de se difundir e se propagar em todos os sentidos, em todas as direções, "sem resistência e sem desperdício", a linha ou imagem de luz choca-se com um obstáculo, isto é, com uma opacidade que vai refleti-la. Será precisamente denominada percepção a imagem refletida por uma imagem viva. E esses dois aspectos são estritamente complementares: a imagem especial, a imagem viva é indissoluvelmente centro de indeterminação ou tela negra. Daí resulta uma consequência essencial: *a existência de um sistema duplo, de um regime duplo de referência das imagens*. Há, inicialmente, um sistema em que cada imagem varia para ela mesma e todas as imagens agem e reagem umas em função das outras, sobre todas as suas faces e em todas as suas partes. Mas a ele se acrescenta outro sistema em que todas variam principalmente para uma só, que recebe a ação das outras imagens em uma de suas faces e a ela reage numa outra face.[21]

Não saímos da imagem-matéria-movimento. Bergson reitera sempre que nada compreenderemos se não nos dermos de início o conjunto das imagens. É apenas nesse plano que um simples intervalo de movimento pode se produzir. E o cérebro não é nada mais que isso, intervalo, desvio entre uma ação e uma reação. O cérebro não é, evidentemente, um centro de imagens, de onde se poderia partir; ele mesmo constitui uma imagem especial entre as outras, constitui, no universo acentrado das imagens, um centro de indeterminação. Mas, com a imagem-cérebro, Bergson chega quase de imediato, em *Matéria e memória*, a um estado muito complexo e organizado do vivente. Porque, então, seu problema não é a vida (em *A evolução criadora* tratará da vida mesmo, mas de um outro ponto de vista). Entretanto, não é difícil preencher as lacunas que

[21] *MM*, p. 176 (20).

Bergson voluntariamente *[93]* deixou. Seria preciso conceber microintervalos já no nível dos viventes mais elementares. Intervalos cada vez menores entre movimentos cada vez mais rápidos. Mais ainda: os biólogos falam de uma "sopa pré-biótica", que tornou possível o vivente, na qual as matérias ditas dextrógiros e levógiros desempenhavam um papel essencial — aí, no universo acentrado, surgiriam esboços de eixos e de centros, uma direita e uma esquerda, um alto e um baixo. Seria preciso conceber microintervalos até na sopa pré-biótica. E os biólogos afirmam que tais fenômenos não podiam se produzir quando a Terra estava muito quente. Seria preciso, portanto, conceber um esfriamento do plano de imanência, correlativo das primeiras opacidades, das primeiras telas que constituíam obstáculo à difusão da luz. Aí viriam a se formar os primeiros esboços de sólidos ou de corpos rígidos e geométricos. E, finalmente, como dirá Bergson, a mesma evolução que organiza a matéria em sólidos organizará a imagem em percepção cada vez mais elaborada, a qual tem por objetos os sólidos.

A coisa e a percepção da coisa são uma única e mesma coisa, uma única e mesma imagem, mas reportada a um ou ao outro dos dois sistemas de referência. A coisa é a imagem tal como ela é em si, tal como ela se reporta a todas as outras imagens, das quais sofre integralmente a ação e sobre as quais reage imediatamente. Mas a percepção da coisa é a mesma imagem reportada a uma outra imagem especial que a enquadra, e que dela só retém uma ação parcial e a ela só reage imediatamente. Na percepção assim definida jamais há outra coisa, ou mais do que na coisa: ao contrário, há "menos".[22] Percebemos a coisa menos o que não nos interessa em função de nossas necessidades. Por necessidade ou interesse é preciso entender as linhas e os pontos que retemos da coisa em função de nossa face receptora, e as ações que selecionamos em função das reações retardadas de que somos capazes. O que é uma maneira de definir o primeiro momento material da subjetividade: ela é subtrativa, ela subtrai da coisa o que não lhe interessa. Mas, inversamente, *[94]* é preciso então que a própria coisa se apresente em si como uma percepção e uma percepção completa, imedia-

[22] *MM*, p. 185 (32).

ta, difusa. A coisa é imagem e, como tal, se percebe a si própria e percebe todas as outras coisas na medida em que sofre a ação delas e a elas reage sobre todas as suas faces e em todas as suas partes. Um átomo, por exemplo, percebe infinitamente mais que nós mesmos e, no limite, percebe o universo inteiro, desde onde partem as ações que se exercem sobre ele até onde vão as reações que emite. Em suma, as coisas e as percepções das coisas são *preensões*; mas as coisas são preensões totais objetivas, e as percepções de coisas, preensões parciais e partidárias, subjetivas.

Se o cinema não tem de modo nenhum como modelo a percepção natural subjetiva, é porque a mobilidade de seus centros, a variabilidade de seus enquadramentos o levam sempre a restaurar vastas zonas acentradas e desenquadradas: ele tende então a encontrar o primeiro regime da imagem-movimento, a variação universal, a percepção total, objetiva e difusa. Na verdade, ele percorre o caminho nos dois sentidos. Do ponto de vista que nos interessa por enquanto, vamos da percepção total objetiva, que se confunde com a coisa, a uma percepção subjetiva, que dela se distingue por simples eliminação ou substituição. É essa percepção subjetiva unicentrada que denominamos percepção propriamente dita. E é este o primeiro avatar da imagem-movimento: quando a reportamos a um centro de indeterminação, ela se torna *imagem-percepção*.

Não se pense, porém, que a operação inteira consista unicamente numa subtração. Há outra coisa também. Quando o universo das imagens-movimento é reportado a uma dessas imagens especiais que nele forma um centro, o universo se encurva e se organiza, circundando-a. Continuamos indo do mundo ao centro, mas o mundo adquiriu uma curvatura, tornou-se periferia, ele forma um horizonte.[23] Ainda estamos na imagem-percepção, mas também já entramos na imagem-ação. Com efeito, a percepção é apenas um dos lados do desvio, sendo a ação o outro lado. O que chamamos propriamente de ação *[95]* é a reação retardada do centro de indeterminação. Ora, tal centro só é capaz de agir nesse sen-

[23] Tema constante do primeiro capítulo de *Matéria e memória*: o mundo descreve uma curvatura “em torno” do centro de indeterminação.

tido, isto é, de organizar uma resposta imprevista porque percebe e recebeu a excitação em uma face privilegiada, eliminando o resto. O que nos leva a lembrar que toda percepção é antes de tudo sensório-motora: a percepção "não está nem nos centros sensoriais nem nos centros motores, ela mede a complexidade de suas relações".[24] Se o mundo se encurva em torno do centro perceptivo, já é então do ponto de vista da ação, da qual a percepção é inseparável. Por meio de seu encurvamento, as coisas percebidas estendem-me sua face utilizável — ao mesmo tempo que minha reação retardada, que se tornou ação, aprende a utilizá-las. A distância é precisamente um raio que vai da periferia ao centro: ao perceber as coisas lá onde elas estão, apreendo a "ação virtual" que exercem sobre mim, ao mesmo tempo que a "ação possível" que exerço sobre elas, para a elas me unir ou delas fugir, diminuindo ou aumentando a distância. Portanto, é o mesmo fenômeno de desvio que se exprime em termos de tempo em minha ação e em termos de espaço em minha percepção: quanto mais a reação deixa de ser imediata e torna-se verdadeiramente ação possível, mais a percepção torna-se distante e antecipadora, e libera a ação virtual das coisas. "A percepção dispõe do espaço na proporção exata em que a ação dispõe do tempo."[25]

Esse é, portanto, o segundo avatar da imagem-movimento: ela torna-se *imagem-ação*. Passa-se insensivelmente da percepção à ação. A operação considerada não é mais a eliminação, a seleção ou o enquadramento, mas o encurvamento do universo, do qual resultam ao mesmo tempo a ação virtual das coisas sobre nós e nossa ação possível sobre as coisas. É o segundo aspecto material da subjetividade. E assim como a percepção reporta o movimento a "corpos" (substantivos), isto é, a objetos rígidos que vão servir de móveis ou vão ser movidos, a ação reporta o movimento a "atos" (verbos) que serão o desenho de um termo ou de um resultado supostos.[26] *[96]*

[24] *MM*, p. 195 (45).

[25] *MM*, p. 183 (29).

[26] *EC*, p. 751 (302).

Mas o intervalo não se define unicamente pela especialização das suas faces-limite, perceptiva e ativa. Existe o intermédio. A afecção é o que ocupa o intervalo, aquilo que o ocupa sem o preencher nem cumular. Ela surge no centro de indeterminação, isto é, no sujeito, entre uma percepção perturbadora sob certos aspectos e uma ação hesitante. É uma coincidência do sujeito com o objeto, ou a maneira pela qual o sujeito se percebe a si próprio, ou melhor, se experimenta e se sente "de dentro" (terceiro aspecto material da subjetividade).[27] Ela reporta o movimento a uma "qualidade" como estado vivido (adjetivo). Com efeito, não basta achar que a percepção, graças à distância, retém ou reflete o que nos interessa, deixando passar o que nos é indiferente. Há forçosamente uma parcela de movimentos exteriores que "absorvemos", que refratamos, e que não se transformam nem em objetos de percepções nem em atos do sujeito; eles vão antes marcar a coincidência do sujeito com o objeto numa qualidade pura. Este é o último avatar da imagem-movimento: a *imagem-afecção*. Seria um erro considerá-la como uma falha do sistema percepção-ação. Ao contrário, trata-se de um terceiro dado absolutamente necessário. Pois nós, matérias vivas ou centros de indeterminação, não especializamos uma de nossas faces ou alguns de nossos pontos em órgãos receptivos sem os termos condenado à imobilidade, enquanto delegávamos nossa atividade a órgãos de reação que havíamos, a partir de então, liberado. Nessas condições, quando nossa face receptiva imobilizada absorve um movimento em vez de o refletir, nossa atividade não pode mais responder senão por uma "tendência", um "esforço", que substituem a ação, ação que se tornou momentânea ou localmente impossível. Donde a belíssima definição que Bergson propõe da afecção: "Uma espécie de tendência motriz sobre um nervo sensível", isto é, um esforço motor numa placa receptiva imobilizada.[28]

Há, portanto, um nexo da afecção com o movimento em geral, que se poderia enunciar assim: o movimento de translação, em

[27] *MM*, p. 169 (11-2).

[28] *MM*, pp. 203-5 (56-8).

sua propagação *[97]* direta, não é apenas interrompido por um intervalo que distribui de um lado o movimento recebido, de outro o movimento executado, e que os tornaria de certo modo incomensuráveis. Entre os dois há a afecção, que restabelece o nexo; mas, precisamente, na afecção o movimento deixa de ser de translação para tornar-se movimento de expressão, isto é, qualidade, simples tendência que agita um elemento imóvel. Não é de se espantar que, na imagem que somos, seja o rosto, com sua imobilidade relativa e seus órgãos receptores, que faça aflorar tais movimentos de expressão, enquanto no resto do corpo permanecem quase sempre soterrados. Enfim, *as imagens-movimento se dividem em três tipos de imagem quando são reportadas tanto a um centro de indeterminação quanto a uma imagem especial*: imagem-percepção, imagem-ação, imagem-afecção. E cada um de nós, a imagem especial ou o centro eventual, não é nada mais que um agenciamento das três imagens, um consolidado de imagens-percepção, de imagens-ação, de imagens-afecção.

3

Pode-se também remontar às linhas de diferenciação desses três tipos de imagens e procurar reencontrar a matriz ou a imagem-movimento tal como é em si, na sua pureza acentrada, no seu primeiro regime de variação, no seu calor e na sua luz, quando nenhum centro de indeterminação ainda viera perturbá-la. Como desfazer-nos de nós mesmos, e como nos desfazermos? É a surpreendente tentativa de Beckett em sua obra *Filme* [*Film*, 1965], com Buster Keaton. *Esse est percipi*, ser é ser percebido, declara Beckett, retomando a fórmula da imagem segundo o arcebispo irlandês Berkeley; mas como escapar às "venturas do *percipere* e do *percipi*", sabendo-se que, enquanto vivermos, ao menos uma percepção subsistirá, a mais terrível, a percepção de si por si mesmo? Para colocar o problema e conduzir a operação, Beckett elabora um sistema de convenções cinematográficas simples. Entretanto, parece-nos que as indicações e *[98]* esquemas que ele próprio fornece, bem como os momentos que distingue em seu filme, revelam apenas pela metade sua intenção.[29] Pois, na verdade, os três momentos são os seguintes. No primeiro, a personagem O irrompe e foge horizontalmente ao longo de uma parede, e então, seguindo um eixo vertical, começa a subir uma escada, sempre se mantendo virado para a parede. Ele "age", trata-se de uma percepção de ação, ou de uma imagem-ação submetida à seguinte convenção: a câmera OE o captará apenas de costas, num ângulo que não ultrapasse 45 graus; caso a câmera que o persegue ultrapasse esse ângulo, a ação será bloqueada, extinguir-se-á, a personagem ficará parada, escondendo a parte ameaçada de seu rosto. Segundo momento: a personagem entra num quarto e, como não está mais contra uma parede, o ângulo de imunidade da câmera duplica — 45 graus de cada lado, portanto, 90 graus. O percebe (subjetivamente) o quarto, as coisas e os animais que aí se encontram, enquanto OE percebe (objetivamente) o próprio O, o quarto e seu conteúdo: é a percepção da percepção, ou a *imagem-percepção*, considerada sob um duplo regime, num duplo sistema de referência. A câmera continua submetida à condição de não ultrapassar os 90 graus às costas da personagem, mas a convenção que se acrescenta é que a personagem deve expulsar os animais e cobrir todos os objetos que possam servir de espelhos ou até de quadros, de modo que a percepção subjetiva se extinga e que permaneça apenas a percepção objetiva OE. Então O pode instalar-se na cadeira de balanço e embalar-se lentamente, de olhos fechados. Mas é nesse momento, o terceiro e último, que se revela o maior perigo: a extinção da percepção subjetiva libera a câmera da restrição dos 90 graus. Cautelosamente ela envereda-se no campo dos 270 graus restantes mas, a cada vez, desperta a personagem que reencontra um resquício de percepção subjetiva, se esconde, se encolhe e força a câmera a *[99]* voltar atrás. Finalmente, aproveitando-se do

[29] Samuel Beckett, "Film", em *Comédie et actes divers*, Paris, Minuit, 1966, pp. 113-4. Os três momentos distinguidos por Beckett são: a rua, a escada, o quarto (p. 115). Propomos uma distinção diferente: imagem-ação, que agrupa a rua e a escada; imagem-percepção, para o quarto; enfim, imagem-afecção, para o quarto ocultado e o adormecer da personagem na cadeira de balanço.

torpor de O, OE consegue chegar diante dele, e aproxima-se cada vez mais. Portanto, agora a personagem O é vista de frente, ao mesmo tempo que se revela a nova e última convenção: a câmera OE é o duplo de O, o mesmo rosto, um olho vendado (visão monocular), tendo como única diferença a expressão angustiada de O e a expressão atenta de OE, o esforço motor impotente de um, a superfície sensível do outro. Estamos no campo da percepção de afecção, a mais aterrorizante, aquela que ainda subsiste quando todas as outras já foram desfeitas: é a percepção de si por si, a *imagem-afecção*. Será que ela vai se extinguir e tudo acabará, até o balanço da cadeira, quando o duplo rosto deslizar no nada? É o que sugere o fim, morte, imobilidade, negror.[30] *[100]*

Mas, para Beckett, a imobilidade, a morte, o negror, a perda do movimento pessoal e da posição vertical quando se está recli-

[30] Beckett propõe um primeiro esquema, para a fuga na rua, que não apresenta dificuldade (cf. figura 1 abaixo, que completamos). E a subida da escada implica apenas um deslocamento da figura sobre um plano vertical, e uma rotação eventual. Mas seria preciso um esquema geral que representasse o conjunto de todos os momentos. É a figura 2, proposta por Fanny Deleuze (página seguinte).

Fig. 1

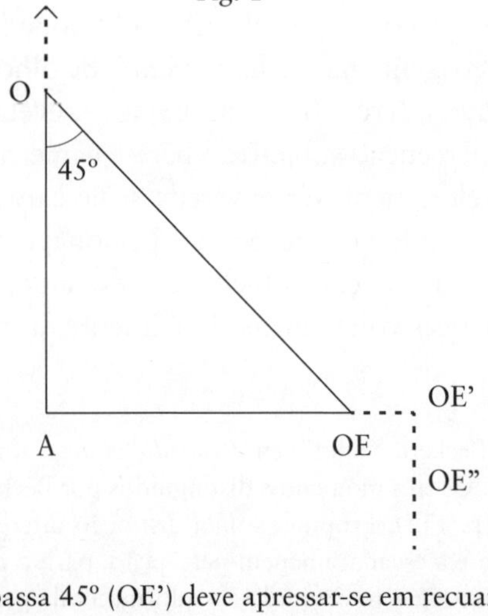

Se OE ultrapassa 45º (OE') deve apressar-se em recuar (OE") antes de recomeçar a perseguição de O.

nado na cadeira de balanço que nem balança mais são apenas uma finalidade subjetiva. Apenas um meio no que se refere ao objetivo mais profundo. Trata-se de voltar a encontrar o mundo anterior ao homem, anterior à nossa própria aurora, lá onde o movimento, ao contrário, submetia-se ao regime da variação universal e onde a luz, propagando-se sempre, não precisava ser revelada. Procedendo assim a extinção das imagens-ação, das imagens-percepção e das imagens-afecção, Beckett remonta em direção ao plano luminoso da imanência, o plano de matéria e seu marulho cósmico de imagens-movimento. Beckett remonta das três variedades de imagens à imagem-movimento mãe. Teremos a oportunidade de verificar que uma importante tendência do cinema dito experimental consiste justamente em recriar esse plano acentrado das imagens-movimento puras, para nele se instalar: para tanto empregam-se meios técnicos muitas vezes complexos. Mas, aqui, a originalidade de Beckett está em se contentar com a elaboração de um sistema simbólico de convenções simples, segundo as quais as

Fig. 2

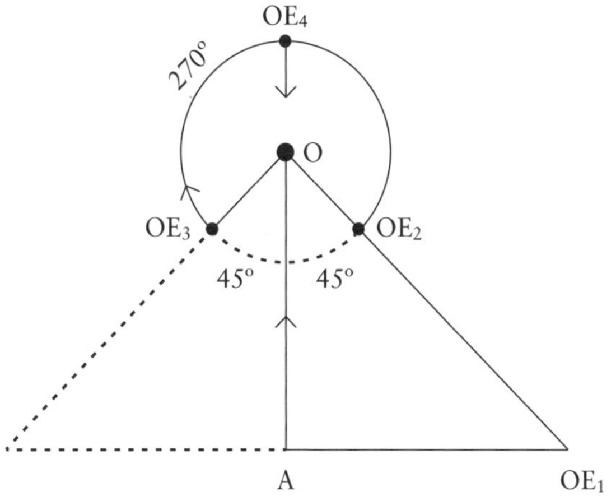

Sendo o círculo negro central a cadeira de balanço (B), temos:

O A OE_1: situação na rua;

O OE_2 OE_3: situação no quarto;

OE_4 O B: situação quando OE ultrapassou OE_2 OE_3, e se torna o duplo de O, estando este na cadeira de balanço.

três imagens se extinguem sucessivamente como a condição que torna possível esta tendência do cinema experimental em geral.

Por enquanto seguimos o caminho inverso, da imagem-movimento às variedades que ela assume. Portanto, já temos *[101]* quatro espécies de imagens: em primeiro lugar as *imagens-movimento*. Em seguida, quando são reportadas a um centro de indeterminação, elas se dividem em três variedades: *imagens-percepção*, *imagens-ação*, *imagens-afecção*. Tudo leva a crer que muitas outras espécies de imagens podem existir. Com efeito, o plano das imagens-movimento é um corte móvel de um Todo que muda, isto é, de uma duração ou de um "devir universal". O plano das imagens-movimento é um bloco de espaço-tempo, uma perspectiva temporal, mas, enquanto tal, é uma perspectiva sobre um tempo real que não se confunde de forma alguma com o plano ou com o movimento. Temos, portanto, o direito de pensar que existem imagens-tempo capazes de dispor, elas próprias, de toda espécie de variedade. Efetivamente, haverá imagens indiretas do tempo na medida em que resultarem de uma comparação das imagens-movimento entre si, ou de uma combinação das três variedades — percepções, ações e afecções. Mas esse ponto de vista, que faz o todo depender da "montagem" ou o tempo depender do confronto de imagens de uma outra espécie, não nos oferece uma imagem-tempo por si. Em contrapartida, o centro de indeterminação, que dispõe de uma situação especial no plano das imagens-movimento pode ter, ele próprio, uma conexão especial com o todo, a duração ou o tempo. Haveria aí, talvez, a possibilidade de uma imagem-tempo direta — por exemplo, o que Bergson chama de imagem-lembrança, ou então outros tipos de imagem-tempo, mas que de todo modo seriam muito diferentes das imagens-movimento? Teríamos assim um grande número de variedades de imagens, cujo inventário seria preciso estabelecer.

C. S. Peirce é o filósofo que foi mais longe numa classificação sistemática das imagens. Fundador da semiologia, a ela acrescentava necessariamente uma classificação dos signos, que é a mais rica e a mais numerosa até hoje estabelecida.[31] Ainda não sabemos

[31] Na sua maior parte póstuma, o obra de Peirce foi publicada sob o tí-

qual o nexo que Peirce propõe entre o signo e a imagem. É certo que a imagem dá lugar a signos. A nosso ver, *[102]* parece-nos que um signo é uma imagem particular que representa um tipo de imagem, tanto do ponto de vista de sua composição, quanto do ponto de vista de sua gênese ou de sua formação (ou até de sua extinção). Além disso, há vários signos, pelo menos dois, para cada tipo de imagem. Teremos de confrontar a classificação das imagens e dos signos que propomos com a grande classificação de Peirce — porque elas não coincidem, nem mesmo ao nível das imagens distinguidas? Mas, antes dessa análise que só mais tarde poderemos fazer, seremos levados constantemente a empregar termos que Peirce criou para designar este ou aquele signo, ora mantendo o seu sentido, ora modificando-o ou até alterando-o completamente (por razões que serão precisadas a cada vez).

Começaremos aqui com a exposição das três espécies de imagens-movimento e com a procura dos signos correspondentes. Não é difícil, no cinema, reconhecer praticamente essas três espécies de imagens que desfilam na tela, mesmo sem dispor de critérios explícitos. A cena já citada de Lubitsch em *Não matarás* [*Broken Lullaby*, 1932] é uma imagem-percepção exemplar: a multidão vista de costas à altura de meio homem deixa um intervalo que corresponde à perna que falta a um mutilado; é por este intervalo que um outro mutilado, um homem-tronco, verá o desfile que está passando. Fritz Lang oferece um exemplo célebre de imagem-

tulo *Collected Papers*, pela Harvard University Press, em oito volumes. Em francês o leitor dispõe apenas de uma série curta de textos, *Écrits sur le signe* (Paris, Seuil, 1978), mas com uma apresentação e comentários notáveis de Gérard Deledalle.

[O leitor brasileiro tem à disposição quatro livros dedicados aos textos de Peirce: *Semiótica e filosofia: textos escolhidos*, introdução e tradução de Octanny Silveira da Mota e Leônidas Hegenberg, São Paulo, Cultrix, 1983; *Escritos coligidos*, col. "Os Pensadores", volume *Peirce/Frege*, tradução de Armando Mora d'Oliveira e Sérgio Pomerangblum, São Paulo, Nova Cultural, 1989; *Semiótica*, tradução de José Teixeira Coelho Neto, São Paulo, Perspectiva, 2005; e *Ilustrações da lógica da ciência*, tradução de Renato R. Kinouchi, São Paulo, Ideias e Letras, 2008. (N. da T.)]

-ação em *Dr. Mabuse, o jogador* [*Dr. Mabuse, der Spiller*, 1922]: uma ação organizada, segmentada no espaço e no tempo, com os relógios sincronizados escandindo o assassinato no trem, o carro que leva o documento roubado, o telefone que previne Mabuse. A imagem-ação ficará marcada por este modelo a ponto de encontrar no filme *noir* um ambiente privilegiado e, no assalto, o ideal de uma ação minuciosa em segmentos. Em comparação, o *western* não só apresenta imagens-ação, mas também uma imagem-percepção quase pura: é tanto um drama do visível e do invisível quanto uma epopeia de ação; o herói só age porque vê primeiro e só triunfa porque impõe à ação o intervalo ou o segundo de atraso que lhe permite ver tudo (*Winchester '73* [1950], de Anthony Mann). Quanto à imagem-afecção, encontramos casos ilustres no rosto de Joana d'Arc (*A paixão de Joana d'Arc* [*La Passion de Jeanne d'Arc*, 1928] de Dreyer, e na maioria dos primeiros planos de rosto em geral. *[103]*

Um filme nunca é feito com uma única espécie de imagem: por isso, chama-se precisamente de montagem a combinação das três variedades. A montagem (num de seus aspectos) é o agenciamento das imagens-movimento, portanto, o interagenciamento das imagens-percepção, imagens-afecção e imagens-ação. Um filme, pelo menos em suas características mais simples, ainda apresenta sempre a predominância de um tipo de imagem, podendo-se falar de uma montagem ativa, perceptiva ou afetiva, de acordo com o tipo predominante. Afirmou-se muitas vezes que Griffith havia inventado a montagem ao criar precisamente a montagem de ação. Mas Dreyer inventará uma montagem e até um enquadramento de afecção, com outras leis, na medida que *A paixão de Joana d'Arc* é um filme quase exclusivamente afetivo. Viértov é talvez o inventor de uma montagem propriamente perceptiva, que todo o cinema experimental desenvolverá. Às três espécies de variedades podemos fazer corresponder três espécies de planos espacialmente determinados: o plano de conjunto seria sobretudo uma imagem-percepção, o plano médio, uma imagem-ação, o primeiro plano, uma imagem-afecção. Mas, ao mesmo tempo, segundo uma indicação de Eisenstein, cada uma dessas imagens-movimento é um ponto de vista sobre o todo do filme, uma maneira de captar esse todo, que se torna afetivo no primeiro plano, ativo no plano médio, perceptivo no plano de conjunto, cada um desses planos deixando de ser espacial para tornar-se, ele próprio, uma "leitura" do filme inteiro.[32]

[32] Serguei Eisenstein, *Au-delà des étoiles*, col. 10-18, Paris, Union Générale d'Éditions, 1974, "En Gros Plan", pp. 263 ss. (é verdade que, de acordo com o texto, Eisenstein considera o primeiro plano como um ponto de vista não exatamente afetivo, mas "profissional" sobre o todo do filme; é, no entanto, um ponto de vista "passional", que penetra "no âmago daquilo que acontece").

Capítulo 5
A IMAGEM-PERCEPÇÃO
[104]

1

Vimos que a percepção era dupla, ou antes, tinha uma dupla referência. Ela pode ser objetiva ou subjetiva. Mas a dificuldade está em saber como se apresentam no cinema uma imagem-percepção objetiva e uma imagem-percepção subjetiva. O que é que as distingue? Seria possível dizer que a imagem subjetiva é a coisa vista por alguém "qualificado", ou o conjunto tal como é visto por alguém que dele faz parte. Na segunda imagem, o observado tanto pode ser apresentado por si mesmo, quanto pela personagem. Diversos fatores marcam essa referência da imagem àquele que vê. Fator sensorial, no exemplo célebre de *A roda* [*La Roue*, 1923], de Gance, em que a personagem cujos olhos são feridos vê seu cachimbo em *flou*.* Fator ativo, quando a dança ou a festa são vistas por alguém que delas participa, como num filme de Epstein ou de L'Herbier. Fator afetivo, que faz com que o herói de *Abismo de um sonho* [*Lo sceicco bianco*, 1952] de Fellini seja visto por sua admiradora como se se balançasse no alto de uma árvore prodigiosa, quando está numa gangorra quase rente ao chão. Mas, se é fácil verificar o caráter subjetivo da imagem, é porque a comparamos à imagem modificada, restituída, que se supõe objetiva: veremos o xeique branco descer do seu balanço grotesco; tínhamos visto o cachimbo e o ferido antes de ver o cachimbo visto pelo ferido. Ora, é aqui que tem início a dificuldade.

Com efeito, seria necessário poder afirmar que a imagem é objetiva quando a coisa ou o conjunto são vistos do ponto de vis-

* *Flou*: imagem ligeiramente desfocada. (N. da T.)

ta *[105]* de alguém que permanece exterior a esse conjunto. E trata-se de uma definição possível, mas exclusivamente nominal, negativa e provisória. Porque o que nos garante que aquilo que inicialmente tomávamos como exterior ao conjunto não vai se revelar como lhe pertencendo? *Pandora* [*Pandora and the Flying Dutchman*, 1951], de Lewin, começa por um plano de conjunto de uma praia, onde grupos correm em direção a um ponto — a praia é vista de longe e do alto, através de uma luneta situada sobre o promontório de uma casa. Mas logo ficamos sabendo que a casa é habitada, e a luneta é utilizada por pessoas que integram plenamente o conjunto considerado — a praia, o ponto que atrai os grupos, o acontecimento que aí se desenrola, as pessoas nele envolvidas... Não se tornou subjetiva a imagem, como no exemplo de Lubitsch? E não é este o destino constante da imagem-percepção no cinema — fazer-nos passar de um dos polos para o outro, isto é, de uma percepção objetiva para uma percepção subjetiva e vice-versa? Nossas duas definições do início são, portanto, nominais, e apenas nominais.

Jean Mitry notava a importância de uma das funções da complementaridade "campo-contracampo": quando ela intersecta essa outra complementaridade, "observador-observado". Mostram-nos primeiro alguém que observa, depois o que ele vê. Entretanto, não podemos sequer dizer que a primeira imagem é objetiva e a segunda subjetiva. Porque o que é visto na primeira imagem é já subjetivo, observador. E, na segunda imagem, o observado tanto pode ser apresentado por si quanto pela personagem. Mais ainda, pode ocorrer uma contração extrema do campo-contracampo, como no *El Dorado*, de L'Herbier, em que a mulher distraída que vê em *flou* é, ela própria, vista em *flou*. Assim, se a imagem-percepção cinematográfica está sempre passando do subjetivo ao objetivo e vice-versa, não seria melhor buscar-lhe um estatuto específico, difuso, flexível, que pode permanecer imperceptível, mas que às vezes se revela em certos casos surpreendentes? Muito cedo a câmera móvel antecipou, ultrapassou, alcançou, abandonou ou retomou personagens. Muito cedo também, no expressionismo, ela captou ou seguiu uma personagem de costas (*Tartufo* [*Tartüff*, 1926], de Murnau, *Variedades*, de Dupont). Por fim, a câmera solta operou "*travelling* em circuito fechado" (*A última gargalhada*, de Murnau), nos quais não se contenta mais em seguir as personagens, deslocando-se *[106]* entre elas. É em função de tais dados que Mitry propunha a noção de *imagem semissubjetiva* generalizada para designar esse "estar-com" da câmera, que não se confunde com a personagem, mas que também não está de fora, está com ela.[1] Trata-se de uma espécie de *Mitsein* [Estar-com] propriamente cinematográfico. Ou, então, o que Dos Passos chamava justamente de "olho da câmera", o ponto de vista anônimo de alguém não identificado entre as personagens.

Suponhamos então que a imagem-percepção seja semissubjetiva. O que é difícil é encontrar um estatuto para tal semissubjetividade, já que ela não tem equivalente na percepção natural. Aliás, a esse respeito, Pasolini recorria a uma analogia linguística. Pode-se dizer que uma imagem-percepção subjetiva é um discurso direto; e, de uma maneira mais complicada, que uma imagem-percepção objetiva é como um discurso indireto (o espectador vê a personagem de modo a poder, mais cedo ou mais tarde, enunciar o que esta supostamente vê). Ora, Pasolini pensava que o essencial da imagem cinematográfica não correspondia nem a um discurso direto, nem a um discurso indireto, mas a um *discurso indireto livre*. Essa forma, particularmente importante em italiano e em russo, coloca muitos problemas aos gramáticos e linguistas: ela consiste numa enunciação tomada em um enunciado que, por sua vez, depende de uma outra enunciação. Por exemplo, no português: ("Ela convoca toda a sua energia: *antes ser torturada do que perder sua virgindade*"). O linguista Bakhtin, de quem emprestamos este exemplo, coloca bem o problema: não há mera mistura entre dois sujeitos da enunciação inteiramente constituídos, dos quais um seria o relator e o outro o relatado. Trata-se antes de um agenciamento de enunciação operando ao mesmo tempo dois atos de subjetivação inseparáveis, um constituindo uma personagem na primeira pessoa, enquanto o outro assiste ao seu nascimento e o encena. Não há mistura ou média entre dois sujeitos que perten-

[1] Jean Mitry, *Esthétique et psychologie du cinéma*, vol. II, Paris, Éditions Universitaires, 1965, pp. 61 ss.

ceriam cada um a um sistema, mas sim diferenciação de dois sujeitos correlatos em um sistema ele próprio heterogêneo. Esse ponto de vista de Bakhtin, que nos parece ter sido retomado *[107]* por Pasolini, é muito interessante e também difícil.[2] O ato fundamental da linguagem não é mais a "metáfora", na medida em que ela homogeneíza o sistema, mas sim o discurso indireto livre, na medida que ele afirma um sistema sempre heterogêneo, distante do equilíbrio. E, no entanto, o discurso indireto livre não está sujeito a categorias linguísticas, porque estas só dizem respeito a sistemas homogêneos ou homogeneizados. Trata-se de uma questão de estilo, de estilística, diz Pasolini. E Pasolini acrescenta uma observação preciosa: quanto mais rica em dialetos é uma língua, mais deixa aflorar o discurso indireto livre; ou, antes: em vez de se estabelecer sobre um "nível médio", ela se diferencia em "língua baixa e língua elevada" (condição sociológica). Pasolini chama por sua vez de *mimesis* essa operação dos dois sujeitos de enunciação, ou das duas línguas no discurso indireto livre. Talvez essa expressão não seja feliz, pois não se trata de uma imitação, mas de uma correlação entre dois processos dissimétricos que agem na língua. Como dois vasos comunicantes. Entretanto, Pasolini fazia questão da palavra *mimesis* para sublinhar o caráter sagrado da operação.

Este desdobramento ou esta diferenciação do sujeito na linguagem não é o que encontramos no pensamento e na arte? É o *cogito*: um sujeito empírico não pode nascer para o mundo sem se referir ao mesmo tempo a um sujeito transcendental que o pensa e no qual ele se pensa. E o *cogito da arte*: não há sujeito que aja sem um outro que o veja agir e que o apreenda como aquele que age, tomando para si a liberdade da qual o desapossa. "Daí dois eus diferentes, dos quais um, consciente de sua liberdade, se erige

[2] Pasolini expõe sua teoria em *L'Expérience hérétique*, Paris, Payot, 1976: do ponto de vista da literatura (sobretudo pp. 39-65) e do ponto de vista do cinema (sobretudo pp. 139-55). Reportar-nos-emos às concepções de Bakhtin sobre o discurso indireto livre, *Le Marxisme et la philosophie du langage*, Paris, Minuit, 1977, caps. 10 e 11 [ed. bras.: Valentin Volóchinov (Círculo de Bakhtin), *Marxismo e filosofia da linguagem*, tradução de Sheila Grillo e Ekaterina Vólkova Américo, São Paulo, Editora 34, 2017].

em espectador independente de uma cena que o outro representaria de um modo maquinal. Mas esse desdobramento nunca vai até o fim. É mais uma oscilação da pessoa entre dois pontos de vista sobre ela mesma, um vai-e-vem do espírito...", um ser-com.[3]

Em tudo isto, o que diz respeito ao cinema? Por *[108]* que Pasolini pensa que isto implica o cinema, a ponto de um equivalente do discurso indireto livre na imagem permitir definir o "cinema de poesia"? Uma personagem age na tela e supõe-se que veja o mundo de certa maneira. Mas ao mesmo tempo a câmera a vê e vê o seu mundo, de um outro ponto de vista que pensa, reflete e transforma o ponto de vista da personagem. Pasolini diz: o autor "substituiu em bloco a visão de um neurótico por sua própria visão delirante de esteticismo". É bom de fato que a personagem seja neurótica, para melhor assinalar o difícil nascimento de um sujeito no mundo. Mas a câmera não oferece simplesmente a visão da personagem e do seu mundo, ela impõe uma outra visão na qual a primeira se transforma e se reflete. Tal desdobramento é o que Pasolini chama de uma "subjetiva indireta livre". Não diremos que seja sempre assim no cinema: no cinema pode-se ver imagens que se pretendem objetivas ou subjetivas; mas, aqui, trata-se de outra coisa, trata-se de superar o subjetivo e o objetivo rumo a uma Forma pura que se erige em visão autônoma do conteúdo. Não nos encontramos mais diante de imagens subjetivas *ou* objetivas: somos apanhados numa correlação entre uma imagem-percepção e uma consciência-câmera que a transforma (portanto, a questão de saber se a imagem era objetiva ou subjetiva não se coloca mais). É um cinema muito especial que adquiriu o gosto de "fazer sentir a câmera". E Pasolini analisa alguns procedimentos estilísticos que atestam a existência dessa consciência reflexionante ou desse *cogito* propriamente cinematográfico: o "enquadramento insistente", "obsessivo", que faz com que a câmera espere que a personagem entre no quadro, faça ou diga alguma coisa e depois saia, enquanto ela continua enquadrando o espaço que voltou a ficar vazio,

[3] Henri Bergson, *L'Énergie spirituelle*, p. 920 (139) [ed. bras.: *A energia espiritual*, tradução de Rosemary Costhek Abílio, São Paulo, Martins Fontes, 2017].

"deixando novamente o quadro entregue a sua pura e absoluta significação de quadro";* "a alternância de objetivas diferentes sobre uma mesma imagem" e "o uso excessivo da *zoom*", que duplicam a percepção com uma consciência estética independente... Em suma, a imagem-percepção encontra seu estatuto como subjetiva livre indireta assim que reflete seu conteúdo numa consciência-câmera que se tornou autônoma ("cinema de poesia").

É possível que o cinema tenha tido de passar por uma lenta evolução antes de atingir essa consciência de si. A título *[109]* de exemplo, Pasolini cita Antonioni e Godard. E, com efeito, Antonioni é um dos mestres do enquadramento obsessivo: é aí que a personagem neurótica, ou o homem que está perdendo a identidade, vai entrar numa conexão "indireta livre" com a visão poética do autor que se afirma nela, através dela, mas ao mesmo tempo dela se distingue. O quadro preexistente induz um curioso desprendimento da personagem que se vê agindo. As imagens do ou da neurótica tornam-se assim visões do autor, que avança e reflete *através* dos fantasmas de seu herói. Será esse o motivo pelo qual o cinema moderno precisa tanto de personagens neuróticas que usam o discurso indireto livre ou a "língua baixa" do mundo atual? Mas se a visão ou a consciência poética de Antonioni é essencialmente estética, a de Godard é mais "tecnicista" (não menos poética por isso). Do mesmo modo, de acordo com a observação judiciosa de Pasolini, Godard põe em cena personagens sem dúvida doentes, "gravemente atingidas", mas que não estão em tratamento e nada perderam de seus graus materiais de liberdade, que são cheios de vida, e que antes representam o nascimento de um novo tipo antropológico.[4]

A sua lista de exemplos, Pasolini teria podido acrescentar o seu próprio e o de Rohmer. Pois o que caracteriza o cinema de Pa-

* Pasolini se refere aqui ao quadro pictórico (em francês, *tableau*) e não ao quadro cinematográfico (*cadre*). (N. da T.)

[4] Pasolini traça um brilhantíssimo paralelo entre Antonioni e seu estetismo "páduo-romano", de um lado, e do outro Godard e seu tecnicismo libertário: daí decorre a diferença dos "heróis" nos dois autores. Cf. *L'Expérience hérétique*, pp. 150-1.

solini é uma consciência poética que não seria propriamente esteticista nem tecnicista, mas antes mística ou "sagrada". É isso que lhe permite levar a imagem-percepção, ou a neurose de suas personagens, a um nível de baixeza e de bestialidade nos conteúdos os mais abjetos, refletindo-os ao mesmo tempo numa pura consciência poética animada pelo elemento mítico ou sacralizante. É esta permutação do trivial e do nobre, esta comunicação do excrementício e do belo, esta projeção no mito que Pasolini já diagnosticava no discurso indireto livre como forma essencial da literatura. E consegue fazer dela uma forma cinematográfica capaz tanto de graça quanto de horror.[5] Quanto a Rohmer, *[110]* talvez seja o exemplo mais impressionante da construção de imagens subjetivas indiretas livres, desta vez por intermédio de uma consciência propriamente ética. É bem curioso porque esses dois autores, Pasolini e Rohmer, não parecem se conhecer muito, mas são os que mais buscaram um novo estatuto da imagem, tanto para exprimir o mundo moderno quanto para instaurar uma adequação cinema-literatura. Em Rohmer trata-se, por um lado, de fazer da câmera uma consciência formal ética capaz de ostentar a imagem indireta livre do mundo moderno neurótico (a série dos *Contos morais*); por outro, de atingir um ponto comum ao cinema e à literatura, ponto que Rohmer, tanto quanto Pasolini, só pode alcançar inventando um tipo de imagem óptica e sonora que seja exatamente o equivalente de um discurso indireto (o que leva Rohmer a duas obras essenciais, *A marquesa d'O* [*La Marquise d'O*, 1976] e *Perceval, o gaulês* [*Perceval, le gallois*, 1978]).[6] Eles transformaram

[5] Cf. Barthélemy Amengual e outros, *Pasolini*, col. Études Cinématographiques, vol. I e II, Paris, Lettres Modernes/Minard, 1976 (sobretudo o estudo de Jean Sémoulé "Après de *Décaméron* et *Les Contes de Canterbury*, réflexion sur le récit chez Pasolini").

[6] Éric Rohmer parece ter sido sempre obcecado pelo problema do discurso indireto livre. Desde os *Contos morais*, os diálogos, cuidadosamente escritos em estilo indireto, são relacionados com um "comentário". Referir-nos-emos a um artigo de Rohmer "Le Film et les trois plans du discours, indirect, direct, hyperdirect" (*Cahiers Renaud-Barrault*, nº 96, 1977). Mas o que é curioso é que Rohmer, pelo que sabemos, nunca invoca o discurso indireto livre e não parece estar a par das teorias de Pasolini. É, no entanto,

o problema da imagem com a palavra, a frase ou o texto; donde o papel especial que neles têm o documentário e o *insert*.*

O que nos interessa por enquanto não é o nexo com a linguagem, que só mais tarde poderemos considerar. Da importantíssima tese de Pasolini reteremos apenas o seguinte: a imagem-percepção encontraria um estatuto particular na "subjetiva indireta livre", que seria como uma reflexão da imagem numa consciência de si-câmera. Não importa mais, então, saber se a imagem é objetiva ou subjetiva: se quisermos, ela é semissubjetiva, mas tal semissubjetividade não indica mais nada de variável ou de incerto. *[111]* Ela já não marca mais uma oscilação entre dois polos, e sim uma imobilização de acordo com uma forma estética superior. A imagem-percepção encontra aqui seu signo de composição particular. Tomando emprestada uma expressão de Peirce, ela poderia ser chamada "dicissigno" (mas para Peirce é a proposição em geral, enquanto para nós trata-se do caso especial da proposição indireta livre, ou melhor, da imagem correspondente). A consciência-câmera adquire então uma determinação formal elevadíssima.

2

Essa solução limita-se, todavia, a remeter a uma definição nominal do "subjetivo" e do "objetivo". Ela implica um estágio evoluído do cinema, que aprendeu a desconfiar da imagem-movimento. O que acontece, ao contrário, se partirmos de uma definição real dos dois polos ou do sistema duplo? O bergsonismo nos propunha tal definição: *será subjetiva uma percepção em que as ima-*

exatamente esta forma do discurso que ele tem em mente: cf. o que diz em seu artigo a propósito de *A marquesa d'O* sobre o estilo indireto de Kleist, e a propósito de *Perceval* sobre as personagens que falam de si mesmas na terceira pessoa. E o mais importante não é a apresentação do texto em discurso indireto livre, mas a apresentação das imagens ou das cenas visuais de um modo correspondente: assim, os enquadrados obsessivos de *A marquesa d'O* e sobretudo o tratamento da imagem como miniatura em *Perceval*.

* Em inglês no original. (N. da T.)

gens variem relativamente a uma imagem central privilegiada; será objetiva uma percepção tal como existe nas coisas, em que todas as imagens variam umas relativamente às outras em todas as suas faces e em todas as suas partes. Essas definições não asseguram apenas a diferença entre os dois polos da percepção, mas também a possibilidade de passar do polo subjetivo ao polo objetivo. Pois quanto mais o próprio centro privilegiado for posto em movimento, mais ele tenderá para um sistema acentrado em que as imagens variam umas relativamente às outras, e tendem a juntar-se às ações recíprocas e às vibrações de uma matéria pura. O que é mais subjetivo que um delírio, um sonho, uma alucinação? Mas o que há também de mais próximo de uma materialidade feita de onda luminosa e de interação molecular? A escola francesa e o expressionismo alemão descobriam a imagem subjetiva; mas, ao mesmo tempo, alçavam-na aos limites do universo. Ao colocarem em movimento o próprio centro de referência, elevava-se o movimento das partes até o conjunto, do relativo ao absoluto, da sucessão ao simultaneísmo. Era, em *Variedades*, de Dupont, a cena de *music-hall* na qual o trapezista que se balança vê a multidão e o teto, um no outro, como uma chuva de faíscas e um turbilhão de *[112]* manchas flutuantes.[7] E, em *Coração fiel*, de Epstein, era a quermesse onde tudo tende para a simultaneidade do movimento daquele que vê e do movimento visto, numa perda vertiginosa de pontos fixos. E sem dúvida, aqui, a imagem-percepção já se achava transformada por uma consciência estética (cf. a célebre "fotogenia" da escola francesa). Mas essa consciência estética não era ainda a consciência formal e refletida que ultrapassava o movimento, era uma consciência "ingênua", ou melhor, não tética, como diriam os fenomenólogos, uma consciência manifesta que amplificava o movimento e o introduzia na matéria, com todo o júbilo de descobrir a atividade de montagem e da câmera. Não era melhor nem pior... era outra coisa.

[7] Cf. a descrição de Lotte Eisner, *L'Écran démoniaque*, Paris, Éditions André Bonne, 1952, p. 147 [ed. bras.: *A tela demoníaca: as influências de Max Reinhardt e do expressionismo*, tradução de Lúcia Nagib, São Paulo, Paz e Terra, 2002].

Falou-se muito do gosto de Jean Renoir pela água corrente. Mas esse gosto é o de toda a escola francesa (apesar de Renoir ter-lhe conferido uma dimensão muito especial). Na escola francesa ora é o rio e seu curso, ora o canal, suas comportas e chalanas, ora o mar, sua fronteira com a terra, o porto, o farol como valor luminoso. Se eles tivessem tido a ideia de uma câmera passiva, seria diante da água que escoa que a teriam instalado. L'Herbier começara por um projeto, *A torrente* [*Le Torrent*, 1917], no qual a água devia ser a personagem principal. E *O homem do mar* [*L'Homme du large*, 1920] tratava o mar não só como objeto particular de percepção, mas como um sistema perceptivo distinto das percepções terrestres, uma "linguagem" diferente da linguagem da terra.[8] Grande parte da obra de Epstein, assim como grande parte da obra de Grémillon, constitui uma espécie de escola bretã que realiza o sonho cinematográfico de um drama sem personagem, ou pelo menos que iria da Natureza ao homem. Por que a água parece corresponder de tal modo a todas as exigências dessa escola francesa — exigência estética abstrata, exigência documentária social, exigência narrativa dramática? De início é porque a água é o meio por excelência de onde se pode extrair o movimento da coisa movida, ou a mobilidade do próprio movimento: donde a importância *[113]* óptica e sonora da água nas pesquisas rítmicas. O que Gance começara com o ferro, com a estrada de ferro, é o elemento líquido que vai prolongar, transmitir e difundir em todas as direções. Em suas tentativas experimentais, Jean Mitry começava com a estrada de ferro, depois passava para a água como a imagem que podia nos restituir mais profundamente o real enquanto vibração: de *Pacífico 231* [*Pacific 231*, 1949] a *Imagens para Debussy* [*Images pour Debussy*, 1951].[9] E a obra documental de Grémillon percorre esse movimento da mecânica dos sólidos a uma mecânica dos fluidos, da indústria ao seu fundo marinho.

[8] Cf. os comentários de Henri Langlois citados por Noël Burch, *Marcel L'Herbier*, Paris, Seghers, 1973, p. 68.

[9] Jean Mitry, *Le Cinéma expérimental*, Paris, Seghers, 1974, pp. 211-7.

O abstrato líquido é também o meio concreto de um tipo de homens, de uma raça de homens que não vive de modo nenhum como os terrestres, que não percebe nem sente como estes: Ouessant e, depois, Sein propiciam a Epstein o documentário por excelência, em que só os habitantes podem representar seus próprios papéis (*Os pescadores de sargaços* [*Finis Terrae*, 1929], *O mar dos corvos* [*Mor Vran*, 1930]). Por fim, o limite entre a terra e as águas torna-se o lugar de um drama onde se enfrentam, de um lado, os vínculos terrestres e de outro, as amarras, os reboques, as cordas móveis e livres. *La Belle nivernaise* [*A bela de Nivernais*, 1923], de Epstein, já opunha, em função da chalana, a solidez da terra à fluidez do céu e das águas. *Maldone* [1928], de Grémillon, opunha a organização das raízes, terra e lar, ao agenciamento do canal, "homem-barco-cavalo". O drama estava em que era preciso romper com os liames da terra, o pai com o filho, o esposo com a esposa e o amante, a criança com os pais, em ser preciso fazer-se solitário para atingir a solidariedade dos homens, a solidariedade de classe. E, apesar de uma reconciliação final não estar excluída, o farol ou a barragem constituíam o lugar de um enfrentamento mortífero entre a loucura da terra e a justiça superior da água: a demência do filho furioso em *Faroleiros* [*Gardiens de phare*, 1928], a grande queda do castelão fantasiado em *Luz de verão* [*Lumière d'été*, 1943]. Com certeza nem todo ofício é marinho; mas a ideia de Grémillon é que o proletário ou o trabalhador reconstitui em toda parte, mesmo na terra e até no elemento aéreo de *O céu vos pertence* [*Le Ciel est à vous*, 1944], as condições de uma população flutuante, de um povo do mar, apto a *[114]* revelar e transformar a natureza dos interesses econômicos e comerciais em jogo numa sociedade desde que, de acordo com a fórmula marxista, "corte o cordão umbilical que o prende à terra".[10] É nesse sentido que os ofícios do mar não constituem uma sobrevivência ou um folclore insular; são o horizonte de qualquer ofício,

[10] Paul Virilio mostrou as origens e o modelo marítimo do proletariado em um outro texto que se aplicaria bem ao cinema de Grémillon: *Vitesse et politique*, Paris, Galilée, 1977, p. 50 [ed. bras.: *Velocidade e política*, tradução Celso M. Paciornik, São Paulo, Estação Liberdade, 1997].

até o da médica em *O amor de uma mulher* [*L'Amour d'une femme*, 1953]. Eles revelam o nexo com o Elemento e com o Homem, presente em todo ofício; e até a mecânica, a indústria, a proletarização encontram a sua verdade num império dos mares (ou dos ares). Grémillon opunha-se com todas as suas forças ao ideal familiar e terrestre de Vichy. Poucos autores filmaram tão bem o trabalho dos homens, mas nele descobrindo o equivalente de um mar: até os desabamentos de pedras são como ondas.

São dois sistemas que se opõem, as percepções, afecções e ações dos homens da terra e as percepções, afecções e ações dos homens da água. É o que fica nítido em *Águas tempestuosas* [*Remorques*, 1941], de Grémillon, em que o capitão, em terra, é reconduzido a centros fixos, imagens da esposa ou da amante, imagens da *villa* em frente ao mar, que são outros pontos de subjetivação egoístas, enquanto o mar lhe apresenta uma objetividade como variação universal, solidariedade de todas as partes, justiça para além dos homens, onde o ponto fixo dos reboques, sempre reposto em questão, não vale mais senão entre dois movimentos. Mas é *O Atalante*, de Vigo, que iria levar esta oposição ao seu ápice. Como mostra Jean-Pierre Bamberger, na água não é o mesmo regime de movimento, a mesma "graça": o movimento terrestre está em desequilíbrio constante porque a força motriz está sempre fora do centro de gravidade (a bicicleta do camelô); enquanto o movimento aquático confunde-se com o deslocamento do centro de gravidade segundo uma lei objetiva simples, reta ou elíptica (donde a aparente falta de jeito desse movimento quando feito sobre a terra ou mesmo na chalana, andar de caranguejo, reptação ou rodopio, como se fosse a *[115]* graça de um outro mundo). E, na terra, o movimento se faz de um ponto a outro, está sempre entre dois pontos, enquanto, na água, é o ponto que está entre dois movimentos: ele marca assim a conversão ou a inversão do movimento, segundo a conexão hidráulica de um mergulho com um contramergulho, que reencontramos no movimento da própria câmera (a queda final do corpo enlaçado dos amantes não tem fim, mas converte-se em movimento ascendente). O regime da paixão, da afecção também não é o mesmo; num caso, dominado pela mercadoria, o fetiche, a vestimenta, o objeto parcial e o objeto-lembrança; no outro, acedendo ao que já se chamou a "objetividade" dos corpos, que pode revelar a horrível feiura sob a roupa, mas também a graça de uma aparência rude. Se há uma conciliação entre a terra e a água, é com o velho Jules, mas porque ele sabe espontaneamente impor à terra a própria lei da água: sua cabine pode acolher os mais extraordinários fetiches, objetos parciais, *souvenirs* e refugos, dos quais ele faz não uma lembrança, mas um puro mosaico de estados presentes, até o velho disco volta a funcionar.[11] E é, enfim, uma função de vidência que se desenvolve na água por oposição à visão terrestre: é na água que a amada desaparecida se revela, como se a percepção gozasse de um alcance e de uma interação, de uma verdade que ela não tem na terra. Mesmo em *À propósito de Nice* [*À propos de Nice*, 1929], já era a presença da água que permitia descrever a burguesia como um corpo orgânico monstruoso.[12] É ela que revelava sob as roupas a feiura dos corpos burgueses, assim como revela agora a doçura e a força do corpo amado. A burguesia é reduzida à objetividade de um corpo-fetiche, de um corpo-refugo, ao qual a infância, o amor e a navegação opõem seu corpo íntegro. Uma "objetividade", um equilíbrio, uma justiça que não são da terra, eis o que é próprio da água.

Finalmente, o que a escola francesa descobria na água *[116]* era a promessa ou a indicação de um outro estado da percepção: uma percepção mais que humana, uma percepção não mais talhada nos sólidos, que não tinha mais o sólido por objeto, por condição, por meio. Uma percepção mais fina e mais ampla, uma percepção molecular, própria de um "cine-olho". E esse era exatamente o resultado final, a partir do momento em que se partia de

[11] Servimo-nos de um texto inédito de Jean-Pierre Bamberger sobre *O Atalante*.

[12] Amengual colocou bem a questão: por que a burguesia é apresentada por Vigo sob traços biológicos, e não políticos e econômicos? Ele responde invocando já uma função de vidência, e de "objetividade" dos corpos. Cf. Michel Estève e outros, *Jean Vigo*, col. Études Cinematographiques, Paris, Éditions Minard, 1966 (Amengual analisa também os movimentos de *plongée* em Vigo).

uma definição real dos dois polos da percepção: a imagem-percepção não ia se refletir numa consciência formal, mas cindir-se em dois estados, um molecular e o outro molar, um líquido e o outro sólido, um acarretando e apagando o outro. O signo da percepção não seria, portanto, um "dicissigno", mas um *reuma*.[13] Enquanto o dicissigno erigia um quadro que isolava e solidificava a imagem, o reuma remetia a uma imagem que se tornava líquida, e que passava através ou sob o quadro. A consciência-câmera tornava-se um reuma porque se atualizava numa percepção fluente e atingia assim uma determinação material, uma matéria-fluxo. Entretanto a escola francesa indicava mais que assumia esse outro estado, essa outra percepção, esta função de vidência: salvo em suas tentativas abstratas (das quais faz parte *Taris ou a natação* [*Taris, roi de l'eau*, 1931], de Vigo), a escola francesa fazia dela não a nova imagem, mas o limite ou o ponto de fuga das imagens-movimento, das imagens-média, no âmbito de uma história ainda sólida. Não se tratava evidentemente de uma inferioridade, tão impregnada de ritmo estava essa história.

3

O sistema em si da universal variação era o que Viértov se propunha atingir ou reencontrar no "cine-olho". Todas as imagens variam umas em função das outras, *[117]* sobre todas as suas faces e em todas as suas partes. O próprio Viértov define o cine-olho: o que "engata um ao outro qualquer ponto do universo em qual-

[13] Na sua classificação dos signos, o que Peirce distingue do "dicissigno" (proposição) é o *reuma* (palavra). Pasolini retoma o termo rema de Peirce, mas nele introduzindo uma ideia muito geral de fluxo: o plano cinematográfico "deve fluir", e é assim um "rema" (Pasolini, *L'Expérience hérétique*, p. 271). Mas Pasolini comete aqui, voluntariamente ou não, um erro etimológico. O que flui, em grego, é um reuma. Servimo-nos assim deste termo para designar não um caráter geral do plano, mas um signo especial da imagem-percepção.

quer ordem temporal".[14] Câmera lenta, aceleração, sobreimpressão, fragmentação, redução da velocidade, microtomada, tudo está a serviço da variação e da interação. Não se trata de um olho humano, mesmo melhorado. Pois se o olho humano pode superar algumas de suas limitações graças a aparelhos e instrumentos, há uma que ele não pode vencer porque ela é a sua própria condição de possibilidade: sua imobilidade relativa como órgão de recepção, que faz com que todas as imagens variem para uma só, em função de uma imagem privilegiada. E, se considerarmos a câmera enquanto aparelho de filmagem, ela se submete à mesma limitação condicionante. Mas o cinema não é apenas a câmera, é a montagem. E a montagem é indubitavelmente uma construção do ponto de vista do olho humano, mas deixa de ser uma construção do ponto de vista de um outro olho e é pura visão de um olho não humano, de um olho que estaria nas coisas. A universal variação, a interação universal (a modulação) já é o que Cézanne chamava de mundo anterior ao homem, "aurora de nós mesmos", "caos irisado", "virgindade do mundo". Não espanta que tenhamos de construí-lo, pois ele só é dado ao olho que não temos. Jean Mitry tem de tomar fortemente partido para denunciar em Viértov uma contradição que ele não ousaria, no entanto, censurar num pintor: a pseudocontradição entre a criatividade (da montagem) e a integridade (do real).[15] O que a montagem faz, segundo Viértov, é conduzir a percepção às coisas, pôr a percepção na matéria, de modo tal que qualquer ponto do espaço perceba, ele próprio, todos os pontos sobre os quais age ou que sobre ele agem, sem que importe o quão longe se estendam essas ações e reações. Esta é a definição da objetividade: "ver sem fronteiras nem distâncias". Quanto a isso, todos os procedimentos serão permitidos, *[118]* não serão mais trucagens.[16] O que o Viértov materialista realiza atra-

[14] Dziga Viértov, *Articles, journaux, projets*, col. 10-18, Paris, Union Général d'Éditions, 1972, pp. 126-7.

[15] Jean Mitry, *Histoire du cinéma muet*, vol. III, Paris, Éditions Universitaires, 1973, p. 256: "Não se pode defender a montagem e sustentar ao mesmo tempo a integridade do real. A contradição é flagrante".

[16] Dziga Viértov, *Articles, journaux, projets*, pp. 126-7: "A tomada rá-

vés do cinema é o programa materialista do primeiro capítulo de *Matéria e memória*: o em-si da imagem. O cine-olho, o olho não humano de Viértov, não é o olho de uma mosca ou de uma águia, o olho de um outro animal. Também não é, ao modo de Epstein, o olho do espírito que seria dotado de uma perspectiva temporal e apreenderia o todo espiritual. É, ao contrário, o olho da matéria, o olho na matéria, que não se submete ao tempo, que "venceu" o tempo, que acede ao "negativo do tempo", e não conhece outro todo senão o universo material e sua extensão (Viértov e Epstein se distinguem aqui como dois níveis diferentes do mesmo conjunto, câmera-montagem).

É o primeiro agenciamento de Viértov. É antes de mais nada um agenciamento maquínico das imagens-movimento. Vimos que o desvio, o intervalo entre dois movimentos traça um lugar vazio, que prefigura o sujeito humano enquanto se apropria da percepção. Mas o mais importante para Viértov será restituir os intervalos à matéria. É o sentido da montagem, e da "teoria dos intervalos", mais profunda que a do movimento. O intervalo não será mais o que separa uma reação da ação sofrida, o que mede a incomensurabilidade e a imprevisibilidade da reação, mas sim, ao contrário, aquilo que, dada uma ação num ponto de universo, encontrará a reação apropriada num outro ponto qualquer e por mais distante que esteja ("encontrar na vida a resposta ao tema tratado, a resultante entre os milhões de fatos que apresentam uma relação com o tema"). A originalidade da teoria viertoviana do intervalo é que esse não marca mais um desvio que se cava, um distanciar-se entre duas imagens consecutivas, mas sim, ao contrário, um correlacionar-se entre duas imagens longínquas (incomensuráveis do ponto de vista de nossa percepção humana). E, por outro lado, o cinema não poderia correr o universo de um extremo ao outro se não dispusesse de um agente capaz *[119]* de fazer concorrerem todas as partes — o que Viértov retirou do espírito, isto é,

pida, a microtomada, a tomada de trás para diante, a tomada de animação, a tomada em movimento, a tomada com ângulos os mais inesperados etc., não são consideradas como trucagens, mas como procedimentos normais a serem largamente empregados".

o poder de um todo que não para de se fazer vai agora passar através do correlato da matéria, de suas variações e interações. Com efeito, o agenciamento maquínico das coisas, das imagens em si, tem por correlato um agenciamento coletivo de enunciação. Já no cinema mudo, Viértov fazia um uso original do letreiro, em que a palavra formava um bloco com a imagem, uma espécie de ideograma.[17] São os dois aspectos fundamentais do agenciamento: a máquina de imagens é inseparável de um tipo de enunciados, de uma enunciação propriamente cinematográfica. Em Viértov, trata-se, evidentemente, da consciência soviética revolucionária, do "deciframento comunista da realidade". É ela que junta o homem do futuro ao mundo de antes do homem, o homem comunista ao universo material das interações definido como "comunidade" (ação recíproca entre o agente e o paciente).[18] *A sexta parte do mundo* [*Cestaia ciast mirva*, 1926] mostra, no seio da URSS, as interações à distância dos povos mais diversos, dos rebanhos, das indústrias, das culturas, trocas de todo tipo vencendo o tempo.

Anette Michelson tem razão ao dizer que *O homem com a câmera* representa uma evolução de Viértov, como se este ainda tivesse descoberto uma concepção mais completa do agenciamento. É que a precedente se limitava à imagem-movimento, isto é, a uma imagem composta de fotogramas, a uma imagem-média dotada de movimento. Ainda, era, pois, uma imagem correspondente à percepção humana, qualquer que fosse o tratamento a que a montagem a tivesse submetido. Mas o que acontece se a montagem se introduz até na componente da imagem? De uma imagem de camponesa remonta-se a uma série de fotogramas seus, ou então de uma série de fotogramas de crianças vamos às imagens dessas crianças em movimento. De acordo com uma extensão do procedimento, confronta-se a imagem de um ciclista em plena corrida e a mesma imagem refilmada, refletida, apresentada como projetada

[17] Cf. Nikolai Abramov, *Dziga Vertov*, col. Premier Plan, Lyon, SERDOC, 1965, pp. 40-2.

[18] Cf. a definição da categoria de "comunidade" em Kant, *Critique de la raison pure* [ed. bras.: *Crítica da razão pura*, tradução de Fernando Costa Mattos, Petrópolis, Vozes, 2017].

na tela. O filme de René Clair *Paris adormecida* teve uma *[120]* grande influência sobre Viértov; é que ele reunia um mundo humano e a ausência do homem. É que o raio do cientista louco (o cineasta) congelava o movimento, bloqueava a ação, para liberá-la numa espécie de "descarga elétrica". A cidade-deserto, a cidade ausente de si mesma não deixará de perseguir o cinema, como se detivesse um segredo. O segredo é, mais uma vez, um novo sentido da noção de intervalo: esta designa agora o ponto em que o movimento se detém e, detendo-se, vai poder se inverter, se acelerar, se reduzir... Não basta mais apenas inverter o movimento, como fazia Viértov em nome da interação quando ia da carne morta à carne viva. É preciso chegar ao ponto que torna possíveis a inversão e a modificação.[19] Pois, para Viértov, o fotograma não é um simples retorno à fotografia: se ele pertence ao cinema é por ser o elemento genético da imagem, ou o elemento diferencial do movimento. Ele não "termina" o movimento sem ser também o princípio de sua aceleração, de sua redução, de sua variação. Ele é a vibração, a solicitação elementar que compõe o movimento a cada instante, o clinâmen do materialismo epicurista. Também o fotograma é inseparável da série que o faz vibrar relativamente ao movimento que dela deriva. E se o cinema ultrapassa a percepção humana rumo a uma outra percepção, é no sentido que ele chega até o *elemento genético* de toda percepção possível, isto é, ao ponto que muda e faz mudar a percepção, o diferencial da percepção mesma. Viértov realiza, portanto, os três aspectos inseparáveis de uma única ultrapassagem: da câmera na montagem, do movimento no intervalo, da imagem no fotograma.

Como cineasta soviético, Viértov tem da montagem uma concepção dialética. Mas ocorre que a montagem dialética é menos um traço de união que um lugar de afrontamento, de oposição. Se Eisenstein denuncia as "palhaçadas formalistas" de Viértov é se-

[19] Annette Michelson ("L'Homme à caméra, de la magie à l'épistémologie", em *Cinéma: théorie, lectures*, Paris, Klincksieck, 1973) analisou todos esses temas: a aprofundamento da teoria do intervalo e da inversão, o tema da cidade adormecida, o papel do fotógrafo em Viértov (e a aproximação com René Clair).

guramente porque os dois autores *[121]* não têm a mesma concepção, nem a mesma prática da dialética. Para Eisenstein, só há dialética do homem *e* da Natureza, do homem na Natureza e da Natureza no homem, "Natureza não indiferente" e Homem não separado. Para Viértov, a dialética está na matéria e é matéria, e só pode unir uma percepção não humana ao além-do-homem do futuro, a comunidade material ao comunismo formal. Donde se pode inferir muito mais facilmente as diferenças que separam Viértov, de um lado, e, de outro, a escola francesa. Se considerarmos os procedimentos idênticos de ambas as partes — montagem quantitativa, aceleração, câmera lenta, sobreimpressão ou mesmo imobilização — fica evidente que nos franceses tais procedimentos atestam, antes de tudo, uma potência espiritual do cinema, uma face espiritual do "plano": é pelo espírito que o homem ultrapassa os limites da percepção e, como diz Gance, as sobreimpressões são de sentimentos e de pensamentos através dos quais a alma "envolve" o corpo e o "precede". Inteiramente outro é o uso de Viértov, para quem a sobreimpressão exprimirá a interação dos pontos materiais distantes e a aceleração e a câmera lenta, a diferencial do movimento físico. Mas talvez ainda não seja desse ponto de vista que se pode apreender a diferença radical. Esta emerge assim que voltamos às razões pelas quais os franceses privilegiaram a imagem líquida: era aí que a percepção humana ultrapassava seus próprios limites e que o movimento descobria a totalidade espiritual que exprimia. Enquanto para Viértov a imagem líquida ainda é insuficiente, e não chega ao *grão* da matéria. O movimento deve ultrapassar-se, mas em direção a seu elemento material energético. A imagem cinematográfica não tem, portanto, como signo o "reuma", e sim o "grama", o engrama,* o fotograma — este é o seu signo de gênese. No limite seria preciso falar de uma percepção gasosa e não mais líquida. Pois se partimos de um estado sólido no qual as moléculas não são livres para se deslocarem (percepção molar ou humana), passamos em seguida a um estado líquido, em que as moléculas se deslocam e deslizam umas por entre as outras,

* O engrama é o termo usado em psicologia para designar o traço deixado no cérebro por um acontecimento do passado individual. (N. da T.)

mas chegamos finalmente a um estado gasoso, definido pelo livre percurso de cada molécula. Talvez, segundo Viértov, fosse preciso ir até aí, ao grão da matéria ou à percepção gasosa para além do fluir. *[122]*

Em todo caso, o cinema experimental americano irá até aí e, rompendo com o lirismo aquático da escola francesa, reconhecerá a influência de Viértov. No que diz respeito a determinado aspecto desse cinema, trata-se precisamente de chegar a uma percepção pura, como a que existe nas coisas ou na matéria, por mais longe que se estendam as interações moleculares. Brakhage explora um mundo cezanniano de antes dos homens, uma aurora de nós mesmos, ao filmar os verdes vistos por um bebê numa campina.[20] Michael Snow faz a câmera perder completamente o centro, filma a universal interação de imagens que variam umas relativamente às outras em todas as suas faces e através de todas as suas partes em *A região central* [*La Région centrale*, 1971].[21] Belson e Jacobs remontam das formas e movimentos coloridos às forças moleculares ou atômicas (*Phenomena*, *Momentum*). Ora, se há uma constante nesse cinema é a construção, por meios diversos, de um estado gasoso da percepção. A montagem piscante: destaque do fotograma para além da imagem-média e da vibração para além do movimento (donde a noção de "planofotograma", definida pelo procedimento do *loop*, em que uma série de fotogramas se repete com intervalos eventuais que permitem a sobreimpressão). A montagem hiper-rápida: destaque do ponto de inversão ou de transformação (pois a imobilização da imagem tem por correlato a extrema mo-

[20] Cf. Louis Marcorelles, *Éléments pour un nouveau cinéma*, Paris, Unesco, 1970: "Quantas cores existem num campo para um bebê que engatinha, inconsciente do verde?".

[21] Snow filma uma "paisagem desumanizada", sem nenhuma presença humana, e submete a câmera a um aparelho automático que varia continuamente seus movimentos e ângulos. Assim ele liberta o olho de sua condição de imobilidade relativa e de dependência a coordenadas. Cf. *Cahiers du Cinéma*, nº 296, jan. 1979 (Marie Christine Questebert: "Acionada pela máquina, regulada pelo som, a visada da câmera não é absolutamente centrada na visão frontal perspectiva. Ela permanece monocular, mas trata-se de um olho vazio, hipermóvel").

bilidade do suporte, e o fotograma age como o elemento diferencial de onde resultam fulgurância e precipitação). A refilmagem ou regravação: destaque do grão de matéria (já que a refilmagem produz um achatamento do espaço, que adquire uma textura pontilhista *à la* Seurat, permitindo apreender a interação à distância entre dois pontos).[22] Sob todos esses aspectos, *[123]* o fotograma não é uma volta à fotografia, mas muito mais, de acordo com a fórmula de Bergson, a apreensão criadora dessa fotografia "batida e tirada no interior das coisas e para todos os pontos do espaço". E do trabalho do fotograma ao vídeo assiste-se cada vez mais à constituição de uma imagem definida por parâmetros moleculares.

Todos esses procedimentos conspiram e variam para constituir o cinema como agenciamento maquínico das imagens-matéria. Persistiria a questão de saber qual é o agenciamento de enunciação correspondente, já que a resposta de Viértov (a sociedade comunista) perdeu seu sentido. Poderá a resposta ser: a droga enquanto comunidade americana? No entanto, se a droga age nesse sentido, é apenas porque induz à experimentação perceptiva, que pode se efetivar por meios inteiramente diversos. Na verdade, só poderemos colocar o problema da enunciação quando tivermos condições de analisar a imagem sonora por si mesmo. Se nos atemos ao programa iniciático de Castañeda, a droga supostamente *faz o mundo parar*, desata a percepção do "fazer", isto é, substitui as percepções sensório-motoras por percepções ópticas e sonoras puras; *fazer ver os intervalos moleculares*, os buracos nos sons, nas formas e até nas águas; mas também *fazer passar linhas de velocidade* nesse mundo parado e através desses buracos no mundo.[23] É o pro-

[22] O artigo de P. Adams Sitney, "Le Film structurel", em *Cinéma: théorie, lectures*, analisa todos estes aspectos em função dos principais autores do cinema experimental americano: particularmente a constituição do plano-fotograma e do anel; o pisca-pisca em Markopoulos, Conrad, Sharits; a velocidade em Robert Breer; a granulação em Gehr, Jacobs, Landow [ed. bras.: "O cinema estrutural", tradução de Tatiana Monassa, em Patrícia Mourão e Theo Duarte (orgs.), *Cinema estrutural*, São Paulo, Caixa Cultural, 2015].

[23] Cf. Carlos Castañeda, sobretudo *Voir*, Gallimard, 1973 [ed. bras.: *Viagem a Ixtlán*, tradução de Luzia Machado da Costa, Rio de Janeiro, Record, 1995].

grama do terceiro estado da imagem, a imagem gasosa, para além do sólido e do líquido: chegar a uma "outra" percepção, que igualmente é o elemento genético de toda percepção. A consciência-câmera se eleva a uma determinação não mais formal ou material, mas genética e diferencial. Passamos de uma definição real a uma definição genética da percepção.

Nesse sentido o filme de Landow, *Bardo Follies* [1967], resume o conjunto do processo, e a passagem do estado líquido ao estado gasoso: "O filme começa com uma imagem copiada em *loop* de uma flotilha aquática passando por uma mulher que acena para nós *[124]* a cada passagem. Aproximadamente dez minutos depois (existe também uma versão mais curta), o mesmo *loop* aparece duplicado dentro de um conjunto de círculos sobre tela preta. Em determinado momento há três círculos. A imagem do filme nos círculos começa a pegar fogo, criando uma massa bolorenta, oscilante e de dominante laranja. Por fim, a tela toda é preenchida por um fotograma em chamas que se desintegra em câmera lenta, num foco doce extremamente granulado. Mais um fotograma queima, e a tela inteira passa a pulsar com celuloide derretendo. A imagem foi provavelmente realizada por meio de diversas gerações de refilmagem de tela — sendo o efeito atingido o de fazer a própria tela parecer pulsar e arder. A tensão antecipatória do *loop* banal é mantida ao longo de toda essa parte, na qual a própria película parece morrer. Depois de um longo momento, há uma tela dividida, feita de bolhas surgidas no momento em que a lâmpada do projetor queima a emulsão, com uma cor diferente em cada lado da tela. Através de mudanças de foco, as bolhas perdem a forma e se dissolvem uma na outra. Por fim, uns quarenta minutos depois do primeiro *loop*, a tela fica branca".[24]

[24] P. Adams Sitney, "Le Film structurel", p. 348.

Capítulo 6
A IMAGEM-AFECÇÃO: ROSTO E PRIMEIRO PLANO
[125]

1

A imagem-afecção é o primeiro plano, e o primeiro plano é o rosto... Eisenstein sugeria que o primeiro plano não era apenas um tipo de imagem entre as outras, mas oferecia uma leitura afetiva de todo o filme. É o que ocorre com a imagem-afecção — ao mesmo tempo um tipo de imagens e um componente de todas as imagens. Mas isto não resolve tudo. Em que sentido é o primeiro plano inteiramente idêntico à imagem-afecção? E por que seria o rosto idêntico ao primeiro plano, já que este parece operar apenas uma ampliação *do* rosto e também de muitas outras coisas? E como poderíamos extrair, do rosto ampliado, polos capazes de nos guiar na análise da imagem-afecção?

Partamos de um exemplo que não é precisamente o do rosto: um relógio que nos é apresentado várias vezes em primeiro plano. Uma imagem desta ordem tem efetivamente dois polos. Por um lado, ela tem ponteiros animados por micromovimentos, pelo menos virtuais, ainda que nos seja mostrada uma só vez ou várias vezes entre longos intervalos: os ponteiros entram necessariamente numa *série intensiva* que marca uma ascensão para... ou tende para um instante crítico, prepara um paroxismo. Por outro lado, ela tem um mostrador como superfície receptiva imóvel, placa receptora de inscrição; suspense impassível — ela é *unidade refletora e refletida*.*

* O autor faz uso dos aspectos óptico e mental que os dois termos *réflechissante/réflechie* comportam. *Réflechissante* é usado não como reflexão intelectual, mas no sentido em que o espelho reflete uma imagem — donde

A definição bergsoniana do afeto retinha exatamente *[126]* estas duas características: uma tendência motriz sobre um nervo sensível. Em outras palavras, uma série de micromovimentos sobre uma placa nervosa imobilizada. A partir do momento em que uma parte do corpo teve de sacrificar o essencial da sua motricidade para tornar-se o suporte de órgãos de recepção, estes só terão principalmente tendências ao movimento ou aos micromovimentos capazes, para um mesmo órgão ou de um órgão a outro, de entrar em séries intensivas. O móvel perdeu seu movimento de extensão, e o movimento tornou-se movimento de expressão. É este conjunto de uma unidade refletora imóvel e de movimentos intensos expressivos que constitui o afeto. Mas não é a mesma coisa que um Rosto em pessoa? O rosto é essa placa nervosa porta-órgãos que sacrificou o essencial de sua mobilidade global, e que recolhe ou exprime ao ar livre todo tipo de pequenos movimentos locais que o resto do corpo mantém comumente escondidos. E cada vez que descobrimos esses dois polos em algo — superfície refletora e micromovimentos intensivos — podemos afirmar: esta coisa foi tratada como um rosto, ela foi "encarada", ou melhor, "rostizada",* e por sua vez nos fixa, nos olha... mesmo se ela não se parece com um rosto. Como o primeiro plano do relógio. Quanto ao rosto propriamente, não se afirmará que o primeiro plano o trate, o submeta a um tratamento qualquer — não há primeiro plano *de* rosto, o rosto é em si mesmo primeiro plano, o primeiro plano é por si mesmo rosto, e ambos são o afeto, a imagem-afecção.

Na pintura, as técnicas do retrato habituaram-nos a esses dois polos do rosto. Ora o pintor apreende o rosto como um contorno,

minha opção por "refletora". *Réflechie* pode ser traduzido por "refletido" ou "refletivo", estando mais no terreno da interiorização, quando refletimos ou ficamos pensativos — mas com conotação mais forte — sobre algo; é, portanto, um sentido mais intelectual que óptico. Ao usar os dois termos Deleuze apela para o sentido óptico de refletora, enquanto refletido ou refletivo podem assumir os dois sentidos. (N. da T.)

* Têm sido traduzidos por rostizada, rostização e rostidade os três neologismos do autor: respectivamente *visagéifié*, *visagéification* e *visagéité*. (N. da T.)

numa linha envolvente que traça o nariz, a boca, a borda das pálpebras e até a barba e a touca — é uma superfície de rostização. Ora, ao contrário, ele opera por traços dispersos tomados na massa, linhas fragmentárias e quebradas que indicam aqui o estremecimento dos lábios, ali o brilho de um olhar, e que comportam uma matéria mais ou menos rebelde ao contorno — são traços de rostização.[1] E não é por acaso que o afeto aparece *[127]* sob esses dois aspectos nas grandes concepções das Paixões que atravessam tanto a filosofia quanto a pintura — o que Descartes e Le Brun chamam de *admiração*, e que indica um mínimo de movimento para um máximo de unidade refletora e refletida sobre o rosto; é o que chamamos de *desejo*, inseparável de pequenas solicitações ou impulsões que compõem uma série intensiva exprimida pelo rosto. Pouco importa que uns considerem a admiração como a origem das paixões precisamente por ser ela o grau zero do movimento, enquanto outros põem em primeiro lugar o desejo ou a inquietude, porque a própria imobilidade supõe a neutralização recíproca de micromovimentos correspondentes. Em vez de uma origem exclusiva, trata-se de dois polos, ora prevalecendo um sobre o outro e surgindo quase puro, ora misturando-se os dois num sentido ou no outro.

De acordo com as circunstâncias, pode-se fazer dois tipos de perguntas a um rosto: em que você pensa? Ou então: o que há com você, o que você tem, o que você sente ou experimenta? Ora o rosto pensa em algo, se fixa em um objeto, e este é o sentido da admiração ou do espanto, que o *wonder* inglês conservou. Na medida que pensa em algo, o rosto vale sobretudo por seu contorno envolvente, sua unidade refletora que eleva a si todas as partes. Ora, ao contrário, ele experimenta ou ressente algo, e então vale pela série intensiva que suas partes atravessam sucessivamente até um paroxismo, cada parte assumindo uma espécie de independência momentânea. Já podemos reconhecer aí dois tipos de primeiros

[1] A propósito destas duas técnicas do retrato, cf. Heinrich Wölfflin, *Principes fondamentaux de l'histoire de l'art*, Paris, G. Monfort, 1984, pp. 43-44 [ed. bras.: *Conceitos fundamentais de história da arte*, tradução de João Azenha Jr., São Paulo, Martins Fontes, 2015].

planos, dos quais um seria assinado sobretudo por Griffith e o outro, por Eisenstein. São célebres os primeiros planos de Griffith em que tudo é organizado para o contorno puro e doce de um rosto feminino (principalmente o procedimento da íris): uma jovem pensa em seu marido, em *Enoch Arden* [1915]. Porém, em *A linha geral*, de Eisenstein, o belo rosto do pope se desfaz em proveito de um olhar velhaco que se encadeia com o occipício estreito e o lóbulo gordo da orelha — como se os traços de rostidade escapassem ao contorno e testemunhassem o ressentimento do padre.

Não se deve supor que o primeiro polo esteja reservado às emoções suaves e o segundo às paixões negras. *[128]* Lembremo-nos, por exemplo, que Descartes considera o desprezo como um caso particular da "admiração".[2] De um lado há maldades refletoras; terrores e desesperos refletidos, mesmo e sobretudo nas jovens de Griffith ou de Stroheim. De outro, há séries intensivas de amor e de ternura. Mais ainda: cada aspecto combina estados de rosto, eles próprios muito diferentes. O aspecto *wonder* pode afetar um rosto impassível que persegue um pensamento impenetrável ou criminoso; mas pode igualmente se apoderar de um rosto juvenil e curioso, tão animado por pequenos movimentos que estes se fundem e se neutralizam (assim, em Sternberg, *A imperatriz vermelha* [*The Scarlet Empress*, Josef Von Sternberg, 1934], ainda jovem, olha em todos os sentidos e se espanta com tudo quando os enviados russos a levam). E o outro aspecto também tem tal variedade segundo as séries consideradas.

Onde está, então, o critério de distinção? Na verdade, encontramo-nos diante de um rosto intensivo cada vez que os traços escapam do contorno, põem-se a trabalhar por sua própria conta e formam uma série autônoma que tende para um limite ou transpõe

[2] Descartes, *Les Passions de l'ame*, § 54 [ed. bras.: *As paixões da alma*, tradução de Rosemary C. Abilio, São Paulo, Martins Fontes, 2005]: "À admiração se acrescenta a estima ou o desprezo, conforme admiramos a grandeza de um objeto ou a sua pequenez que admiramos". A propósito da concepção de admiração em Descartes e o pintor Le Brun, reportar-nos-emos a uma excelente análise de Henri Souchon, "Descartes et Le Brun: étude comparée de la notion cartésienne des 'signes exterieurs' et de la théorie de l'expression de Charles Le Brun", *Études Philosophiques*, vol. 1, nº 4, 1980.

um limiar: série ascendente da cólera, ou, como diz Eisenstein, "linha ascendente do desgosto" (*O encouraçado Potemkin*). É por isso que vários rostos simultâneos ou sucessivos encarnam melhor esse aspecto serial, embora baste um único rosto se ele puser em série seus diversos órgãos ou traços. A série intensiva desvenda aqui sua função, que é passar de uma qualidade a outra, desembocar numa nova qualidade. Produzir uma nova qualidade, operar um salto qualitativo é o que Eisenstein exigia do primeiro plano: do pope-homem de Deus ao pope-explorador de camponeses; da cólera dos marinheiros à explosão revolucionária; da pedra ao grito, como nas três posturas dos leões de mármore ("e as pedras rugiram...").

Em contrapartida, estamos diante de um rosto reflexivo ou refletor enquanto os traços permanecerem reunidos sob o domínio de um pensamento fixo ou terrível, mas imutável e sem *[129]* devir, de certo modo eterno. Em *O lírio partido*, de Griffith, a jovem martirizada conserva ainda assim um rosto petrificado que, mesmo na morte, parece ainda refletir e perguntar por quê, enquanto, por sua vez, o chinês apaixonado conserva em seu rosto o estupor do ópio e a reflexão de Buda. É verdade que esse caso do rosto refletor não parece tão bem determinado quanto o outro. Pois o nexo entre um rosto e o que ele pensa é frequentemente arbitrário. Se uma jovem de Griffith pensa no marido, só podemos sabê-lo porque vemos logo em seguida a imagem do marido — é preciso esperar, e o liame parece apenas associativo. De modo que talvez convenha inverter a ordem e começar por um primeiro plano de objeto, que nos informará sobre o pensamento iminente do rosto — em *A caixa de Pandora*, de Pabst, o primeiro plano da faca nos prepara para o pensamento terrível de Jack, o estripador (ou em *O assassino mora no 21* [*L'Assassin habite au 21*, 1942], de Clouzot, grupos rodopiantes de três objetos nos levam a compreender que a heroína está pensando no número 3 como chave do mistério). No entanto, ainda assim não atingimos o âmago do rosto-reflexão. Sem dúvida a reflexão mental é o processo pelo qual se pensa em alguma coisa. Mas ela é acompanhada cinematograficamente por uma reflexão mais radical, que exprime uma qualidade pura, comum a várias coisas muito diferentes (objeto que a conduz, corpo que a sofre, ideia que a representa, rosto que tem essa ideia...). Em Griffith, os rostos refletores das jovens podem exprimir o Branco, mas é tanto o branco de um floco de neve retido por um cílio, como o branco espiritual de uma inocência interior, o branco dissoluto de uma degradação moral, o branco hostil e cortante da banquisa onde a heroína vai vagar (*Órfãos da tempestade* [*Orphans of the Storm*, 1921]. Em *Mulheres apaixonadas* [*Women in Love*, 1970], Ken Russell soube jogar com a qualidade comum entre um rosto endurecido, uma frigidez interior e uma geleira mortuária. Em suma, o rosto refletor não se contenta em pensar em algo. Assim como o rosto intensivo exprime uma Potência pura, isto é, define-se por uma série que nos faz passar de uma qualidade à outra, o rosto reflexivo exprime uma Qualidade pura, isto é, um "algo" comum a vários objetos de natureza diferente. Em função disso podemos fazer o quadro dos dois polos: *[130]*

Nervo sensível	Tendência motora
Placa receptiva imóvel	Micromovimentos de expressão
Contorno rostificante	Traços de rostidade
Unidade refletora	Série intensiva
Wonder (admiração, espanto)	Desejo (amor-ódio)
Qualidade	Potência
Expressão de uma qualidade comum a várias coisas diferentes	Expressão de uma potência que passa de uma qualidade a outra

2

A caixa de Pandora, de Pabst, mostra até que ponto se passa de um polo ao outro numa sequência relativamente curta: inicialmente os dois rostos, de Jack e de Lulu, estão descontraídos, sorridentes, sonhadores, *wonderingly*; em seguida o rosto de Jack, por sobre o ombro de Lulu, vê a faca e entra numa série ascendente de terror ("*the fear becomes a paroxysm... his pupils grow wider and wider... the man gaps in terror...*"); enfim, o rosto de Jack se distende, Jack aceita seu destino e agora reflete a morte como qualidade comum à sua máscara de assassino, a disponibilidade da vítima e ao apelo irresistível do instrumento ("*the knife blade gleams...*").[3]

É certo que um dos polos prevalece neste ou naquele autor, mas sempre de uma maneira mais complexa do que poderia parecer de início. Eisenstein escreveu um texto célebre: "Foi a chaleira que começou..." (aí, diz ele, vocês reconhecem uma frase de Dickens, mas também um primeiro plano de Griffith: a chaleira nos olha).[4] Eisenstein analisa nesse texto sua própria diferença de Griffith do ponto de vista do primeiro plano ou da imagem-afecção. Ele afirma que o primeiro plano de Griffith é unicamente subjetivo, isto é, diz respeito às condições da visão do espectador, que permanece separado e se limita a um papel associativo ou antecipador. Ao passo que seus próprios *[131]* planos, dele, Eisenstein, são fundidos, objetivos e dialéticos, pois produzem uma nova qualidade, operam um salto qualitativo. Reconhecemos imediatamente a dualidade do rosto reflexivo e do rosto intensivo, e é verdade que Griffith privilegia um, e Eisenstein o outro. No entanto, a análise de Eisenstein é excessivamente sumária, ou melhor, parcial. Pois também há nele rostos-contornos de pensamento forte: a tsarina Anastásia, quando pressente a morte; Alexandre Niévski, herói pensativo por excelência. E, sobretudo em Griffith, já há série intensiva: num único rosto, quando, a partir de uma estupefação ou de um espanto global, a tristeza e o medo crescem e ganham diferentes traços (*Corações do mundo* [*Hearts of the World*, 1918], *O lírio partido*); ou até em vários rostos, quando os primeiros planos de combatentes vêm escandir o conjunto da batalha (*O nascimento de uma nação*).

É verdade que, em Griffith, esses rostos diversos não se sucedem imediatamente, e que seus primeiros planos alternam com

[3] Cf. Georg W. Pabst, *A caixa de Pandora*, col. Classic Film Scripts, Londres, Lorrimer, 1971, pp. 133-5 (em inglês no original).

[4] Serguei Eisenstein, *Film Form*, Meridian Books, 1957, pp. 195 ss. [ed. bras.: *A forma do filme*, tradução de Teresa Ottoni, Rio de Janeiro, Zahar, 2002].

planos de conjunto, de acordo com uma estrutura binária que ele preza (público-privado, coletivo-individual).[5] Nesse sentido, a novidade de Eisenstein não estaria em ter inventado o rosto intensivo, nem mesmo em ter constituído a série intensiva com vários rostos, vários primeiros planos. Estará antes em ter feito séries intensivas compactas e contínuas, que extravasam qualquer estrutura binária e ultrapassam a dualidade do coletivo e do individual. Elas atingem em vez disso uma nova realidade que se poderia denominar o Dividual, unindo diretamente uma reflexão coletiva imensa às emoções particulares de cada indivíduo, exprimindo, enfim, a unidade da potência e da qualidade.

Fica claro que um autor sempre privilegia um dos dois polos, rosto refletor ou rosto intensivo, mas se dá também os meios para alcançar o outro polo. Gostaríamos de considerar a esse respeito um outro par, o do expressionismo e da abstração lírica. Sem dúvida, tanto quanto o lirismo, o expressionismo se eleva até a abstração. Mas o caminho não é absolutamente o mesmo. O expressionismo é essencialmente o jogo intensivo da luz *[132]* com o opaco, com as trevas. A mistura de ambos é como a potência que consuma a queda das pessoas no buraco negro, ou sua ascensão para a luz. Essa fusão constitui uma série, seja sob a forma alternada de estrias ou de listras, seja sob a forma compacta, ascendente e descendente, de todos os graus de sombra que valem como cores. Sob ambos os aspectos, o rosto expressionista concentra a série intensiva, que abala seu contorno e arrasta seus traços. Assim, o rosto participa da vida não orgânica das coisas como primeiro polo do expressionismo. Rosto estriado, listrado, preso numa rede mais ou menos apertada, recolhendo os efeitos de uma persiana, de um fogo, de uma folhagem, de um sol através do bosque. Rosto vaporoso, nebuloso, enfumaçado, envolto num véu mais ou menos denso. A cabeça tenebrosa e sulcada de Átila em *Os Nibelungos*, de Lang. Mas no clímax da concentração, ou no

[5] Jacques Fieschi, "Griffith le précurseur", *Cinématographe*, nº 24, fev. 1977, p. 10 (esta revista consagrou os números 24 e 25 ao primeiro plano, com estudos sobre Griffith, Eisenstein, Sternberg e Bergman).

limite extremo da série, dir-se-ia que o rosto se entrega à luz indivisível ou à qualidade branca, como a inabalável reflexão de Kriemhilde. Ele reencontra seu contorno firme e passa para o outro polo, vida do espírito ou vida espiritual não psicológica. Os reflexos avermelhados que acompanhavam toda a série de graus de sombra se reúnem, formam uma auréola em volta do rosto que se tornou fosforescente, cintilante, brilhante, ser de luz. O brilho emana das sombras, passa-se da intensificação à reflexão. É certo que essa operação pode ainda ser obra do diabo, sob a forma infinitamente melancólica de um demônio que reflete as trevas, num círculo de chamas onde arde a vida não orgânica das coisas (o demônio do *Golem*, de Wegener, ou do *Fausto*, de Murnau). Mas também pode ser uma operação divina, quando o espírito se reflete em si, sob a forma de uma Gretchen salva por um sacrifício supremo, ectoplasma ou fotograma que se consumiria eternamente por si mesmo ao aceder à vida luminosa interior (em Murnau ainda, Ellen de *Nosferatu, o vampiro*, ou até Indre, de *Aurora*).

Em Sternberg a abstração lírica procede de modo completamente diferente. Sternberg é tão goethiano quanto os expressionistas, mas trata-se de um outro aspecto de Goethe. É o outro aspecto da teoria das cores: a luz não tem mais a ver com as trevas, e sim com o transparente, o translúcido *[133]* ou o branco. O livro traduzido em francês por *Souvenirs d'un montreur d'ombres* intitula-se, na verdade, *Drôleries dans une blanchisserie chinoise*.* Tudo se passa entre a luz e o branco. A genialidade de Sternberg é ter realizado a esplêndida fórmula de Goethe: "Entre a transparência e a opacidade branca existe um número infinito de graus de turvação [...] Poderíamos chamar de branco o brilho fortuitamente opaco do transparente puro".[6] Pois o branco é antes de tudo,

* *Fun in Chinese Laundry* (em francês, *Drôleries dans une blanchisserie chinoise*) é o livro de memórias de Joseph von Sternberg, traduzido em francês por *Souvenirs d'un montreur d'ombres*. Deleuze chama atenção para a perda, nessa tradução, da referência ao ato de "branquear". *Blanchisserie*: lavanderia, do verbo *blanchir*: clarear, branquear, lavar. A tradução francesa conservou a referência ao ato de branquear, clarear. (N. da T.)

[6] Goethe, *Théorie des couleurs*, Paris, Triades, 1973, § 495 [ed. bras.:

para Sternberg, o que circunscreve um espaço correspondente ao luminoso. E nesse espaço inscreve-se um primeiro plano-rosto que reflete a luz. Sternberg parte, portanto, do rosto reflexivo ou qualitativo. Em *A imperatriz vermelha* vê-se primeiro o rosto branco *wonder* da jovem que inscreve seu contorno no espaço estreito, delimitado por uma parede branca e pela porta branca que ela fecha. Mais tarde, porém, por ocasião do nascimento de seu filho, o rosto da jovem é captado entre o branco de um cortinado e o branco do travesseiro e dos lençóis onde descansa, chegando até a imagem espantosa, que parece produzida em vídeo, onde o rosto não passa de uma incrustação geométrica do cortinado. É que o próprio espaço branco é, por sua vez, circunscrito, reiterado por um véu ou uma rede que se superpõe e lhe confere um volume, ou melhor, o que se chama em oceanografia (mas também em pintura) uma profundidade rasa. Sternberg possui um grande conhecimento prático dos linhos, tules, musselines e rendas: dele tira todos os recursos de um branco sobre branco, no interior do qual o rosto reflete a luz. A propósito de *A saga de Anatahan* [*The Saga of Anatahan*, 1953], Claude Ollier analisou essa redução do espaço por abstração, essa compressão do lugar por artificialidade que define um campo operatório e nos conduz, por eliminação, do universo inteiro a um puro rosto de mulher.[7] Entre o branco do véu e o branco do fundo, o rosto se posta como um peixe e pode ir perdendo seu contorno em proveito de um *flou*, de um "desenfoque", sem nada perder de seu poder refletor. Chega-se a atmosferas de aquário, como em Borzage, outro defensor desta abstração lírica. As redes e os cortinados de Sternberg distinguem-se, portanto, profundamente dos *[134]* cortinados e redes expressionistas e seus *flous*, do claro-escuro destes últimos.

Não mais a luta da luz com as trevas, mas a aventura da luz com o branco — esse é o antiexpressionismo de Sternberg. Não se deve concluir que Sternberg se atenha apenas à qualidade pura e

Doutrina das cores, tradução de Marco Giannotti, São Paulo, Nova Alexandria, 2013].

[7] Claude Ollier, *Souvenirs écran*, Paris, Cahiers du Cinéma/Gallimard, 1971, pp. 274-95.

a seu aspecto refletor, e que ignore as potências ou as intensidades. Em belas páginas, Ollier mostra que quanto mais o espaço branco é fechado e exíguo, mais ele é precário, aberto às virtualidades do exterior. Como se diz em *Tensão em Xangai* [*The Shanghai Gesture*, 1941], "tudo pode acontecer a qualquer momento". Tudo é possível... Uma faca rasga a rede, um ferro incandescente fura o cortinado, um punhal traspassa o tabique de papel. O mundo fechado vai passar por séries intensivas de acordo com os raios, as pessoas e os objetos que o penetram. O afeto é feito desses dois elementos: a firme qualificação de um espaço branco, mas também a intensa potencialização do que nele vai ocorrer.

Evidentemente não se pode dizer que Sternberg ignora as sombras e a série de seus graus até as trevas. Simplesmente ele parte do outro polo, ou da reflexão pura. Desde *Docas de Nova York* [*The Docks of New York*, 1928], as fumaças são opacidades brancas das quais as sombras são apenas consequência — portanto, Sternberg sabe desde o início o que quer. Mais tarde, mesmo em *Macau* [*Macao*, 1952], onde os véus, as redes e também os chineses passaram para a sombra, o espaço continua determinado e distribuído pelos trajes brancos dos dois protagonistas. É que, para Sternberg, as trevas não existem por si mesmas: elas apenas marcam o lugar onde a luz estanca. E a sombra não é uma mistura, mas apenas um resultado, uma consequência que não se pode separar de suas premissas. Quais são essas premissas? É o espaço transparente, translúcido ou branco que acabamos de definir. Esse espaço conserva o poder de refletir a luz, mas adquire também um outro poder que é o de refratá-la, desviando os raios que o atravessam. O rosto que se posta nesse espaço reflete, portanto, uma parte da luz, mas refrata outra parte. De reflexivo, torna-se intensivo. Temos aí algo único na história do primeiro plano. O primeiro plano clássico garante uma reflexão parcial, na medida em que o rosto olha em direção diferente da câmera, forçando assim o espectador a relançar-se *[135]* sobre a superfície da tela. Também são conhecidos os belíssimos "olhares-câmera", como em *Mônica e o desejo* [*Sommaren med Monika*, 1952], de Bergman, que estabelecem uma reflexão total, e conferem ao primeiro plano uma lonjura que lhe é própria. Mas parece que Sternberg foi o único a fazer a reflexão parcial ser acompanhada por uma refração, graças ao meio translúcido ou branco que soube construir. Proust falava dos véus brancos, "cuja superposição não faz senão refratar mais ricamente o raio central e prisioneiro que os atravessa". Ao mesmo tempo em que os raios luminosos manifestam um desvio no espaço, o rosto, isto é, a imagem-afecção, sofre deslocamentos, relevos na profundidade rasa, sombreados nas bordas, e entra numa série intensiva se a figura deslizar rumo à borda escura ou, inversamente, se a borda deslizar rumo à figura clara. Os primeiros planos de *O expresso de Xangai* [*Shanghai Express*, 1932] constituem uma extraordinária série de variações pelas bordas. É o oposto do expressionismo do ponto de vista de uma pré-história da cor: em vez de uma luz que emana dos graus de sombra por acumulação do vermelho e emanação do brilho, temos uma luz que cria graus de sombra azul, e põe o brilho na sombra (assim, em *Tensão em Xangai*, as sombras que afetam no rosto a zona dos olhos).[8] Pode acontecer que Sternberg obtenha efeitos análogos aos do expressionismo, como em *O anjo azul* [*Der blaue Engel*, 1930]; mas é por simulação, com meios totalmente diversos, na medida em que a refração está muito mais próxima de um impressionismo, onde a sombra é sempre uma consequência. Não se trata apenas de uma paródia do expressionismo, mas, com mais frequência, de uma rivalidade, isto é, de uma produção dos mesmos efeitos por meio de princípios opostos.

3

Vimos os dois polos do afeto, potência e qualidade, e como o rosto passa necessariamente de um a outro, dependendo do caso. A esse respeito, o que compromete a integridade *[136]* do primeiro plano é a ideia de que ele nos apresenta um objeto parcial,

[8] Cf. Joseph von Sternberg, *Souvenirs d'un montreur d'ombres*, Paris, Robert Laffont, 1966, cap. 12, onde Sternberg expõe sua teoria da luz. *Cahiers du Cinéma*, nº 63, out. 1956, publicou uma versão mais completa deste texto sob o título goethiano de "Plus de lumière!".

destacado de um conjunto, ou arrancado a um conjunto do qual faria parte. O que convém à psicanálise e à linguística: a primeira porque acredita então descobrir na imagem uma estrutura do inconsciente (castração), a segunda porque acredita descobrir então nela um procedimento constitutivo da linguagem (sinédoque, *pars pro toto*). Quando os críticos aceitam a ideia do objeto parcial, veem no primeiro plano a marca de um fracionamento ou de um corte, dizendo-nos uns que é preciso reconciliá-lo com a continuidade do filme, enquanto para outros ele mostra, ao contrário, uma continuidade fílmica essencial. Mas, na verdade, o primeiro plano, o rosto-primeiro plano não tem nada a ver com um objeto parcial (exceto num caso que veremos posteriormente). Como Balázs já mostrava com muita precisão, o primeiro plano não arranca de modo nenhum seu objeto de um conjunto do qual faria parte, do qual seria uma parte, mas sim, o que é completamente diferente, *o abstrai de todas as coordenadas espaçotemporais*, isto é, eleva-o ao estado de Entidade. O primeiro plano não é uma ampliação, e se implica uma mudança de dimensão, trata-se de uma mudança absoluta. Mutação do movimento que deixa de ser translação para tornar-se expressão. "A expressão de um rosto isolado é um todo inteligível por si mesmo, não temos nada a lhe acrescentar por meio do pensamento, nem no que se refere ao espaço e ao tempo. Quando um rosto que acabamos de ver no meio de uma multidão é destacado do seu meio, ressaltado, é como se déssemos de repente de cara com ele. Ou ainda: se o vimos anteriormente num grande recinto, não pensaremos mais neste quando escrutamos o rosto em primeiro plano. Pois a expressão de um rosto e a significação dessa expressão não têm nenhum nexo ou vínculo com o espaço. Diante de um rosto isolado, não percebemos o espaço. Nossa sensação do espaço é abolida. Uma dimensão de outra ordem abre-se a nós."[9] É o que Epstein sugeria quando afirmava: este rosto de um covarde fugindo, assim que o vemos em primeiro plano, vemos a covardia em pessoa, vemos o "sentimento-coisa", a entidade.[10]

[9] Béla Balázs, *Le Cinéma*, Paris, Payot, 1979, p. 57.

[10] Jean Epstein, *Écrits*, vol. I, Paris, Seghers, 1974, pp. 146-7.

Se *[137]* é certo que a imagem de cinema é sempre desterritorializada, existe então uma desterritorialização muito especial própria à imagem-afecção. E quando Eisenstein criticava os outros, Griffith ou Dovjenko, recriminava-os por fracassarem às vezes em seus primeiros planos porque os deixavam conotados pelas coordenadas espaçotemporais de um lugar, de um momento, sem atingirem aquilo que ele próprio chamava de elemento "patético", apreendido no êxtase ou no afeto.[11]

O curioso é que Balázs recuse aos outros primeiros planos aquilo que acaba de conceder ao rosto — uma mão, uma parte do corpo ou um objeto permaneceriam irremediavelmente no espaço, tornando-se, portanto, primeiros planos apenas a título de objetos parciais. Isto implica desconhecer ao mesmo tempo a constância do primeiro plano através de suas variedades, e a força de qualquer objeto do ponto de vista da expressão. De início há uma grande variedade de primeiros planos-rostos. Ora contorno, ora traço; ora rosto único, ora vários; ora sucessivamente, ora simultaneamente. Eles podem comportar um fundo, especialmente no caso da profundidade de campo. Mas, em todos esses casos, o primeiro plano conserva o mesmo poder, o poder de arrancar a imagem das coordenadas espaçotemporais para fazer surgir o afeto puro enquanto exprimido. Até o lugar ainda presente ao fundo perde suas coordenadas, e se torna "espaço qualquer" (o que limita a objeção de Eisenstein). Um traço de rostidade é um primeiro plano, completo tanto quanto um rosto inteiro. É apenas um outro polo do rosto, e um traço exprime tanta intensidade quanto um rosto inteiro exprime qualidade. De modo tal que não cabe distinguir os primeiros planos dos primeiríssimos planos, ou dos *inserts*, que só mostrariam uma parte do rosto. Em muitos casos, também não cabe distinguir entre planos próximos, americanos e primeiros planos. E por que uma parte do corpo, queixo, estômago ou ventre

[11] Serguei Eisenstein, *Film Form*, pp. 241-2. Eisenstein mostra, por outro lado, que aquilo que ultrapassa o espaço e o tempo não deve ser considerado como "supra-histórico": cf. *La Non-indifférente Nature*, vol. I, col. 10-18, Paris, Union Générale d'Éditeurs, 1976, pp. 391-3.

seria mais parcial, mais espaçotemporal e menos expressiva que um traço de rostidade intensivo ou um rosto inteiro reflexivo? Que se veja a série de *kulaks* gordos em *A linha geral*, de Eisenstein. *[138]* E por que as coisas não poderiam ter expressão? Há afetos de coisas. O "lacerante", o "cortante", ou melhor, o "traspassante" da faca de Jack, o estripador é um afeto tanto quanto o pavor que varre seus traços e a resignação que finalmente se apodera de todo o seu rosto. Os estoicos mostravam que as próprias coisas eram portadoras de acontecimentos ideais que não se confundiam exatamente com suas propriedades, suas ações e reações: o cortante de uma faca...

O afeto é a entidade, isto é, a Potência ou a Qualidade. É um exprimido: o afeto não existe independentemente de algo que o exprima, embora dele se distinga inteiramente. O que ele exprime é um rosto ou um equivalente de rosto (um objeto rostificado); ou até mesmo uma proposição, como veremos mais tarde. Chama-se "ícone" o conjunto do exprimido e de sua expressão, do afeto e do rosto. Há, portanto, ícones de traço e ícones de contorno, ou melhor, todo ícone tem esses dois polos: é o signo de composição bipolar da imagem-afecção. A imagem-afecção é a potência ou a qualidade consideradas por si mesmas enquanto exprimidas. É certo que as potências e as qualidades podem existir ainda de modo inteiramente diverso: enquanto atualizadas, encarnadas em estados de coisas. Um estado de coisas comporta um espaço-tempo determinado, coordenadas espaçotemporais, objetos e pessoas, conexões reais entre todos esses dados. Num estado de coisas que as atualiza, a qualidade torna-se o *quale* de um objeto, a potência torna-se ação ou paixão, o afeto torna-se sensação, sentimento, emoção ou mesmo pulsão numa pessoa, o rosto torna-se caráter ou máscara da pessoa (é apenas desse ponto de vista que podem existir expressões mentirosas). Mas não nos encontramos mais então no campo da imagem-afecção, entramos no campo da imagem-ação. A imagem-afecção é, a seu modo, abstraída das coordenadas espaçotemporais que a reportariam a um estado de coisas, e abstrai o rosto da pessoa a qual pertence no estado de coisas.

C. S. Peirce, cuja importância para qualquer classificação das imagens e dos signos já sublinhamos, distinguia dois tipos de imagens que ele chamava de "primeiridade" *[139]* e "secundidade".[12] A secundidade, era onde havia dois por si mesmo. O que é, tal como é, relativamente a um segundo. Tudo o que só existe opondo-se por e num duelo pertence, portanto, à secundidade: esforço-resistência, ação-reação, excitação-resposta, situação-comportamento, indivíduo-meio... É a categoria do Real, do atual, do existente, do individuado. E a primeira figura da secundidade já é aquela em que as qualidades-potências tornam-se "forças", isto é, atualizam-se em estados de coisas particulares, espaços-tempos determinados, meios geográficos e históricos, agentes coletivos ou pessoas individuais. É aí que nasce e se desenvolve a imagem-ação. Mas por mais íntimas que sejam as misturas concretas, a primeiridade é uma categoria inteiramente diferente, que remete a um outro tipo de imagem, com outros signos. Peirce não esconde que a primeiridade seja difícil de definir, pois é mais sentida do que concebida — ela diz respeito ao novo na experiência, ao fresco, ao fugaz e, no entanto, eterno. Como veremos, Peirce fornece exemplos muito estranhos, mas que acabam chegando no seguinte: são qualidades ou potências consideradas por si mesmas, sem referência ao que quer que seja de diferente, independentemente de qualquer questão sobre sua atualização. É o que é tal como é por si mesmo e em si mesmo. É, por exemplo, um "vermelho" tão presente na proposição "isto *não é* vermelho" quanto em "é vermelho". Se quisermos, é uma consciência imediata e instantânea, tal como é pressuposta por toda consciência real que, esta, nunca é imediata nem instantânea. Não é uma sensação, um sentimento, uma ideia, mas a qualidade de uma sensação, de um sentimento ou de uma ideia possíveis. A primeiridade é, portanto, a categoria do Possível: ela dá uma consistência própria ao possível, ela exprime o possível sem o atualizar, embora faça dele um modo completo. Ora, a imagem-afecção é precisamente isto: a qualidade ou a potência, a potencialidade considerada por si mesma enquanto exprimida. O signo correspondente é, portanto, a expressão, não

[12] Cf. Charles S. Peirce, *Écrits sur le signe*, Paris, Seuil, 1978. Nesta edição reportar-nos-emos ao índice e aos comentários apresentados por Gérard Deledalle a respeito dessas duas noções.

a atualização. Maine de Biran já havia falado *[140]* de afecções puras, ilocalizáveis porque sem conexão com um espaço determinado, presentes unicamente sob a forma do "há..." porque sem correspondência com um eu (as dores de um hemiplégico, as imagens flutuantes ao adormecer, as visões da loucura).[13] O afeto é Impessoal, e se distingue de todo estado de coisas individuado: nem por isto deixa de ser *singular*, e pode entrar em combinações ou conjunções singulares com outros afetos. O afeto é indivisível e sem partes; mas as combinações singulares que forma com outros afetos constituem por sua vez uma qualidade indivisível, que só se dividirá mudando de natureza (o "dividual"). O afeto é independente de qualquer espaço-tempo determinado; nem por isso deixa de ser criado numa história que o produz como o exprimido e a expressão de um espaço ou de um tempo, de uma época ou de um meio (por isso o afeto é o "novo", e novos afetos estão sempre sendo criados, principalmente pela obra de arte).[14]

Em suma, os afetos, as qualidades-potências, podem ser apreendidos de duas maneiras: ou como atualizados num estado de coisas ou como exprimidos por um rosto, um equivalente de

[13] Cf. Maine de Biran, *Mémoire sur la décomposition de la pensée*. Trata-se de um aspecto muito importante e insólito do pensamento de Maine de Biran. Deledalle ressalta bem a influência de Biran sobre Peirce: Biran não é apenas o primeiro teórico da relação de ação "força-resistência", que corresponde à secundidade de Peirce, mas o inventor do conceito de afeição pura, que corresponde à primeiridade.

[14] Haveria aqui uma outra aproximação a ser feita. A fenomenologia destacou inicialmente, com Max Scheler, a noção de *a priori* material e afetivo. Em seguida, Mikel Dufrenne conferiu a esta noção uma extensão e um estatuto detalhado numa série de livros (*Phénoménologie de l'expérience esthétique*, vol. II, Paris, Presses Universitaires de France, 1967; *La Notion d'A-priori*, Paris, Presses Universitaires de France, 1959; *L'Inventaire des A-priori*, Paris, C. Bourgois, 1981), colocando o problema do nexo destes *a priori* com a história e com a obra de arte: em que sentido haveria *a priori* estéticos, em que sentido são eles, no entanto, criados — como este novo sentimento na sociedade ou aquela nuança de cor num piano? A fenomenologia e Peirce não chegaram a se encontrar. Parece-nos, no entanto, que a primeiridade de Peirce e o *a priori* material ou afetivo de Scheler e Dufrenne coincidem sob vários aspectos.

rosto ou uma "proposição". Ou seja: a secundidade e a primeiridade de Peirce. Todo conjunto de imagens é feito de primeiridades, secundidades e de muitas outras coisas mais. Mas, no sentido estrito, as imagens-afecções remetem apenas à primeiridade. *[141]*

É uma concepção fantasmática do afeto, que comporta riscos: "e quando ele chegou do outro lado da ponte, os fantasmas vieram ao seu encontro...". Habitualmente reconhecem-se no rosto três funções: ele é individuante (ele distingue ou caracteriza cada um), é socializante (manifesta um papel social) e é relacional ou comunicante (assegura não só a comunicação entre duas pessoas, mas também, numa mesma pessoa, o acordo interior entre seu caráter e seu papel). Pois bem, o rosto que efetivamente apresenta esses aspectos, tanto no cinema como fora dele, perde todos os três quando se trata de primeiro plano. Bergman é, sem dúvida, o autor que mais insistiu sobre o elo fundamental que une o cinema, o rosto e o primeiro plano: "Nosso trabalho começa com o rosto humano [...] A possibilidade de se aproximar do rosto humano é a originalidade primeira e a qualidade distintiva do cinema".[15] Uma personagem abandonou sua profissão, renunciou ao seu papel social; não pode mais ou não quer mais se comunicar, impõe-se um mutismo quase absoluto; perde até sua individuação, a ponto de adquirir uma estranha semelhança com o outro, uma semelhança por carência, por ausência. Com efeito, tais funções do rosto supõem a atualidade de um estado de coisas em que pessoas agem e percebem. A imagem-afecção vai fazê-las se dissolver, desaparecer. Estamos diante de um roteiro de Bergman.

Não há primeiro plano de rosto. O primeiro plano é o rosto, mas precisamente o rosto enquanto tendo desfeito sua tripla função. Nudez do rosto maior que a do corpo, inumanidade maior que a dos bichos. Já o beijo atesta a nudez integral do rosto e lhe inspira os micromovimentos que o resto do corpo esconde. Porém, mais ainda, o primeiro plano faz do rosto um fantasma, e o entrega aos fantasmas. O rosto é o vampiro e as cartas são seus morcegos, seus meios de expressão. Em *Luz de inverno* [*Nattvardsgästerna*, 1962], "enquanto o pastor lê a carta, a mulher, em plano

[15] Ingmar Bergman, em *Cahiers du Cinéma*, out. 1959.

aproximado, diz suas frases sem escrevê-las"; e, em *Sonata de outono* [*Herbstsonate*, 1978], "o texto da carta é repartido entre aquela que a escreve, seu marido que dela toma conhecimento, e o destinatário que ainda não a recebeu".[16] Os rostos *[142]* convergem, se apossam mutuamente de suas lembranças e tendem a se confundir. Em *Persona* [1966], é inútil se perguntar se são duas pessoas que se pareciam antes, ou que passam a se parecer, ou, ao contrário, uma única pessoa que se desdobra. Não é nada disso. O primeiro plano apenas impeliu o rosto até essas regiões onde o princípio de individuação deixa de reinar. Eles não se confundem porque se parecem, mas porque perderam a individuação, bem como a socialização e a comunicação. É a operação do primeiro plano. O primeiro plano não desdobra um indivíduo, assim como não reúne dois indivíduos — ele suspende a individuação. Então o rosto único e devastado une uma parte de um a uma parte de outro. A esta altura, ele não reflete nem sente mais nada, apenas experimenta um medo surdo. Ele absorve dois seres e os absorve no vazio. E no vazio ele é o próprio fotograma que queima, tendo o Medo por único afeto: o primeiro plano-rosto é ao mesmo tempo a face e seu apagar-se. Bergman foi quem levou mais longe o niilismo do rosto, isto é, seu nexo no medo com o vazio ou a ausência, o medo do rosto perante o seu nada. Em toda uma parte de sua obra, Bergman atinge o limite extremo da imagem-afecção, queima o ícone, consome e extingue o rosto tão certeiramente quanto Beckett.

Seria esse o caminho inevitável no qual nos engajava o primeiro plano como entidade? Os fantasmas nos ameaçam mais na medida que não provêm do passado. Kafka distinguia duas linhagens tecnológicas igualmente modernas: de um lado os meios de comunicação-translação, que asseguram nossa inserção e nossas conquistas no espaço e no tempo (navio, automóvel, trem, avião...); de outro os meios de comunicação-expressão, que suscitam os fantasmas em nosso caminho, e nos desviam para os afetos incoordenados, fora de coordenadas (as cartas, o telefone, o rádio, todos os "parlofones" e cinematógrafos imagináveis...). Não era uma

[16] Denis Marion, *Ingmar Bergman*, Paris, Gallimard, 1979, p. 37.

teoria, mas uma experiência cotidiana de Kafka: cada vez que se escreve uma carta, um fantasma bebe seus beijos antes que ela chegue, talvez antes que ela parta, tanto assim que já é preciso escrever outra.[17] Mas como fazer para que as *[143]* duas séries correlativas não terminem no pior, uma entregue a um movimento cada vez mais militar e policial, que conduz personagens-manequins a papéis sociais enrijecidos, a caracteres estanques, enquanto o vazio cresce na outra série, afetando os rostos sobreviventes com um único e mesmo medo? Já é o caso na obra de Bergman, até mesmo em seus aspectos políticos (*Vergonha* [*Skammen*, 1968], *O ovo da serpente* [*The Serpent's Egg*, 1977], *Angst*), mas também na escola alemã, que prolonga e renova o projeto desse cinema do medo. Dentro dessa perspectiva, Wenders tenta um transplante e uma reconciliação das duas linhagens: "tenho medo de ter medo". Há sempre nele uma série ativa onde os movimentos de translação se convertem e se permutam — trem, automóvel, metrô, avião, barco; e, interferindo incessantemente, sempre intercalada, uma série afetiva onde se buscam e se encontram os fantasmas expressivos, onde eles são suscitados com a tipografia, a fotografia, o cinematógrafo. A viagem iniciática de *No decurso do tempo* passa pelas máquinas de fantasmas da velha tipografia e do cinema ambulante. A viagem de *Alice nas cidades* [*Alice in den Städten*, 1974] é escandida por fotos polaroide, a ponto de as imagens do filme se extinguirem segundo o mesmo ritmo — até o momento em que a menina diz: "Você não tira mais fotografias?" —, mesmo com o risco de que os fantasmas assumam então outra forma.

Kafka sugeria que se fizessem misturas, que se colocassem as máquinas de fantasmas nos aparelhos de translação: o que era muito novo para a época — o telefone num trem, os rádios num barco, o cinema em avião.[18] Isso não é também a história inteira do cinema, a câmera sobre os trilhos, sobre a bicicleta, aérea etc.? E é o que Wenders pretende quando sustenta a penetração das duas séries em seus primeiros filmes. Mal ou bem, a imagem-afecção e

[17] Franz Kafka, *Lettres à Milena*, Paris, Gallimard, 1977, p. 260.

[18] Cf. as sugestões de Kafka nas suas *Lettres à Felice*, vol. I, Paris, Gallimard, 1972, p. 229.

a imagem-ação serão salvas, e uma pela outra... Mas não há ainda uma outra via pela qual a imagem-afecção se salvaria e faria recuar seu próprio limite (uma via esboçada em *O amigo americano* [*Der amerikanische Freund*, 1978], de Wenders)? Seria preciso que os afetos formassem combinações singulares, ambíguas, sempre recriadas, de modo tal que os rostos em conexão se afastassem uns dos *[144]* outros apenas o suficiente para não se confundirem e se apagarem. Por sua vez, seria preciso que o movimento extravasasse os estados das coisas, que traçasse linhas de fuga, apenas o suficiente para abrir no espaço uma dimensão de outra ordem, favorável a tais composições de afetos. Assim é a imagem-afecção: ela tem por limite o afeto simples do medo, e o apagar dos rostos no nada. Mas ela tem por substância o afeto composto pelo desejo e pelo espanto que lhe dá vida, e o desviar dos rostos no aberto, no vivo.[19]

[19] Um texto inédito de Michel Courthial, *Le Visage*, analisa a noção de entidade e todos os aspectos do rosto que dela decorrem primeiramente em função do Antigo Testamento (o apagar e o desviar, o fechado e o aberto), mas também em referência à arte, à literatura, à pintura e ao cinema.

Capítulo 7
A IMAGEM-AFECÇÃO: QUALIDADES, POTÊNCIAS, ESPAÇOS QUAISQUER
[145]

1

Há Lulu, a lâmpada, a faca de pão, Jack, o estripador: pessoas supostamente reais, com caracteres individuados e papéis sociais, objetos com seus usos, conexões reais entre esses objetos e essas pessoas — em suma, todo um estado das coisas atual. Mas há também o brilhante da luz sobre a faca, o gume da faca sob a luz, o terror, a resignação de Jack, o enternecimento de Lulu. Eis aí puras qualidades ou potencialidades singulares, puros "possíveis", de certo modo. Evidentemente as qualidades-potências dizem respeito às pessoas e aos objetos, ao estado de coisas, bem como às suas causas. Mas são efeitos muito especiais: todos juntos só remetem a si mesmos, e constituem o exprimido do estado de coisas, enquanto as causas, por sua vez, só remetem a si mesmas, constituindo o estado de coisas. Como diz Balázs, mesmo sendo causa da vertigem, o precipício não explica a expressão num rosto. Ou, se quisermos, ele a explica, mas não a torna compreensível: "o precipício sobre o qual alguém se debruça explica talvez sua expressão de pavor, mas não a cria. Pois a expressão existe até sem justificação, não se torna expressão porque a ela teríamos associado uma situação através do pensamento".[1] Evidentemente, também as qualidades-potências desempenham um papel antecipador, já que preparam o acontecimento *[146]* que vai se atualizar num estado das coisas e modificá-lo (a facada, a queda no precipício). Mas em si mesmas, enquanto exprimidas, elas já são o acontecimento em sua parte eterna, naquilo que Blanchot

[1] Béla Balázs, *L'Esprit du cinéma*, Paris, Payot, 1977, p. 131.

chama de "a parte do acontecimento que sua consumação não pode realizar".[2]

Sejam quais forem suas implicações mútuas, distinguimos, portanto, dois estados das qualidades potências, isto é, dos afetos: quando são atualizados num estado das coisas individuado e nas *conexões reais* correspondentes (com tal espaço-tempo, *hic et nunc*, tais caracteres, tais papéis, tais objetos); enquanto são exprimidos por si mesmos, fora das coordenadas espaçotemporais, com suas próprias singularidades ideais e suas *conjunções virtuais*. A primeira dimensão constitui o essencial da imagem-ação e dos planos médios; mas a outra dimensão constitui a imagem-afecção ou o primeiro plano. O afeto puro, o puro exprimido do estado de coisas, remete de fato a um rosto que o exprime (ou a vários rostos, ou o equivalente, ou a proposições). É o rosto, ou o equivalente, que acolhe e exprime o afeto como entidade complexa e assegura as conjunções virtuais entre pontos singulares desta entidade (o brilhante, o cortante, o terror, o enternecimento...).

Os afetos não têm a individuação das personagens e das coisas, mas nem por isso se confundem no indiferenciado do vazio. Eles têm singularidades que entram em conjunção virtual e constituem a cada vez uma entidade complexa. Como pontos de fusão, de ebulição, de condensação, de coagulação etc. Por isso os rostos que exprimem os afetos diversos, ou os pontos diversos de um mesmo afeto, não se confundem em um medo único que os extinguiria (o medo que apaga é apenas um caso-limite). O primeiro plano suspende efetivamente a individuação e, em seu ódio ao primeiro plano, Roger Leenhardt tem razão ao afirmar que ele faz todos os rostos se parecerem: todos os rostos não maquiados parecem-se com Falconetti, todos os maquiados com Garbo.[3] Convém lembrar que o próprio ator não se reconhece *[147]* no primeiro plano (de acordo com um testemunho de Bergman, "fizemos funcionar

[2] Maurice Blanchot, *L'Espace littéraire*, Paris, Gallimard, 1955, p. 161 [ed. bras.: *O espaço literário*, tradução de Álvaro Cabral, Rio de Janeiro, Rocco, 2011].

[3] Roger Leenhardt, citado por Pierre Lherminier, *L'Art du cinéma*, Paris, Seghers, 1960, p. 174.

a moviola e Liv disse: você viu, Bibi está pavorosa! E Bibi disse por sua vez: não, não sou eu, é você...”). Isso significa simplesmente que o rosto-primeiro plano não age nem através da individualidade de um papel ou de um caráter, nem mesmo através da personalidade do ator, pelo menos diretamente. E, no entanto, eles não são todos equivalentes. Se é da natureza de um rosto exprimir tais singularidades e não outras, é pela diferenciação de suas próprias partes materiais e por sua capacidade de fazer variar seus nexos: partes duras e partes macias, sombreadas e iluminadas, foscas e brilhantes, lisas e granulosas, angulosas e curvas etc. Portanto, é possível conceber-se que um rosto tenha mais que outros vocação para tal tipo de afetos ou de entidades. O primeiro plano faz do rosto a pura matéria do afeto, sua *hylé*. Donde esses estranhos casamentos cinematográficos em que a atriz empresta seu rosto e a capacidade material de suas partes, enquanto o diretor inventa o afeto ou a forma do exprimível que os tomam de empréstimo e os modelam.

Há, portanto, uma composição interna do primeiro plano, isto é, um enquadramento, uma decupagem e uma montagem propriamente afetivos. O que podemos chamar de composição externa é a conexão entre o primeiro plano e outros planos como com outros tipos de imagens. Mas a composição interna é a conexão do primeiro plano ou com outros primeiros planos ou consigo próprio, seus elementos e dimensões. Não há, aliás, grande diferença entre os dois casos: pode haver uma sucessão de primeiros planos, compacta ou com intervalos; mas um único primeiro plano também pode valorizar sucessivamente este ou aquele traço ou partes de rosto, e fazer-nos assistir às suas mudanças de relações. E um único primeiro plano pode reunir simultaneamente vários rostos, ou partes de rostos diferentes (e não apenas para um beijo). Ele pode, enfim, comportar um espaço-tempo, em profundidade ou em superfície, como se o tivesse arrancado das coordenadas de que se abstrai — carregando consigo um fragmento de céu, de paisagem ou de apartamento, um retalho de visão com a qual o rosto se compõe em potência ou qualidade. É como um curto-circuito do próximo e do longínquo. Primeiro plano de Eisenstein, o imenso perfil de Ivan, enquanto a multidão miniaturizada dos suplicantes opõe horizontalmente sua própria linha sinuosa aos ângulos agudos do nariz, *[148]* da barba e do crânio. Primeiro plano de Oliveira, os dois rostos do homem enquanto, em profundidade desta vez, o cavalo que subiu a escadaria prefigura os afetos do rapto amoroso e da cavalgada musical. Vimos, de fato, que não cabia distinguir o primeiríssimo plano, o primeiro plano e o plano próximo ou mesmo americano a partir do momento em que o primeiro plano seja definido não por suas dimensões relativas, mas por sua dimensão absoluta ou sua função, que é de exprimir os afetos como entidade. O que chamamos de composição interna do primeiro plano dirá então respeito aos seguintes elementos: a entidade complexa exprimida, com as singularidades que comporta; o ou os rostos que a exprimem, com estas ou aquelas partes materiais diferenciadas e tais relações variáveis entre as partes (um rosto se endurece ou se enternece); o espaço de conjunção virtual entre as singularidades, que tende a coincidir com o rosto ou que, ao contrário, o excede; o desviar-se do ou dos rostos, que abre e descreve este espaço...

Todos esses aspectos estão ligados. Em primeiro lugar, o desvio (*détournement*) não é o contrário do "virar-se para" (*rétourner*) Ambos são inseparáveis: um seria mais o movimento motor do desejo e o outro o movimento refletor da admiração. Como mostra Courthial, eles pertencem ao rosto conjuntamente, mas não se opõem um ao outro, opondo-se ambos à ideia de um rosto indiferenciado, morto e fixo, que apagaria todos os rostos e os levaria ao nada. Sempre que há rostos eles giram como planetas em torno do astro fixo, e, girando, não param de se desviar. Uma pequeníssima mudança de direção do rosto faz variar a conexão de suas partes duras e de suas partes macias, modificando assim o afeto. Mesmo um rosto sozinho tem um coeficiente de desvio e de virada para. É através do virar-se para/ desviar que o rosto exprime o afeto, seu aumento e a diminuição, enquanto o apagar-se ultrapassa o limiar de diminuição, mergulha o afeto no vazio e faz o rosto perder suas faces. Em *A caixa de Pandora*, de Pabst, o rosto de Jack desvia-se do rosto da mulher, modifica o afeto e o faz crescer numa outra direção, até a diminuição brutal no nada. O cinema de Bergman pode encontrar sua finalidade no apagar dos rostos: ele tê-los-á deixado viver o tempo de cumprir sua estranha revolução, mesmo vergonhosa *[149]* ou odiosa. A anciã exoftálmica é como o sol negro em torno do qual gira, mas se desviando, a heroína de *Face a face* [*Ansikte mot ansikte*, 1975]. A criada de *Gritos e sussurros* [*Viskningar och rop*, 1972] oferece seu grande rosto mole e mudo, mas as duas irmãs só sobrevivem girando em torno dele e se desviando uma da outra; e é o mútuo desvio que constitui também a sobrevivência das irmãs em *O silêncio* [*Tystnaden*, 1963], e a vida vacilante das duas protagonistas de *Persona*.[4] Até o momento glorioso em que os rostos que se desviaram reconquistam sua plena força, para além do nada e, girando em torno da múmia, vão entrar numa conjunção virtual que forma um afeto tão poderoso quanto uma arma atravessando o espaço, incendiando o estado de coisas injusto em vez de os queimar a eles, e restituindo vida à vida primeira sob as espécies de um rosto de hermafrodita e de um rosto de criança (*Fanny e Alexandre* [*Fanny och Alexander*, 1982]).

A entidade exprimida é o que a Idade Média chamava de *complexe significabile* de uma proposição, distinto do estado das coisas. O exprimido, isto é, o afeto, é complexo porque é composto de singularidades de toda sorte que ele ora reúne e nas quais ora se divide. É por isso que ele não para de variar e de mudar de natureza, de acordo com as reuniões que opera ou as divisões que sofre. Assim é o Dividual, aquilo que não aumenta nem diminui sem mudar de natureza. O que dá a unidade do afeto a cada instante é a conjunção virtual assegurada pela expressão, rosto ou proposição. O brilhante, o terror, o cortante, o enternecimento são qualidades e potências muito diferentes, que ora se reúnem, ora se separam. Uma delas é uma potência ou qualidade "de" sensação, a outra de sentimento, a outra de ação, e a outra, enfim, de estado. Dizemos "qualidade *de* sensação" etc., porque a sensação ou o sentimento etc. serão precisamente aquilo em que a qualidade-potência se atualizará. No entanto, a qualidade-potência não se confunde com o estado de coisas que a atualiza assim: o brilhante

[4] A propósito deste aspecto do primeiro plano em Bergman, cf. Claude Roulet, "Une Épure tragique", *Cinématographe*, nº 24. fev. 1977.

não se confunde com determinada sensação, nem o cortante com determinada ação. São puras possibilidades, que se verão efetivadas em determinadas condições pela sensação que nos dá a faca *[150]* sob a luz, ou pela ação produzida pela faca em nossa mão. Como diria Peirce, uma cor como o vermelho, um valor como o brilhante, uma potência como o cortante, uma qualidade como o duro ou o macio são de início possibilidades positivas que só remetem a si mesmas.[5] Do mesmo modo, elas tanto podem se separar umas das outras, como se reunir e remeter uma à outra, numa conjunção virtual que, por sua vez, não se confunde com o nexo real entre a lâmpada, a faca e as pessoas, embora essa conjunção se atualize aqui e agora nesta conexão. Devemos distinguir sempre as qualidades-potências em si mesmas, tal como exprimidas por um rosto, rostos ou equivalentes (imagem-afecção de primeiridade), dessas mesmas qualidades-potências, enquanto atualizadas num estado das coisas, num espaço-tempo determinado (imagem-ação de secundidade).

No filme afetivo por excelência, *A paixão de Joana d'Arc*, de Dreyer, todo um estado de coisas histórico subsiste, papéis sociais e caracteres individuais ou coletivos, conexões reais entre estes, Joana, o bispo, o inglês, os juízes, o reino, o povo, em suma, o processo. Mas há outra coisa, que não é exatamente eterno ou supra-histórico: é o *internal*, dizia Péguy.* Como dois presentes sempre se cruzando, dos quais um não acaba nunca de chegar, enquanto o outro já se deu. Péguy dizia ainda que passamos ao longo do

[5] Charles S. Peirce, *Écrits sur le signe*, Paris, Seuil, 1978, p. 43: "Há certas qualidades sensíveis como o valor do magenta, o odor da essência de rosa, o som de um apito da locomotiva, o sabor do quinino, a qualidade da emoção experimentada ao assistir a uma bela demonstração matemática, a qualidade do sentimento de amor etc. Não me refiro à impressão ao fazer neste momento a experiência desses sentimentos, seja diretamente, seja na memória ou na imaginação; isto é, a algo que implique estas qualidades como um de seus elementos. Refiro-me às próprias qualidades que, em si mesmas, constituem puros talvez não necessariamente realizados".

* Acolhi a tradução proposta pela edição portuguesa para o termo *internel* (*interne* + *éternel*). (N. da T.)

acontecimento histórico, mas que remontamos no interior do outro acontecimento: há muito que o primeiro se encarnou, mas o segundo continua a se exprimir, e até procura ainda uma expressão. O acontecimento é o mesmo, mas uma de suas partes se efetuou tão mais profundamente num estado de coisas quanto mais a outra é sempre irredutível a qualquer efetuação. *[151]* Esse mistério do presente em Péguy ou Blanchot, mas também em Dreyer e Bresson é a diferença entre o processo e a Paixão, no entanto inseparáveis. As causas ativas são determinadas no estado das coisas, mas o acontecimento propriamente dito, o afetivo, o efeito, excede suas próprias causas e só remete a outros efeitos, enquanto as causas por sua vez declinam. É a cólera *do* bispo, é o martírio *de* Joana d'Arc, mas dos papéis e das situações só se conservará o necessário para que o afeto se libere e opere suas conjunções, tal "potência" de cólera ou de astúcia, tal "qualidade" de vítima e de mártir. Extrair a Paixão do processo, extrair do acontecimento esta parte inesgotável e fulgurante que extravasa sua própria atualização, "o cumprimento que jamais se cumpre propriamente". O afeto é como o exprimido do estado das coisas, mas esse exprimido não remete ao estado das coisas, só remete aos rostos que o exprimem e que, compondo-se ou se separando, lhe conferem uma matéria própria movente. Composto de primeiros planos curtos, o filme tomou como objeto essa parte do acontecimento que não se deixa atualizar num meio determinado.

O importante é também a adequação dos meios técnicos a esse objetivo. O enquadramento afetivo procede por meio de *primeiros planos cortantes*. Ora lábios ululantes ou escárnios desdentados são talhados na massa do rosto. Ora o quadro corta um rosto horizontalmente, verticalmente, ou de viés, obliquamente. E os movimentos são cortados durante o seu curso, os *raccords sistematicamente falsos*, como se fosse preciso quebrar conexões excessivamente reais ou demasiadamente lógicas. Também o rosto de Joana é muitas vezes rechaçado para a parte inferior da imagem, de tal modo que o primeiro plano arrebata um fragmento de cenário branco, uma zona vazia, um espaço de céu onde ela colhe uma inspiração. Extraordinário documento sobre o virar-se para e o desviar dos rostos. Esses quadros cortantes correspondem à noção de "desenquadramento", proposta por Bonitzer para designar ângulos insólitos que não se justificam completamente do ponto de vista das exigências da ação ou da percepção. Dreyer evita o procedimento do campo-contracampo que manteria para cada rosto uma conexão real com o outro, e que ainda faria parte de uma imagem-ação; ele prefere isolar cada rosto num primeiro plano preenchido apenas em parte, de tal modo que a posição à direita ou à esquerda induz diretamente uma *[152]* conjunção virtual que não precisa mais passar pela conexão real entre as pessoas.

Por sua vez, a decupagem afetiva procede através do que o próprio Dreyer chamava de "primeiros planos corrediços". É sem dúvida um movimento contínuo por meio do qual a câmera passa do primeiro plano ao plano médio ou geral, mas é sobretudo uma maneira de tratar o plano médio e o plano geral *como* primeiros planos, por ausência de profundidade ou supressão da perspectiva. Não se trata mais de plano próximo, mas qualquer plano pode assumir o estatuto de primeiro plano — as distinções herdadas do espaço tendem a desaparecer. Ao suprimir a perspectiva "atmosférica", Dreyer faz triunfar uma perspectiva propriamente temporal ou mesmo espiritual: esmagando a terceira dimensão, ele coloca o espaço de duas dimensões em conexão imediata com o afeto, com uma quarta e quinta dimensões, Tempo e Espírito. É verdade que, em princípio, o primeiro plano pode conquistar ou anexar o que está mais ao fundo, através de profundidade de campo. Mas não é o que ocorre com Dreyer, para quem a profundidade, quando se abre, marca antes o apagar-se de uma personagem. Nele, ao contrário, é a negação da profundidade e da perspectiva, é a planura ideal da imagem, que vai permitir a assimilação do plano médio ou geral a um primeiro plano, a equivalência de um espaço ou de um fundo branco com o primeiro plano, não só num filme como *A paixão de Joana d'Arc* — onde predominam os primeiros planos, mas até e sobretudo nos filmes onde estes não predominam mais, não precisam mais predominar, tendo "fluído" tão bem que impregnam antecipadamente todos os outros planos. Tudo está pronto então para a montagem afetiva, isto é, para as relações entre cortantes e fluentes, que vão transformar todos os planos em casos particulares de primeiros planos e inscrevê-los ou conjugá-los sobre a planura de um único plano sequência, por direito ilimitado (tendência em *A palavra* [*Ordet*, 1955] e *Gertrud* [1964]).[6] *[153]*

2

Embora o primeiro plano extraia o rosto (ou seu equivalente) de qualquer coordenada espaçotemporal, ele pode trazer consigo um espaço-tempo que lhe é próprio, um retalho de visão — céu, paisagem ou fundo. E ora é a profundidade de campo que confere ao primeiro plano um fundo, ora, ao contrário, é a negação da perspectiva e da profundidade que assimila o plano médio a um primeiro plano. Mas se o afeto talha assim para si um espaço, por que não poderia fazê-lo mesmo sem rosto e independentemente do primeiro plano, independentemente de qualquer referência ao primeiro plano?

Tomemos *O processo de Joana d'Arc* [*Le Procès de Jeanne d'Arc*, 1962], de Bresson. Jean Sémoulé e Michel Esteve marcaram bem as diferenças e semelhanças com a *Paixão* de Dreyer. A grande semelhança é que se trata do afeto como entidade espiritual complexa: o espaço branco das conjunções, reuniões e divisões, a parte do acontecimento que não se reduz ao estado de coisas, o mistério desse presente recomeçado. No entanto, o filme é feito principalmente de planos médios, de campos e contracampos; e Joana é captada mais no seu processo que na sua Paixão, mais como prisioneira que resiste do que como vítima e mártir.[7] Evidentemente, se é verdade que esse processo exprimido não se confunde com o processo histórico, ele é propriamente Paixão, tanto em

[6] A propósito de todos esses pontos: enquadramento, decupagem e montagem em Dreyer, cf. Philippe Parrain e outros, *Dreyer, cadres et mouvements*, col. Études Cinématographiques, Paris, Minard, 1967. E *Cahiers du Cinéma*, nº 65, 1956: "Réflexions sur mon métier", onde Dreyer reivindica a "supressão" das noções de primeiro plano, plano médio e plano de fundo.

[7] Cf. os artigos de Jean Sémoulé e de Michel Esteve em *Jeanne d'Arc à l'écran*, col. Études Cinématographiques, Paris, Minard, 1962.

Bresson quanto em Dreyer, e entra em conjunção virtual com a Paixão de Cristo. Mas, em Dreyer, a Paixão aparecia sob o modo do "extático", e passava pelo rosto, sua exaustão, seu desvio, seu afrontamento do limite. Enquanto, em Bresson, ela é em si mesma "processo", isto é, *estação*, marcha e caminhada (*Diário de um pároco de aldeia* [*Journal d'un Curé de campagne*, 1951] acentua esse aspecto de estações numa *via crucis*). É a construção de um espaço de valor tátil, pedaço por pedaço, e onde a mão acaba assumindo a função diretora que lhe cabe em *Pickpocket* [1959], destronando o rosto. A lei desse espaço é "fragmentação".[8] As mesas e as portas não são mostradas por inteiro. O quarto de Joana e a *[154]* sala do tribunal, a cela do condenado à morte não são mostradas em planos de conjunto, mas apreendidos sucessivamente segundo *raccords* que fazem deles uma realidade fechada a cada vez, mas até o infinito. Donde o papel especial dos desenquadramentos. O próprio mundo exterior não aparece, portanto, diferente de uma cela, como a floresta-aquário de *Lancelot do Lago* [*Lancelot du Lac*, Robert Bresson, 1974]. É como se o espírito esbarrasse em cada parte como num ângulo fechado, mas gozasse de uma liberdade manual na junção das partes. Com efeito, a junção das partes vizinhas pode ser feita de várias maneiras, e depende de novas condições de velocidade e de movimento, de valores rítmicos, que se opõem a qualquer determinação prévia. "Uma nova dependência..." Longchamp, a estação de Lyon, em *Pickpocket* são vastos espaços de fragmentação transformados segundo *raccords* rítmicos que correspondem aos afetos do ladrão. A perdição e a salvação estão em jogo num tabuleiro amorfo, cujas partes sucessivas esperam de nossos gestos, ou antes, do espírito, a conexão que lhes falta. Até o espaço escapou de suas próprias coordenadas, assim como de suas relações métricas. É um espaço tátil. Desse

[8] Robert Bresson, *Notes sur le cinématographe*, Paris, Gallimard, 1975, pp. 95-6 [ed. bras.: *Notas sobre o cinematógrafo*, tradução de Evaldo Mocarzel, São Paulo, Iluminuras, 2008]: "A respeito da FRAGMENTAÇÃO: ela é indispensável se não quisermos cair na REPRESENTAÇÃO. Ver os seres e as coisas em suas partes separáveis. Isolar estas partes. Torná-las independentes a fim de lhes conferir uma nova dependência".

modo Bresson pode alcançar um resultado que em Dreyer era apenas indireto. O afeto espiritual não é mais exprimido por um rosto, e o espaço não precisa mais sujeitar-se ou ser assimilado a um primeiro plano, ser tratado como um primeiro plano. O afeto é agora diretamente apresentado em plano médio, num espaço capaz de lhe corresponder. E o célebre tratamento das vozes por Bresson, as vozes brancas, não marca apenas uma ascensão do discurso indireto livre em toda a expressão, mas também uma potencialização do que se passa e se exprime, uma adequação do espaço ao afeto exprimido como potencialidade pura.

O espaço não é mais este ou aquele espaço determinado, tornou-se *espaço qualquer* segundo um termo de Pascal Augé. É claro que Bresson não inventa os espaços quaisquer, embora os construa a seu modo e a sua maneira. Augé preferiria buscar a sua fonte no cinema experimental. Mas poder-se-ia dizer, igualmente, que eles são tão velhos quanto *[155]* o cinema. Um espaço qualquer não é um universal abstrato, em qualquer tempo, em qualquer lugar. É um espaço perfeitamente singular que apenas perdeu sua homogeneidade, isto é, o princípio de suas relações métricas ou a conexão de suas próprias partes, de modo tal que as ligações podem se dar de uma infinidade de modos. É um espaço de conjunção virtual, apreendido como puro lugar do possível. O que a instabilidade, a heterogeneidade, a ausência de ligação de um tal espaço manifestam, na verdade, é uma riqueza em potenciais ou singularidades, que são como que as condições prévias a qualquer atualização, a qualquer determinação. É por isso que quando definimos a imagem-ação pela qualidade ou potência enquanto atualizadas num espaço determinado (estado das coisas), não basta lhe opor uma imagem-afecção que reporta as qualidades e as potências ao estado pré-atual que elas assumem num rosto. Dizemos agora que há duas espécies de signos de imagem-afecção, ou duas figuras da primeiridade: *por um lado, a qualidade-potência exprimida por um rosto ou um equivalente; mas, por outro, a qualidade-potência exposta num espaço qualquer*. E talvez a segunda seja mais fina que a primeira, mais apta a liberar o nascimento, o encaminhamento e a propagação do afeto. É que o rosto continua sendo uma unidade considerável cujos movimentos, como observava Descartes, exprimem afecções compostas e mistas. O célebre efeito Kuliechóv se explica menos pela associação do rosto com um objeto variável do que por uma equivocidade de suas expressões, que sempre condizem com diferentes afetos. Em contrapartida, assim que abandonamos o rosto e o primeiro plano, assim que consideramos planos complexos que extrapolam a distinção excessivamente simples entre primeiro plano, plano médio e plano de conjunto, parece que estamos entrando num "sistema de emoções" muito mais sutil e diferenciado, menos fácil de identificar, próprio a induzir afetos não humanos.[9] Tanto assim *[156]* que ocorrerá com a imagem-afecção o mesmo que ocorre com a imagem-percepção: ela terá por sua vez dois signos, dos quais um seria apenas um signo de composição bipolar, e o outro um signo genético ou diferencial. O espaço qualquer seria o elemento genético da imagem-afecção.

A jovem esquizofrênica experimenta seus "primeiros sentimentos de irrealidade" diante de suas imagens: a de um companheiro que se aproxima e cujo rosto cresce exageradamente (dir-se-ia um leão); a de um campo de trigo que se torna ilimitado, "imensidão amarela esfuziante".[10] Se nos referimos aos termos de Peirce, designaremos como segue os dois signos da imagem-afecção: *ícone*, para a expressão, através de um rosto, de uma qualidade-potência, *qualissigno* (ou *potissigno*) para a sua apresentação num espaço qualquer. Certos filmes de Joris Ivens nos dão uma ideia do que seja um qualissigno: "*Chuva* [*La Pluie*, 1929] não é uma chuva determinada, concreta, que caiu em algum lugar. Essas impressões visuais não são unificadas por representações espaciais ou temporais. O que é aqui espiado com a mais delicada

[9] É uma das teses essenciais do livro de Pascal Bonitzer, *Le Champ aveugle*, Paris, Cahiers du Cinéma/Gallimard, 1982: a partir do momento em que as distinções excessivamente simples são ultrapassadas e que os planos tornam-se "ambíguos" ou mesmo "contraditórios" (o que já era eminentemente o caso de Dreyer), o cinema conquista um novo sistema, não apenas de percepção, mas de emoção.

[10] Marguerite A. Sechehaye, *Journal d'une schizophrène*, Paris, Presses Universitaires de France, 1970, pp. 3-5.

sensibilidade não é o que a chuva realmente é, mas o modo como aparece quando, silenciosa e contínua, goteja de folha em folha, quando o espelho do tanque se arrepia, quando uma gota solitária busca, hesitando, seu caminho sobre a vidraça, quando a vida de uma cidade grande se reflete no asfalto molhado... E mesmo quando se trata de um objeto único, como *A ponte* [*De Brug*, 1928] de Roterdã, esta construção metálica se dissolve em imagens materiais, enquadradas de mil maneiras diferentes. O fato de que essa ponte possa ser vista de múltiplas maneiras torna-a, por assim dizer, irreal. Ela não nos aparece como criação de engenheiros visando um objetivo determinado, mas como uma curiosa série de efeitos ópticos. São variações visuais sobre as quais dificilmente um trem de carga trafegaria...".[11] Não é um conceito de ponte, mas também não é o estado de coisas individuado definido por sua forma, sua matéria metálica, seus usos e funções. É uma potencialidade. A montagem rápida de setecentos planos faz com que as vistas diferentes possam se ligar de uma infinidade de *[157]* maneiras e, não estando orientadas umas relativamente às outras, constituam o conjunto das singularidades que se conjugam no espaço qualquer em que essa ponte aparece como pura qualidade, esse metal como pura potência, a própria Roterdã como afeto. E a chuva também não é o conceito de chuva, nem o estado de um tempo e de um lugar chuvoso. É um conjunto de singularidades que apresenta a chuva tal como ela é em si, pura potência ou qualidade que conjuga sem abstração todas as chuvas possíveis, e compõe o correspondente espaço qualquer. É a chuva como afeto, e nada se opõe mais a uma ideia abstrata ou geral, embora não esteja atualizada num estado de coisas individual.

3

Como construir um espaço qualquer (em estúdio ou no exterior)? Como extrair um espaço qualquer de um dado estado de

[11] Béla Balázs, *Le Cinéma*, Paris, Payot, 1979, p. 167 (e *L'Esprit du cinéma*, p. 205).

coisas, de um espaço determinado? O primeiro recurso foi a sombra, as sombras: um espaço cheio de sombras ou coberto de sombras torna-se um espaço qualquer. Vimos como o expressionismo opera com as trevas e a luz, o fundo negro opaco e o princípio luminoso: as duas potências se acoplam, se abraçam como lutadores, e conferem ao espaço uma profundidade vigorosa, uma perspectiva acusada e deformada que serão preenchidas por sombras, seja na forma de todos os graus do claro-escuro, seja na forma das estrias alternantes e contrastadas. Mundo "gótico" que submerge ou quebra os contornos, que dota as coisas de uma vida não orgânica, na qual elas perdem sua individualidade, e que potencializa o espaço, fazendo dele algo ilimitado. A profundidade é o lugar da luta que ora atrai o espaço para o sem-fundo de um buraco-negro, ora o puxa para a luz. E, evidentemente, pode ocorrer, em contrapartida, que a personagem se torne estranha e terrivelmente achatada, contra o fundo de um círculo luminoso, ou então que sua sombra perca toda a espessura, por meio de contraluz e contrafundo branco; mas é por uma "inversão dos valores claros e escuros", por uma inversão de perspectiva *[158]* que traz a profundidade para a frente.[12] A sombra exerce então toda a sua função antecipadora, e apresenta no estado mais puro o afeto de Ameaça, como a sombra de *Tartufo*, a de *Nosferatu, o vampiro*, ou a do sacerdote sobre os amantes adormecidos em *Tabu* [*Tabu*, F. W. Murnau, 1931]. A sombra se prolonga até o infinito. Ela determina assim conjunções virtuais que não coincidem com o estado de coisas ou a posição das personagens que a produzem: em *O mostrador de sombras* [*Schatten — Eine nächtliche Halluzination*, 1923], de Arthur Robinson, duas mãos se entrelaçam apenas através do prolongamento de suas sombras, uma mulher é acariciada apenas pe-

[12] Michel Bouvier e Jean-Louis Leutrat analisaram estes diferentes procedimentos de Murnau: *Nosferatu*, Paris, Cahiers du Cinéma/Gallimard, 1981, pp. 56-8, 135-7, 149-51. A propósito do papel das sombras no expressionismo, cf. Lotte Eisner, *L'Écran démoniaque*, col. Encyclopédie du Cinéma, Paris, Éditions André Bonne, 1952, cap. 8 [ed. bras.: *A tela demoníaca: as influências de Max Reinhardt e do expressionismo*, tradução de Lúcia Nagib, São Paulo, Paz e Terra, 2002] (L. Eisner analisa particularmente *Schatten — Eine Nächtliche Halluzination* [*O mostrador de sombras*]).

la sombra das mãos de seus admiradores sobre a sombra de seu corpo. Esse filme desenvolve livremente as conjunções virtuais, mostrando até o que ocorreria se os papéis, os caracteres e os estados das coisas afinal não se furtassem à atualização do afeto-ciúme: ele torna o afeto mais independente ainda do estado de coisas. No espaço neogótico dos filmes de terror, Terence Fisher leva muito longe essa autonomia da imagem-afecção quando faz Drácula morrer pregado ao solo, mas em conjunção virtual com as asas de um moinho em chamas que projetam a sombra de uma cruz no lugar exato do sacrifício *As noivas do vampiro* [*Brides of Dracula*, 1960].

A abstração lírica é um outro processo. Vimos que ela se define pelo nexo da luz com o branco, mas que a sombra conserva aí um papel importante, embora muito diferente de seu papel no expressionismo. É que o expressionismo desenvolve um princípio de oposição, de conflito ou de luta: luta do espírito com as trevas. Ao passo que, para os adeptos da abstração lírica, o ato do espírito não é uma luta, mas uma alternativa, um "ou... ou..." fundamental. A sombra não é mais, consequentemente, um prolongamento ao infinito ou, no limite, uma inversão. Ela não prolonga mais até o infinito um estado de coisas mas vai, antes, exprimir uma alternativa entre o próprio estado de coisas e a possibilidade, a virtualidade que o ultrapassa. Assim, Jacques Tourneur rompe com a tradição gótica do *[159]* filme de terror; seus espaços pálidos e luminosos, suas noites sobrefundo claro fazem dele um representante da abstração lírica. Na piscina de *Sangue de pantera* [*Cat People*, 1942], o ataque é visto apenas nas sombras do muro branco: é a mulher que virou leopardo (conjunção virtual), *ou* é apenas o leopardo que escapou (conexão real)? E em *A morta-viva* [*I Walked with a Zombie*, 1943] é uma morta-viva a serviço da sacerdotisa, ou uma pobre moça influenciada pela missionária?[13]

[13] Reportar-nos-emos, a esse respeito, ao artigo de Jacques Tourneur no dicionário de Jean-Marie Sabatier, *Les Classiques du cinéma fantastique*, Paris, Balland, 1973. Esta tendência "alternativa" do cinema de terror, por oposição à tendência gótica, não é independente do produtor Lewton e da RKO (cf. Sabatier).

Não é de espantar que sejamos levados a citar representantes muito diferentes dessa "abstração lírica": eles não são mais diferentes do que os expressionistas entre si, e a diversidade dos seus partidários jamais foi um empecilho para a consistência de um conceito. Com efeito, o que nos parece essencial na abstração lírica é que o espírito não é capturado num combate, mas é preso de uma alternativa. Tal alternativa pode apresentar-se sob uma forma estética ou passional (Sternberg), ética (Dreyer) ou religiosa (Bresson), ou até intervir entre essas diferentes formas. Por exemplo, em Sternberg, a escolha que a heroína deve fazer entre uma andrógina branca ou cintilante, gelada, e uma mulher apaixonada ou mesmo conjugal só pode aparecer explicitamente em certas ocasiões (*Marrocos* [*Morocco*, 1930], *A vênus loira* [*Blonde Venus*, 1932], *O expresso de Xangai* [*Shangai Express*, 1932]), mas não deixa de estar presente em toda a obra: *A imperatriz vermelha* comporta um único primeiro plano dotado de sombra, e é precisamente aquele em que a princesa renuncia ao amor e opta pela fria conquista do poder. Enquanto a heroína de *A vênus loira* renuncia, ao contrário, ao *smoking* branco para reencontrar o amor conjugal e maternal. E por serem essencialmente sensuais, as alternativas de Sternberg não são menos alternativas do espírito do que aquelas, aparentemente suprassensuais, de Dreyer ou de Bresson.[14] De qualquer modo, *[160]* trata-se exclusivamente de paixão ou de afeto, na medida em que, segundo o termo de Kierkegaard, a fé também é uma questão de paixão, de afeto, e mais nada.

De sua conexão essencial com o branco, a abstração lírica tira, portanto, duas consequências que reforçam sua diferença com o expressionismo: uma alternância dos termos em vez de uma oposição; uma alternativa, uma opção do espírito, em vez de uma luta ou de um combate. Por um lado, tem-se a alternância branco-preto: o branco que captura a luz, o preto, lá onde a luz estanca,

[14] Em seu artigo em *Arts*, nº 755, 30/12/1959, Louis Malle insistiu sobre os elementos sensuais da obra de Bresson, especialmente em *Pickpocket*. Inversamente, poder-se-ia propor uma interpretação espiritualista de Sternberg, especialmente em função de *O expresso de Xangai* (cf. a grande cena da oração).

e às vezes o meio-tom, o cinza como indiscernibilidade que forma um terceiro termo. As alternâncias se estabelecem de uma imagem a outra ou na mesma imagem. Em Bresson, são alternâncias rítmicas como no *Diário de um pároco de aldeia*, ou até em *Lancelot*, entre o dia e a noite. Em Dreyer, as alternâncias atingem uma elevada composição geométrica, como se fosse uma "construção tonal" e um ladrilhamento do espaço (*Dies Irae* [1943] e *A palavra*). Por outro lado, a alternativa do espírito parece corresponder efetivamente à alternância dos termos — o bem, o mal e a incerteza ou a indiferença, mas de um modo muito misterioso. Não é certo, com efeito, que seja "preciso" escolher o branco. Em Dreyer e em Bresson o branco celular e clínico tem um caráter aterrorizante, monstruoso, tão aterrorizante e monstruoso quanto o branco gelado de Sternberg. O branco que em *A imperatriz vermelha* implica uma renúncia cruel aos valores da intimidade que *A vênus loira* reencontra, ao contrário, ao renunciar ao branco. São os mesmos valores da intimidade que a heroína de *Dies Irae* encontra por um momento na sombra indiscernível, em vez do branco presbiteriano. O branco que aprisiona a luz não é melhor que o negro, que continua lhe sendo estranho. Em última análise, a alternativa do espírito nunca se apoia diretamente na alternância dos termos, apesar de esta lhe servir de base.[15] De Pascal a Kierkegaard desenvolveu-se uma ideia muito interessante: a alternativa não se apoia nos termos da escolha e sim nos modos de existência daquele que escolhe. É que há escolhas que só podem ser feitas se *[161]* estivermos convencidos de que não há escolha, seja em virtude de uma necessidade moral (o bem, o dever), ou em virtude de uma necessidade física (o estado de coisas, a situação), ou em virtude de uma necessidade psicológica (o desejo que se tem de alguma coisa). A escolha espiritual se faz entre o modo de existência daquele que escolhe, desde que não saiba que escolhe, e o modo de existência daquele que sabe que se trata de escolher. É como se

[15] A respeito das alternâncias e das alternativas do espírito encontram-se muitos elementos de análise em Philippe Parrain, a propósito de Dreyer (*Dreyer, cadres et mouvements*) e em Michel Estève a propósito de Bresson (*Robert Bresson*, Paris, Seghers, 1962).

houvesse uma escolha da escolha *ou* da não escolha. Se tomo consciência da escolha, já há, portanto, escolhas que não posso mais fazer e modos de existência que não posso mais levar, todos aqueles que levava sob condição de que me persuadisse de que "não havia escolha". A aposta de Pascal não diz outra coisa: a alternância dos termos é efetivamente a afirmação da existência de Deus, sua negação e sua suspensão (dúvida, incerteza); mas a alternativa do espírito está alhures, está entre o modo de existência daquele que "aposta" que Deus existe e o modo de existência daquele que aposta na não existência, ou que não quer apostar. Segundo Pascal, só o primeiro tem consciência de que se trata de escolher; os outros dois só podem fazer sua escolha se não souberem do que se trata. Em suma, a escolha como determinação espiritual não tem outro objeto senão ela própria: eu escolho escolher, e por isso mesmo excluo toda escolha feita a modo de não ter escolha. Isto será também o essencial do que Kierkegaard chama de "alternativa" e Sartre, na sua versão ateia, de "escolha".

De Pascal a Bresson, de Kierkegaard a Dreyer pode ser traçada toda uma linha de inspiração. Nos autores da abstração lírica há uma série rica de personagens que *são* tantos outros modos concretos de existência. Há os homens brancos de Deus, do Bem e da Virtude, os "devotos" de Pascal, tirânicos, talvez hipócritas, guardiães da ordem em nome de uma necessidade moral ou religiosa. Há os homens cinzentos da incerteza (como o herói de *A estranha aventura de David Grey* [*Vampyr*, 1932] em Dreyer, ou o Lancelot de Bresson, ou mesmo *Pickpocket*, para o qual um dos títulos previstos era precisamente *Incerteza*). Há as criaturas do mal, numerosas em Bresson (a vingança de Helena em *As damas do Bois de Boulogne* [*Les Dames du Bois de Boulogne*, 1945], a maldade de Gérard em *A grande testemunha* [*Au hasard Balthazar*, 1966], os furtos de *Pickpocket*, os crimes de Yvon em *O dinheiro* [*L'Argent*, 1983]). E, em seu extremo jansenismo, Bresson mostra a mesma infâmia *[162]* do lado das boas obras, isto é, do lado do mal e do bem: em *O dinheiro*, o devoto Lucien só exercerá a caridade em função do falso testemunho e do furto que ele se deu como condição, enquanto Yvon só se lança no crime a partir da condição do outro. Dir-se-ia que o homem de bem começa necessariamente lá onde o homem do mal acaba. Mas por que não haveria, em vez de uma escolha do mal que ainda seria desejo, uma escolha "pelo" mal com absoluto conhecimento de causa? A resposta de Bresson é a mesma do Mefisto, de Goethe: nós, os diabos ou vampiros, somos livres para o primeiro ato, mas já escravos no segundo. É o que diz (não tão bem) o bom senso, exatamente como o comissário de *Pickpocket*: "Não se para mais", você escolheu uma situação que já não lhe permite escolher. É nesse sentido que os três tipos de personagens precedentes fazem parte da falsa escolha, dessa escolha que só se faz se negarmos que há escolha (ou que ainda há escolha). Compreendemos de imediato, do ponto de vista da abstração lírica, o que é a escolha, a consciência da escolha como firme determinação espiritual. Não é a escolha do Bem, tampouco a do Mal. É uma escolha que não se define por aquilo que escolhe, mas pela potência que possui de poder recomeçar a cada instante, de recomeçar a si mesma e de se confirmar assim por si mesma, pondo em jogo a cada vez a jogada inteira. E mesmo que essa escolha implique o sacrifício da pessoa, é um sacrifício que ela só faz se souber que o recomeçaria a cada vez, e que o faz para todas as vezes (ainda aí trata-se de uma concepção muito diferente da do expressionismo, para o qual o sacrifício se dá de uma vez por todas). No próprio Sternberg a verdadeira escolha não está do lado da *Imperatriz vermelha*, nem daquela que escolheu a vingança em *Tensão em Xangai*, mas daquela que escolheu até o sacrifício de si no *Expresso de Xangai*, sob uma única condição: não se justificar, não ter de se justificar, de prestar contas. A personagem da verdadeira escolha se encontrou no sacrifício, ou se reencontrou para além do sacrifício, que é sempre recomeço: em Bresson, é Joana d'Arc, é o condenado à morte, é o pároco da aldeia; em Dreyer, *[163]* é ainda Joana d'Arc, mas é também a grande trilogia, Ana de *Dies Irae*, Inger de *A palavra*, e enfim *Gertrud*. Aos três tipos precedentes é preciso pois acrescentar um quarto: a personagem da escolha autêntica, ou da consciência da escolha. Trata-se efetivamente do afeto; pois se os outros mantinham o afeto como atualidade numa ordem ou desordem estabelecidas, a personagem da verdadeira escolha eleva o afeto à sua pura potência ou potencialidade, como no amor cortês de Lancelot, mas também o encarna e o efetiva tanto melhor na medida que liberta nele a parte daquilo que não se deixa atualizar, daquilo que excede qualquer cumprimento (o eterno recomeço). E Bresson ainda acrescenta um quinto tipo, uma quinta personagem: o animal ou o Burro em *A grande testemunha*. Tendo a inocência daquele que não tem condições de escolher, o burro só experimenta o efeito das não escolhas ou das escolhas do homem, isto é, a face dos acontecimentos que se cumpre nos corpos e os mortifica, sem poder atingir (mas também sem poder trair) a parte daquilo que excede a confirmação ou a determinação espiritual. Assim, o burro é o objeto preferido da maldade dos homens, mas também a união preferencial do Cristo ou do homem da escolha.

É um estranho modo de pensar, esse moralismo extremo que se opõe à moral, essa fé que se opõe à religião. Ele não tem nada a ver com Nietzsche, mas muito com Pascal e Kierkegaard, com um jansenismo e um reformismo (até no caso de Sartre). Entre a filosofia e o cinema ele tece um conjunto de preciosas relações.[16]

[16] Durante a segunda metade do século XIX, a filosofia procura não apenas renovar seu conteúdo, mas conquistar novos meios e formas de expressão através de pensadores muito diferentes, que têm em comum apenas o fato de se sentirem os primeiros representantes de uma filosofia do futuro. Isso é evidente a respeito de Kierkegaard (na França, essa busca de novas formas aparece em torno de Renouvier e de Lequier, num grupo injustamente esquecido, para o qual um dos temas principais é a ideia de escolha). Para nos limitarmos a Kierkegaard, um dos recursos que lhe são próprios é a introdução, na sua meditação, de algo que o leitor tem dificuldade em identificar formalmente: trata-se de um exemplo ou de um fragmento de um diário íntimo, ou então de um conto, uma pequena história, um melodrama etc. É, por exemplo, em *Le Traité du désespoir*, a história de um burguês que toma seu café da manhã e lê seu jornal, e de repente corre para a janela gritando: "O possível, senão me sufoco". Em *Étapes sur le chemin de la vie*, é a história do contador que fica louco uma hora por dia e busca uma lei que capitalizaria e fixaria a semelhança: um dia ele tinha ido ao bordel, mas não guardou nenhuma lembrança do que ali se passou: é "a possibilidade que o torna louco...". Em *Crainte et tremblement*, é o conto "Agnes e o tritão", como se fosse um desenho animado do qual Kierkegaard oferece várias versões. Há muitos outros exemplos. Mas o leitor moderno talvez disponha de um modo de dar um nome a estas passagens insólitas: em cada um desses casos já era uma espécie de roteiro, uma verdadeira sinopse, que aparecia assim pela primeira

Também em Rohmer *[164]* é toda uma história de modos de existência, de escolhas, de falsas escolhas e de consciência de escolha que preside a série dos *Contos morais* (especialmente *Minha noite com ela* [*Ma nuit chez Maude*, 1969] e, mais recentemente, *Um casamento perfeito* [*Le Beau mariage*, 1982], apresentam uma jovem que escolhe se casar e que grita isto justamente porque o escolheu do mesmo modo que poderia ter escolhido numa outra época *não* se casar, com a mesma consciência pascaliana ou a mesma reivindicação do eterno, do infinito). Por que tais temas têm tanta importância filosófica e cinematográfica? Por que é preciso insistir sobre todos esses pontos? É que, na filosofia como no cinema, em Pascal como em Bresson, em Kierkegaard como em Dreyer, espera-se que a verdadeira escolha, aquela que consiste em escolher a escolha, nos restitua tudo. Ela irá nos fazer reencontrar tudo, no espírito de sacrifício, no momento do sacrifício, ou mesmo antes que o sacrifício seja efetuado. Kierkegaard afirmava: a verdadeira escolha faz com que, ao abandonar a noiva, ela nos seja por isso mesmo restituída; e que, ao sacrificar seu filho, Abraão por isso mesmo o reencontre; Agamenon sacrifica sua filha Ifigênia, mas por dever, unicamente por dever, e escolhendo não ter escolha. Abraão, ao contrário, vai sacrificar seu filho que ama mais que a si próprio unicamente por escolha, e por consciência da escolha que o une a Deus para além do bem e do mal: então seu filho lhe é restituído. É a história da abstração lírica.

Partimos de um espaço determinado dos estados de coisas, feito de uma alternância branco-preto-cinza, branco-preto-cinza... E dissemos: o branco marca nosso dever, ou nosso poder; o preto, nossa impotência, ou então nossa sede do mal; o cinza nossa incerteza, nossa busca ou nossa indiferença. E depois nos elevamos até a alternativa do espírito, tivemos de escolher entre modos de existência: alguns — branco, preto ou cinza — implicavam que não tínhamos escolha *[165]* (ou que já não tínhamos escolha); mas apenas um outro implicava que escolhêssemos escolher, ou que tivéssemos consciência da escolha. Pura luz imanente ou espiritual

vez na filosofia e na teologia. [Ed. bras.: *Temor e tremor*, tradução de Torrieri Guimarães, São Paulo, Livraria Exposição do Livro, 1964.]

para além do branco, do preto, e do cinza. Mal atingimos essa luz, ela nos restitui tudo. Ela nos restitui o branco, mas que não aprisiona mais a luz; ela nos restitui de imediato o preto, que não é mais o estancamento da luz; ela nos restitui até o cinza, que não é mais a incerteza ou a indiferença. Atingimos um espaço espiritual onde o que escolhemos não se distingue mais da própria escolha. A abstração lírica se define pela aventura da luz e do branco. Mas são os episódios dessa aventura que fazem com que, inicialmente, o branco que aprisiona a luz se alterne com o preto onde ela estanca; e, em seguida, que a luz seja liberada numa alternativa que nos restitui o branco *e* o preto. Sem sair do lugar, passamos de um espaço a outro, do espaço físico ao espaço espiritual que nos devolve uma física (ou uma metafísica). O primeiro espaço é celular e fechado, mas o segundo não é diferente, é o mesmo apenas enquanto encontrou a abertura espiritual que supera todas as obrigações formais e as limitações materiais por meio de uma evasão de fato ou de direito. É o que Bresson sugeria através de seu princípio de "fragmentação": passamos de um conjunto fechado, que fragmentamos, a um todo espiritual aberto que criamos ou recriamos. Ou Dreyer: o Possível abriu o espaço como dimensão do espírito (quarta ou quinta dimensões). *O espaço não é mais determinado, tornou-se o espaço qualquer idêntico à potência do espírito*, a decisão espiritual sempre renovada: é esta decisão que constitui o afeto ou a "autoafecção", e que toma para si a junção das partes.

As trevas e a luta do espírito, o branco e a alternativa do espírito: esses são os dois primeiros processos através dos quais o espaço torna-se espaço qualquer e se eleva à potência espiritual do luminoso. Seria preciso ainda considerar um terceiro processo: a cor. Não se trata mais do espaço tenebroso do expressionismo nem do espaço branco da abstração lírica, mas do espaço-cor do colorismo. Como na pintura, distinguimos o colorismo da monocromia ou da policromia — que já em Griffith ou em Eisenstein *[166]* faziam apenas uma imagem colorida — e precediam a imagem-cor.

Sob certos aspectos, as trevas expressionistas e o branco lírico desempenhavam o papel de cores. Mas a verdadeira imagem-cor constitui um terceiro modo do espaço qualquer. As formas principais dessa imagem, a cor-superfície dos grandes cochapados, a cor atmosférica que impregna todas as outras, a cor-movimento que passa de um tom a outro talvez tenham sua origem na comédia musical e em sua aptidão para extrair de um estado de coisas convencional um mundo virtual ilimitado. Dessas três formas, a cor-movimento é a única que parece pertencer ao cinema, pois as outras já são plenamente potências da pintura. No entanto, parece-nos que a imagem-cor do cinema se define por um outro caráter, embora partilhe esse caráter com a pintura, atribuindo-lhe, entretanto, um alcance e uma função diferente. É o caráter *absorvente*. A fórmula de Godard, "não é sangue, é vermelho", é a própria fórmula do colorismo. Em oposição a uma imagem simplesmente colorida, a imagem-cor não se reporta a este ou àquele objeto, mas absorve tudo que pode: é a potência que se apossa de tudo que passa a seu alcance, ou a qualidade comum a objetos inteiramente diferentes. Há efetivamente um simbolismo das cores, mas este não consiste numa correspondência entre uma cor e um afeto (o verde e a esperança...). Pelo contrário, a cor é o próprio afeto, isto é, a conjunção virtual de todos os objetos que ela capta. Ollier chega a dizer que os filmes de Agnès Varda, especialmente *As duas faces da felicidade* [*Le Bonheur*, 1965], "absorvem", e não se limitam a absorver o espectador, mas as próprias personagens e as situações, segundo movimentos complexos afetados pelas cores complementares.[17] E já acontecia em *La Pointe courte* [1955], onde o branco e o preto eram tratados como complementares, onde o branco apoderava-se do lado mulher, trabalho branco, amor e morte brancos, enquanto o preto assumia o lado homem, e que os dois protagonistas do "par abstrato" traçavam, enquanto falavam, o espaço de alternativa ou de complementaridade. É esta composição *[167]* que atinge uma perfeição colorista em *As duas faces da felicidade*, com a complementaridade do roxo-malva e do ouro-alaranjado, e a absorção sucessiva das personagens no espaço de mistério que corresponde às cores. Ora, se continuamos, nesse caso, a invocar autores muito diferentes para melhor desta-

[17] Claude Ollier, *Souvenirs écran*, Paris, Cahiers du Cinéma/Gallimard, 1981, pp. 211-8 (e p. 217: "Alienação pela cor").

car a validade eventual de um conceito, é preciso salientar que, desde o início de um cinema total da cor, Minnelli havia feito da absorção a potência propriamente cinematográfica dessa nova dimensão da imagem. Donde o papel do sonho em sua obra: o sonho é a forma absorvente da cor. Sua obra, tanto de comédia musical como de qualquer outro gênero, ia perseguir o tema lancinante de personagens literalmente absorvidas pelo seu próprio sonho, e sobretudo pelo sonho de outrem e pelo passado de outrem (*Yolanda e o ladrão* [*Yolanda and the Thief*, 1945], *O pirata* [*The Pirate*, 1948], *Gigi* [1958], *Num dia claro de verão* [*On a Clear Day you Can See Forever*, 1970]), pelo sonho de potência de um Outro (*Assim estava escrito* [*The Bad and the Beautiful*, 1952]). E Minnelli chega ao ápice com *Os quatro cavaleiros do apocalipse* [*The Four Horsemen of the Apocalypse*, 1962], quando os seres são sorvidos no pesadelo da guerra. Em toda a sua obra o sonho torna-se espaço, mas como se fosse uma teia de aranha cujos lugares destinam-se menos ao próprio sonhador do que às presas vivas que ele atrai. E se os estados das coisas tornam-se movimento de mundo, se as personagens tornam-se figuras de dança, isto é inseparável do esplendor das cores e de sua função absorvente quase carnívora, devoradora, destruidora (como o *trailer* amarelo vivo de *Lua de mel agitada* [*The Long, Long Trailer*, 1953]). É legítimo que Minnelli tenha se confrontado com o tema que pode melhor exprimir essa aventura sem retorno — a hesitação, o temor e o respeito com os quais Van Gogh aproxima-se da cor, sua descoberta e o esplendor da sua criação e sua própria absorção naquilo que ele cria, a absorção do seu ser e de sua razão no amarelo (*Sede de viver* [*Lust for Life*, 1956]).[18]

Antonioni, outro dos maiores coloristas do cinema, *[168]* se servirá das cores frias levadas ao extremo de sua plenitude ou de

[18] Na ficha sobre Vincente Minnelli dos *Dossiers du Cinéma*, Tristan invoca constantemente um fenômeno de absorção: "O choque inopinado de dois mundos, sua luta e o triunfo ou a absorção de um pelo outro...". Reportar-nos-emos aos artigos de Jean Douchet que analisam o tema da destruição e da devoração em Minnelli: *Objectif*, nº 64, fev. 1964, e *Cahiers du Cinéma*, nº 150, jan. 1964 ("Flores venenosas ou carnívoras...").

sua intensificação para ultrapassar a função absorvente, que ainda mantinha personagens e situações transformadas no espaço de um sonho ou de um pesadelo. Com Antonioni a cor leva o espaço até o vazio, ela apaga o que absorveu. Bonitzer afirma: "Desde *A aventura* [*L'Avventura*, 1960], a grande busca de Antonioni é o plano vazio, o plano desabitado. Ao final de *O eclipse* [*L'Eclisse*, 1962], todos os planos percorridos pelo casal são revistos e corrigidos pelo vazio, como indica o título do filme [...]. Antonioni procura o deserto: *O deserto vermelho* [*Deserto rosso*, 1964], *Zabriskie Point* [1970], *Passageiro — profissão repórter* [*The Passenger*, 1975] [...] [que] termina com um *travelling* que avança sobre o campo vazio, num entrelaçado de percursos insignificantes, no limite do não figurativo [...]. O objeto do cinema de Antonioni é chegar ao não figurativo através de uma aventura cujo termo é o eclipse do rosto, o apagar das personagens".[19] Evidentemente, há muito o cinema já chegara a obter grandes efeitos de ressonância operando o confronto de um mesmo espaço, uma vez povoado e outra vez vazio (principalmente Sternberg, com o camarim de Lola ou com a sala de aula). Mas, em Antonioni, a ideia adquire uma amplitude desconhecida, e é a cor que se encarrega do confronto. É ela que eleva o espaço à potência do vazio depois que se consuma a parte do que pode se realizar no acontecimento. O espaço não resulta despotencializado, mas, ao contrário, fica mais carregado ainda de potencial. Há aí ao mesmo tempo uma semelhança com e uma oposição a Bergman: este superava a imagem-ação rumo à instância afetiva do primeiro plano ou do rosto, que confrontava com o vazio. Mas, em Antonioni, o rosto desaparece ao mesmo tempo em que a personagem e a ação, e a instância afetiva é aquela do espaço qualquer que Antonioni leva, por sua vez, até o vazio.

Mais ainda: parece que o espaço qualquer adquire aqui uma nova natureza. Não é mais, como antes, um espaço que se define por partes cuja ligação e orientação não são determinadas antecipadamente, e podem ocorrer de uma infinidade de maneiras.

[19] Pascal Bonitzer, *Le Champ aveugle*, p. 88 (Bonitzer estabelece uma comparação com Bergman).

Agora é um conjunto amorfo que eliminou o que se passava e agia *[169]* nele próprio. Trata-se de uma extinção ou de um desfalecimento que não se opõe, porém, ao elemento genético. Percebe-se nitidamente que os dois aspectos são complementares e se pressupõem reciprocamente: com efeito, o conjunto amorfo é uma coleção de locais ou de lugares coexistindo independentemente da ordem temporal que vai de uma parte a outra, independentemente das junções e orientações que lhes conferiam as personagens e a situação desaparecidas. Há, portanto, dois estados do espaço qualquer, ou duas espécies de "qualissignos", qualissignos de desconexão e de vacuidade. Mas, a respeito desses dois estados sempre implicados um no outro, dir-se-ia apenas que um está "antes" e o outro "depois". O espaço qualquer conserva uma única e mesma natureza: ele não tem mais coordenadas, é um puro potencial, expõe apenas Potências e Qualidades puras, independentemente do estado das coisas ou dos meios que os atualizam (que os atualizaram ou vão atualizar, ou nem uma coisa nem a outra, indiferentemente).

São, portanto, as sombras, os brancos, as cores que estão aptos a suscitar e constituir espaços quaisquer, *espaços desconectados ou esvaziados*. Mas com todos esses meios e outros ainda pudemos assistir, após a guerra, a uma proliferação de tais espaços tanto em cenários quanto em exteriores, sob diversas influências. A primeira, independente do cinema, era a situação do pós-guerra com suas cidades demolidas ou em reconstrução, seus terrenos baldios, suas favelas e, mesmo onde a guerra não tinha passado, seus tecidos urbanos "desdiferenciados", seus vastos lugares desafetados, docas, entrepostos, montes de vigas e de ferro-velho. Outra, mas interior, como veremos, vinha de uma crise da imagem-ação: as personagens se encontravam cada vez menos em situações sensório-motoras "motivadoras" e cada vez mais num estado de passeio, de deambulação ou de errância que definia *situações ópticas e sonoras puras*. A imagem-ação tendia então a explodir, enquanto os lugares determinados se atenuavam, deixando emergir lugares quaisquer onde se desenvolviam os afetos modernos de medo, de desapego, mas também de frescor, de velocidade extrema e de espera interminável.

E, para começar, se o neorrealismo italiano opunha-se ao realismo, é efetivamente porque rompia com as coordenadas *[170]* espaciais, com o antigo realismo dos lugares, e confundia as referências motoras (como nos pântanos ou na fortaleza de *Paisà* [1946], de Rossellini), ou então constituía "abstratos" visuais (a fábrica de *Europa '51* [1952]) em espaços lunares indefinidos.[20] Também a *nouvelle vague* francesa veio fraturar os planos, apagar sua determinação espacial distinta em proveito de um espaço não totalizável: por exemplo, os apartamentos inacabados de Godard permitiam discordâncias e variações, como todas as maneiras de atravessar uma porta à qual falta o painel, que assumiam um valor quase musical e serviam de acompanhamento ao afeto (*O desprezo* [*Le Mépris*, 1963]). É também Straub que construiu espantosos planos amorfos, espaços geológicos desertos, evasivos, ou cavos, teatros esvaziados das operações que neles ocorreram.[21] A escola alemã do medo, particularmente com Fassbinder e Daniel Schmid, elaborava seus interiores desdobrados em espelhos, com um mínimo de referenciais e uma multiplicação de pontos de vista sem *raccord* (*Violanta* [1978], de Schmid). A escola de Nova York impunha uma visão horizontal da cidade, rente ao chão, em que os acontecimentos brotavam na calçada e tinham por lugar apenas um espaço desdiferenciado, como em Lumet. Ou, melhor ainda, Cassavetes — que havia começado com filmes dominados pelo rosto e o primeiro plano (*Sombras* [*Shadows*, 1959], *Faces* [1968]), construía espaços desconectados, de forte conteúdo afetivo (*A morte de um bookmaker chinês* [*The Killing of a Chinese Bookie*, 1976], *A canção da esperança* [*Too Late Blues*, 1961]). Ele passava assim de um tipo a outro de imagem-afecção. É que se tratava de desfazer o espaço não menos em função de um rosto que se abstrai das coordenadas espaçotemporais, que de um acontecimento que de qualquer maneira excede sua atualização, seja porque

[20] A propósito do espaço neorrealista, cf. dois artigos importantes de Sylvie Trossa e de Michel Devillers em *Cinématographe*, nº 42 e nº 43, dez. 1978 e jan. 1979.

[21] Jean Narboni, "Li"; Serge Daney, "Le Plan straubien", em *Cahiers du Cinéma*, abr. 1977, e nº 305, nov. 1979.

tarda e se dissolve, seja, ao contrário, porque surge depressa demais.[22] Em *Glória* [*Gloria*, 1980], a heroína vive longas esperas, *[171]* mas também mal se volta, seus perseguidores já estão lá, como se lá estivessem instalados o tempo todo, ou melhor, como se o próprio lugar tivesse bruscamente mudado de coordenadas, não fosse mais o mesmo lugar, e, no entanto, estivesse no mesmo local do espaço qualquer. Desta vez é o espaço vazio que se encheu de repente...

Teremos de voltar a alguns desses pontos. Mas essa proliferação dos espaços quaisquer talvez tenha uma de suas origens, como afirma Pascal Augé, no cinema experimental que rompe com a narração das ações e com a percepção dos lugares determinados. Se é verdade que o cinema experimental tende para uma percepção anterior aos homens (ou posterior), ele também tende para o correlato desta, isto é, para um espaço qualquer desembaraçado de suas coordenadas humanas. *A região central* [*La Région centrale*, 1971], de Michael Snow, não eleva a percepção até à variação universal de uma maneira bruta e selvagem, sem dela extrair também um espaço sem referência no qual se intercambiam o solo e o céu, a horizontal e a vertical. O próprio nada é desviado rumo àquilo que dele sai ou nele recai, o elemento genético, a percepção fresca ou evanescente que potencializa um espaço, dele retendo apenas a sombra ou a narrativa dos acontecimentos humanos. Em *Comprimento de onda* [*Wavelength*, 1967], Snow se serve de um *zoom* de 45 minutos para *explorar* um cômodo no sentido longitudinal, de uma extremidade à outra, até a parede onde está fixada uma fotografia de mar: desse cômodo, Snow extrai um espaço potencial, cuja potência e qualidade esgota progressivamente.[23] Moças vêm

[22] Cf. uma análise do espaço sem referências nem coordenadas em Cassavetes, por Philipe de Lara, *Cinématographe*, nº 38, maio 1978. Em geral, foram os colaboradores desta revista que levaram mais longe a descoberta e a análise desses espaços desconectados de partes não juntadas e não orientadas: para Rosselini, para Cassavetes, mas também para Lumet (Dominique Rinieri, nº 74), para Schmid (Nadine Tasso, nº 43). Os *Cahiers du Cinéma* preferiram antes o outro polo, a análise dos espaços esvaziados.

[23] P. Adams Sitney descreve e comenta este filme, "Le Film structurel",

ouvir rádio, ouve-se um homem subir as escadas e desabar no chão, mas o *zoom* já o ultrapassou, dando lugar a uma das jovens que conta o acontecimento pelo telefone. Um fantasma da moça, em sobreimpressão negativa, duplica a cena, enquanto o *zoom* prossegue até a imagem final do mar sobre a parede agora alcançada. O espaço penetra *[172]* no mar vazio. Todos os elementos precedentes do espaço qualquer — as sombras, os brancos, as cores, a progressão inexorável, a inexorável redução, a épura, as partes desconectadas, o conjunto vazio — tudo intervém aqui naquilo que define, segundo Sitney, "o filme estrutural".

Agatha, ou as leituras ilimitadas [*Agathe et les Lectures Illimitées*, 1981], de Marguerite Duras, segue uma estrutura semelhante, conferindo-lhe a necessidade de uma narrativa, ou melhor, de uma leitura (ler a imagem e não apenas vê-la). É como se a câmera partisse do fundo de um grande cômodo vazio desabitado, em que as duas personagens serão apenas seus próprios fantasmas, sua sombra. Do lado oposto há a praia vazia para onde dão as janelas. O tempo que a câmera leva para ir do fundo do cômodo até às janelas e à praia, com paradas e retomadas, é o tempo do narrador. E a própria narrativa, a imagem-som, une um tempo de depois a um tempo de antes, remonta de um ao outro: um tempo de depois dos homens, pois a narrativa conta a história já finda de um par primordial, e um tempo de antes dos homens, quando nenhuma presença vinha perturbar a praia. De um ao outro, a lenta celebração do afeto, aqui o incesto do irmão e da irmã.

em *Cinéma: théorie, lectures*, Paris, Klincksieck, 1973 ("Esta intuição do espaço e, implicitamente, do cinema como potencialidade, é um axioma do filme estrutural. O cômodo é sempre o lugar do puro possível...", p. 342).

Capítulo 8

DO AFETO À AÇÃO: A IMAGEM-PULSÃO

[173]

1

Quando as qualidades e potências são apreendidas já atualizadas em estados de coisas em meios geográfica e historicamente determináveis, entramos no campo da imagem-ação. O realismo da imagem-ação se opõe ao idealismo da imagem-afecção. E, no entanto, entre os dois, entre a primeiridade e a secundidade, há algo que é como o afeto "degenerado", ou a ação "embrionada".* Não é mais imagem-afecção, mas não é ainda imagem-ação. Como vimos, a primeira desenvolve-se no par Espaços quaisquer-Afetos. A segunda se desenvolverá no par Meios determinados-Comportamentos. Mas, entre as duas, encontramos um par estranho: Mundos originários-Pulsões elementares. Um mundo originário não é um espaço qualquer (embora possa a ele se assemelhar), porque só aparece no fundo dos meios determinados; mas também não é um meio determinado, que deriva somente do mundo originário. Uma pulsão não é um afeto porque é uma impressão, no sentido mais forte, e não uma expressão; mas ela também não se confunde com os sentimentos ou as emoções que regulam e desregulam um comportamento. Ora, é preciso reconhecer que esse novo conjunto não é um simples intermediário, um lugar de passagem, mas que ele possui uma consistência e uma autonomia perfeitas, que fazem até com que a imagem-ação permaneça impotente para representá-lo, e a imagem-afecção impotente para fazê-lo sentir. *[174]*

* Com o neologismo *embryonnée* o autor se refere a uma ação "fecundada" por algo que lhe é exterior. (N. da T.)

Por exemplo, uma casa, um país, uma região. São meios reais de atualização, geográficos e sociais. Mas dir-se-ia que, em sua totalidade ou parte, eles comunicam de dentro com mundos originários. O mundo originário pode ser marcado pela artificialidade do cenário (um principado de opereta, uma floresta ou um pântano fabricados em estúdio), bem como pela autenticidade de uma zona preservada (um deserto verdadeiro, uma floresta virgem). Podemos reconhecê-lo por seu caráter informe: é puro fundo, ou melhor, um sem-fundo feito de matérias não formadas, esboços ou pedaços, atravessado por funções não formais, atos ou dinamismos enérgicos que não remetem nem mesmo a sujeitos constituídos. Nele, as personagens se acham como animais: o homem mundano é ave de rapina, o amante é um bode, o pobre, uma hiena. Não que eles tenham a forma ou o comportamento destes, mas seus atos precedem qualquer diferenciação entre o homem e o animal. São bichos humanos. E a pulsão não passa disto: é a energia que se apodera de pedaços no mundo originário. Pulsões e pedaços são estritamente correlativos. Evidentemente às pulsões não falta inteligência: têm até uma inteligência diabólica que faz com que cada uma escolha a sua parte, espere seu momento, suspenda seu gesto e recorra aos esboços de forma sob os quais ela poderá consumar melhor o seu ato. E ao mundo original também não falta uma lei que lhe dê consistência. É inicialmente o mundo de Empédocles, feito de esboços e de pedaços, cabeças sem pescoço, olhos sem fronte, braços sem espáduas, gestos sem forma. Mas é também o conjunto que reúne tudo, não dentro de uma organização, mas que faz todas as partes convergirem para um imenso lixão ou um pântano, e todas as pulsões para uma grande pulsão de morte. O mundo originário é, portanto, ao mesmo tempo, princípio radical e fim absoluto; e, enfim, liga um ao outro, coloca um dentro do outro, de acordo com uma lei que é a da *máxima inclinação*. Assim, trata-se de um mundo de uma violência muito especial (sob certos aspectos, é o mal radical); mas tem o mérito de fazer surgir uma imagem originária do tempo, com o começo, o fim e a inclinação, toda a crueldade de Cronos.

É o naturalismo. Este não se opõe ao realismo mas, ao contrário, acentua seus traços, prolongando-os num surrealismo particular. Em literatura, o naturalismo *[175]* é essencialmente Zola: é ele quem tem a ideia de duplicar os meios reais com mundos originários. Em cada um de seus livros descreve um meio preciso, mas também o esgota e o devolve ao mundo originário — é dessa fonte superior que vem sua força de descrição realista. O meio real, atual, é o *medium* de um mundo que se define por um princípio radical, um fim absoluto, uma linha de maior inclinação.

E é isto o essencial: ambos não se deixam separar, não se encarnam distintamente. O mundo originário não existe independentemente do meio histórico e geográfico que lhe serve de *medium*. É o meio que recebe um princípio, um fim, e, sobretudo, uma inclinação. É por isso que as pulsões são *extraídas* dos comportamentos reais que ocorrem num meio determinado, das paixões, sentimentos e emoções que os homens reais experimentam nesse meio. E os pedaços são *arrancados* aos objetos efetivamente formados no meio. Dir-se-ia que o mundo originário só aparece quando se sobrecarrega, adensa e prolonga as linhas invisíveis que recortam o real, que desarticulam os comportamentos e os objetos. As ações se ultrapassam em atos primordiais que não as compunham, os objetos em pedaços que não os reconstituirão, as pessoas, em energias que não as "organizam". A um só tempo: o mundo originário só existe e opera no fundo de um meio real, e só vale por sua imanência a este meio, cuja violência e crueldade revela; mas, também o meio só se apresenta como real na sua imanência ao mundo originário, tem o estatuto de um meio "derivado" que recebe do mundo original uma temporalidade como destino. É preciso que as ações ou os comportamentos, as pessoas e os objetos ocupem o meio derivado e aí se desenvolvam, enquanto as pulsões e os pedaços povoam o mundo originário que carreia o todo. É por isso que os autores naturalistas merecem a designação nietzschiana de "médicos da civilização". Eles fazem o diagnóstico da civilização. A imagem naturalista, a imagem-pulsão tem, de fato, dois signos: os sintomas e os ídolos ou fetiches. Os sintomas são a presença das pulsões no mundo derivado, e os ídolos ou fetiches a representação dos pedaços. É o mundo de Caim. Em suma, o naturalismo remete simultaneamente *[176]* a quatro coordenadas: mundo originário-meio derivado, pulsões-comportamentos. Imaginemos uma obra em que o meio derivado e o mundo originário sejam realmente distintos e bem separados: ainda que eles apresentem todo tipo de correspondência, não se trata de uma obra naturalista.[1]

O naturalismo teve dois grandes criadores no cinema, Stroheim e Buñuel. Neles, a invenção dos mundos originários pode surgir sob formas localizadas muito diversas, artificiais ou naturais; em Stroheim, o cume da montanha de *Maridos cegos* [*Blind Husbands*, 1919] a cabana de feiticeira de *Esposas ingênuas*, o palácio de *Minha rainha*, o pântano do episódio africano do mesmo filme, o deserto no final de *Ouro e maldição* [*Greed*, 1924]; em Buñuel, a selva de estúdio em *A morte em seu jardim* [*La Mort dans ce jardin*, 1956], o salão de *O anjo exterminador* [*El ángel exterminador*, 1962], o deserto de colunas de *Simão do deserto* [*Simón del desierto*, 1965], os rochedos de *A idade do ouro* [*L'Âge d'or*, 1930]. Mesmo localizado, o mundo originário não deixa de ser o lugar transbordante onde se passa o filme inteiro, isto é, o mundo que se revela no fundo dos meios sociais tão vigorosamente descritos. Pois Stroheim e Buñuel são realistas: jamais se descreveu o meio com tanta violência ou crueldade, com sua dupla repartição social, "pobres-ricos", "gente de bem-gente ruim". Mas, justamente, o que confere tamanha força à sua descrição é a maneira pela qual eles reportam os traços a um mundo originário que soa no fundo de todos os meios, que prossegue sob eles. Esse mundo não existe independentemente dos meios determinados, mas,

[1] Por exemplo, *Pocilga* [*Porcile*, 1969], de Pasolini, separa o mundo originário antropofágico e o meio derivado do chiqueiro em duas partes bem distintas: uma obra desta não é naturalista (e Pasolini detestava o naturalismo, do qual ele tinha propositadamente uma concepção muito banal). Em contrapartida pode acontecer, tanto no domínio do cinema como em outros domínios, que o mundo originário constitua por si mesmo o meio derivado supostamente real: é o caso dos filmes pré-históricos, como *A guerra do fogo* [*La Guerre du feu*, 1982], de Jean-Jacques Annaud, e de muitos filmes de terror ou de ficção científica. Tais filmes pertencem ao naturalismo. Em literatura, foi Rosny o primogênito, o autor de *A guerra do fogo*, que abriu o naturalismo na dupla direção do romance pré-histórico e do romance de ficção científica.

inversamente, os faz existir com características e traços que vêm mais de cima, ou melhor, de um fundo ainda mais terrível. O mundo originário é um princípio de mundo, mas também um fim de mundo, e a inclinação irresistível de um para o outro: é ele que carreia o meio e que também faz dele *[177]* um meio fechado, absolutamente enclausurado, ou então que o entreabre para uma esperança incerta. O depósito de lixo onde o cadáver será atirado, eis a imagem comum de *Esposas ingênuas* e *Os esquecidos* [*Los olvidados*, 1950]. Os meios estão sempre brotando do ou regressando ao mundo originário: e mal emergem como esboços já condenados, já confundidos, já voltam ainda mais definitivamente para lá, caso não recebam a salvação, salvação que só pode advir desta volta à origem. É o pântano do episódio de *Minha rainha* e, principalmente, o cine-romance *Poto-Poto*, em que os amantes pendurados, atados face a face, esperam a ascensão dos crocodilos: "Aqui, [...] a latitude é zero. Aqui, [...] não há tradição, não há precedente. Aqui, [...] cada um age de acordo com o impulso do momento [...] e faz o que Poto-Poto o leva a fazer [...] Poto-Poto é nossa única lei [...]. E é também nosso carrasco. [...] Estamos todos condenados à morte".[2] A latitude zero é também o lugar primordial de *O anjo exterminador*, que se encarnava inicialmente no salão burguês misteriosamente fechado e, depois, tão logo ele se reabre, é restabelecido na catedral, onde os sobreviventes estão novamente reunidos. É o lugar primordial de *O discreto charme da burguesia* [*Le Charme discret de la bourgeoisie*, 1972], que se reconstitui em todos os lugares derivados sucessivos para impedir o acontecimento que aí se espera. Essa já era a matriz de *A idade do ouro*, que escandia todos os estágios da humanidade e os reabsorvia mal emergiam.

[2] Erich von Stroheim, *Poto-Poto*, Paris, La Fontaine, 1956, p. 132. Sabe-se que Stroheim publicou três cine-romances — mais que roteiros e algo de diferente de romances propriamente ditos — para pelo menos compensar minimamente a impossibilidade em que foi colocado de filmar: *Poto-Poto* parece o desenvolvimento autônomo daquilo que deveria ser a continuação de *Minha rainha*, continuação africana que Stroheim tinha começado (é a "décima primeira" bobina de *Minha rainha*).

Com o naturalismo o tempo faz uma aparição muito forte na imagem cinematográfica. Mitry tem razão ao afirmar que *Ouro e maldição* é o primeiro filme que atesta uma "duração psicológica" como evolução ou ontogênese das personagens. E, em Buñuel, o tempo não se faz menos presente, embora mais como filogênese, periodização das idades do homem (não só explicitamente em *A idade do ouro*, *[178]* mas em *Via Láctea* [*La Voie Lactée*, 1969], que empresta de todos os períodos, perturbando-lhes a ordem.[3] No entanto, em primeiro lugar, o tempo naturalista parece atingido por uma maldição consubstancial. Com efeito, pode-se dizer de Stroheim o que Thibaudet já dizia de Flaubert: a duração para ele é menos o que se faz do que o que se desfaz e se precipita ao se desfazer. Portanto, ela não é separável de uma entropia, de uma degradação. E é até por essa via que Stroheim acerta suas contas com o expressionismo. Como já observamos, o que ele partilha com o expressionismo é um manejo das luzes e das trevas que o torna equivalente a Lang ou a Murnau. Mas, nestes, o tempo só existia relativamente à luz e à sombra, de modo que a degradação de uma personagem limitava-se a exprimir uma precipitação nas trevas, uma queda num buraco negro (como *A última gargalhada*, de Murnau, mas também *A caixa de Pandora*, de Pabst e até *O anjo azul*, de Sternberg, no seu exercício de imitação expressionista). Enquanto, em Stroheim, dá-se o inverso: ele sempre regulou as luzes e as sombras em função dos estágios de uma degradação que o fascinava, ele subordinava a luz a um tempo concebido como entropia.

Em Buñuel, o fenômeno da degradação também assume a mesma autonomia, talvez até mais, pois é uma degradação que se estende explicitamente à espécie humana. *O anjo exterminador* mostra uma regressão pelo menos igual à de *Ouro e maldição*. No entanto, a diferença entre Stroheim e Buñuel seria que em Buñuel a degradação é concebida não tanto como entropia acelerada, mas mais como repetição precipitadora, eterno retorno. O mundo originário impõe, portanto, aos meios que nele se sucedem, não exa-

[3] Reportar-nos-emos à análise destes dois filmes por Maurice Drouzy, *Luis Buñuel, architecture du rêve*, Paris, Lherminier, 1978.

tamente uma inclinação, e sim uma curvatura ou um ciclo. É verdade que um ciclo, ao contrário de uma descida, não pode ser inteiramente "mau": como em Empédocles, ele faz o Bem e o Mal, o Amor e o Ódio se alternarem; e, de fato, o apaixonado, o homem de bem, e mesmo o homem santo ganham em Buñuel uma importância que não têm em Stroheim. Mas, sob certos aspectos, isso permanece secundário, *[179]* pois, segundo Buñuel, a amante e o amante, o homem santo em pessoa são tão nocivos quanto o perverso e o degenerado *Nazarin* [1959]. Tempo da entropia ou tempo do eterno retorno, nos dois casos o tempo encontra sua fonte no mundo originário que lhe confere o papel de um destino inexpiável. Enrolado no mundo originário, que é como o começo e o fim do tempo, o tempo se desenrola nos meios derivados. É quase um neoplatonismo do tempo. E é sem dúvida uma das grandezas do naturalismo no cinema, ter-se aproximado tanto de uma imagem-tempo. O que o impedia, no entanto, de atingir o tempo por si mesmo, como forma pura, era a sua obrigação de mantê-lo subordinado às coordenadas naturalistas, de colocá-lo na dependência da pulsão. Em consequência, o naturalismo só podia captar do tempo efeitos negativos, usura, degradação, desperdício, destruição, perda ou simplesmente esquecimento.[4] (Veremos que, quando o cinema afrontar diretamente a forma do tempo, só poderá construir a sua imagem rompendo com a preocupação naturalista do mundo originário e das pulsões.)

Com efeito, o essencial do naturalismo está na imagem-pulsão. Esta compreende o tempo, mas unicamente como destino da pulsão e devir de seu objeto. Um primeiro aspecto diz respeito à

[4] O esquecimento intervém frequentemente em Buñuel. Um dos exemplos mais marcantes é o final de *Susana, mulher diabólica* [*Susana*, 1951], onde, para todas as personagens, é como se nada tivesse acontecido. O esquecimento vem, assim, reforçar a impressão de sonho ou de fantasma. Mas parece-nos que ele tem também uma função mais importante, que é a de marcar o fim de um ciclo, após o quê tudo pode recomeçar (graças ao esquecimento). Jean-Marie Sabatier sublinhava também, em Terence Fisher, a existência de falsos *happy ends*, onde as personagens honestas esquecem todos os horrores pelos quais passaram (*Les Classiques du cinéma fantastique*, Paris, Balland, 1973, p. 144).

natureza das pulsões. Pois se elas são "elementares" ou "brutas", no sentido de que remetem a mundos originários, podem assumir figuras muito complexas, estranhas e insólitas no que diz respeito aos meios derivados onde emergem. É claro que, com frequência, elas são relativamente simples, como a pulsão de fome, as pulsões alimentares, as pulsões sexuais, ou mesmo a pulsão de ouro em *Ouro e maldição*. Mas já são inseparáveis dos comportamentos perversos que produzem e animam, canibalísticos, sadomasoquistas, necrofílicos etc. Buñuel enriquecerá *[180]* o inventário ao levar em conta as pulsões e perversões propriamente espirituais, ainda mais complexas. E não há limites nestas vias biopsíquicas. Marco Ferreri é sem dúvida um dos raros autores recentes que herdaram uma autêntica inspiração naturalista e uma arte de evocar um mundo originário no seio de meios realistas (como o imenso cadáver de King Kong no *campus* do conjunto habitacional, ou o museu-teatro de *Ciao maschio* [1978]). Neles, Ferreri implanta estranhas pulsões, como a pulsão maternal do macho em *Ciao maschio*, ou até a irresistível pulsão de encher um balão em *O homem dos cinco balões* [*L'Uomo dei cinque paloni*].*

O segundo aspecto é o objeto da pulsão, isto é, o pedaço, que ao mesmo tempo pertence ao mundo originário e é arrancado do objeto real do meio derivado. O objeto da pulsão é sempre o "objeto parcial" ou o fetiche, naco de carne, pedaço cru, dejeto, calcinha de mulher, sapato. Enquanto fetiche sexual, o sapato dá lugar a um confronto Stroheim-Buñuel, particularmente em *A viúva alegre* [*The Merry Widow*, Erich von Stroheim, 1925] de um, e *O diário de uma camareira* [*Journal d'une femme de chambre*, Luis Buñuel, 1964] do outro. Tanto que a imagem-pulsão é sem dúvida o único caso em que o primeiro plano torna-se efetivamente objeto parcial; mas não é de forma alguma porque o primeiro plano "é" objeto parcial, é porque o objeto parcial, sendo o objeto da pulsão, torna-se então excepcionalmente primeiro plano. A pulsão é um ato que arranca, dilacera, desarticula. A perversão não é,

* Trata-se de um episódio do filme *Homem, mulher e dinheiro* [*Oggi, domani, dopodomani*, de Eduardo De Filippo, Marco Ferreri e Luciano Salce, 1965]. (N. da T.)

portanto, o seu desvio, mas sua derivação, isto é, sua expressão normal no meio derivado. É um nexo constante de predador e de presa. O aleijado *é* a presa por excelência porque nele não sabemos mais o que é pedaço, se é a parte que falta ou o resto de seu corpo. Mas ele também é predador, e a insaciabilidade da pulsão, a fome dos pobres são tão dilacerantes quanto a saciedade dos ricos. A rainha de *Minha rainha* remexe numa caixa de chocolates como um mendigo numa lata de lixo. No naturalismo, o que confere tamanha presença ao mutilado ou ao monstro é o fato de ele ser simultaneamente o objeto deformado de que o ato da pulsão se apossa, e o esboço malformado que serve de sujeito para esse ato.

Em terceiro lugar, a lei ou o destino da pulsão consiste em apossar-se com astúcia, mas violentamente, de tudo que *puder* num dado meio e, se puder, passar *[181]* de um meio para outro. Essa exploração e esse esgotamento dos meios não têm fim. A cada vez, a pulsão escolhe seu pedaço num meio dado e, no entanto, não escolhe, ela toma de qualquer maneira naquilo que o meio lhe apresenta, sob pena de ter de ir mais longe depois. Uma cena de *As noivas do vampiro* [*Brides of Dracula*, 1960], de Terence Fisher, mostra o vampiro à procura da vítima que escolheu, mas, não a encontrando, contenta-se com uma outra — pois sua pulsão de sangue deve ser saciada. É uma cena importante porque atesta uma evolução no filme de terror, do gótico ao neogótico, do expressionismo ao naturalismo: não nos encontramos mais no elemento do afeto, passamos para o meio das pulsões (de outro modo, são ainda as pulsões que animarão a belíssima obra de Mario Bava). Em *Esposas ingênuas*, de Stroheim, o herói sedutor passa da camareira à mulher da sociedade para terminar na débil mental — arrastado pela força elementar de uma pulsão predatória que o faz explorar todos os meios e arrancar o que cada um apresenta. O esgotamento total de um meio — mãe, criado, filho e pai — é também o que faz a *Susana, mulher diabólica* [*Susana*, 1951], de Buñuel.[5] É preciso que a pulsão seja exaustiva. Não basta nem

[5] É possível ainda aí uma comparação com Pasolini. Porque também o filme *Teorema* [1968] mostra um meio familiar literalmente esgotado pela

mesmo afirmar que ela se contenta com aquilo que um meio lhe oferece ou lhe deixa. Tal contentamento não é uma resignação, mas um grande júbilo no qual a pulsão reencontra sua potência de escolha, pois, no seu íntimo, ela é desejo de mudar o meio, de buscar um novo meio para explorar, para desarticular, contentando-se tanto mais com o que este meio apresentar, quanto mais baixo, repugnante e nojento ele for. As alegrias da pulsão não são medidas pelo afeto, isto é, pelas qualidades intrínsecas do objeto possível. *[182]*

É que o mundo originário sempre compreende uma coexistência e uma sucessão de meios reais distintos, como se nota claramente em Stroheim, e mais ainda em Buñuel. E, sem dúvida, aqui é preciso distinguir a situação dos ricos e dos pobres, dos senhores e dos criados. É menos fácil para um criado pobre explorar e esgotar um meio rico do que para um rico, verdadeiro ou falso, penetrar num meio inferior, dos pobres, para aí fazer as suas presas. No entanto, é preciso desconfiar da evidência. E se Stroheim retém, sobretudo, a evolução do rico no seu próprio meio e sua descida nos *bas-fonds*, Buñuel (como em seguida Losey) considera o fenômeno inverso, talvez mais aterrorizante porque mais sutil, mais insidioso, mais próximo da hiena e do abutre que sabem esperar — a invasão do pobre ou do criado, sua investida no meio rico, e sua maneira especial de esgotá-lo: não apenas *Susana*, como ainda os mendigos e a criada de *Viridiana* [1961]. Nos pobres ou nos ricos, as pulsões têm o mesmo objetivo e o mesmo destino: despedaçar, arrancar os pedaços, acumular os dejetos, constituir o grande campo de detritos e reunirem-se todas em uma única e mesma pulsão de morte. Morte, morte, o naturalismo está saturado da

chegada de uma personagem exterior. Mas em Pasolini trata-se antes de tudo de um "esgotamento" lógico no sentido, por exemplo, em que uma demonstração esgota o conjunto de casos possíveis da figura. É mesmo esta a originalidade de Pasolini: donde o título *Teorema*, e o papel da personagem exterior como agente sobrenatural ou demonstrador espiritual. Ao contrário, em Buñuel e no naturalismo, a personagem exterior é o representante das pulsões, que procede ao esgotamento físico do meio considerado (como em *Susana*).

pulsão de morte. Ele atinge aqui o seu negror extremo, embora não seja esta a sua última palavra. E antes da última palavra, que não é tão desesperada quanto se poderia esperar, Buñuel ainda acrescenta: não são somente os pobres e os ricos que participam da mesma empresa de degradação, são também os homens de bem e os homens santos. Pois eles também proliferam sobre os dejetos e continuam colados aos pedaços que levam consigo. É por isso que os ciclos de Buñuel constituem uma degradação tão generalizada quanto a entropia de Stroheim. Todo mundo é simultaneamente ave de rapina e parasita. Uma voz diabólica pode dizer ao homem santo Nazareno, cujas boas ações não param de apressar a degradação do mundo: "és tão inútil quanto eu...", não passas de um parasita. A rica, bela e boa Viridiana só evolui através da consciência que adquire de sua inutilidade e de seu parasitismo inerentes às pulsões do Bem. *Em toda parte uma mesma pulsão do parasitismo*. É o diagnóstico. Também os dois polos do fetiche, fetiches do Bem e fetiches do Mal, fetiches santos e fetiches do *[183]* crime ou da sexualidade se reúnem e se intercambiam — como toda a série dos Cristos grotescos de Buñuel ou o crucifixo-punhal de *Viridiana*. Poderíamos chamá-los, a uns, de relíquias, e aos outros, segundo o vocabulário da feitiçaria, de *vult* ou coisas que enfeitiçam — são os dois aspectos do mesmo sintoma. Até a amante e o amante de *A idade do ouro* seguem a inclinação do mundo em vez de remontar o seu curso, prendem-se a fetiches que disputam entre si, prevendo cada um o desgaste do tempo sobre o outro, ou o acidente futuro, e já separados. Como afirma Drouzy, é estranho que os surrealistas tenham acreditado ver aí um exemplo de amor louco.[6] É verdade que, desde o início, Buñuel encontrava-se numa situação quase tão ambígua com o surrealismo quanto a de Stroheim com o expressionismo. Buñuel se serve do surrealismo, mas com finalidades completamente diferentes, que são as de um naturalismo todo-poderoso.

[6] Maurice Drouzy, *Luis Buñuel, architecture du rêve*, pp. 74-5.

2

Entre o naturalismo de Stroheim e o de Buñuel há igualmente grandes diferenças. Na literatura talvez tenha havido algo análogo entre Zola e Huysmans. Este dizia que Zola só imaginava pulsões do corpo, em meios sociais estereotipados em que o homem se limitava a reencontrar o mundo originário dos bichos. A seu modo, ele aspirava a um naturalismo da alma que reconheceria melhor as construções artificiais da perversão, mas talvez, também, o universo sobrenatural da fé. Do mesmo modo, em Buñuel a descoberta de pulsões próprias da alma, tão fortes quanto a fome e a sexualidade e compondo-se com estas, vai conferir à perversão um papel espiritual que ela não tinha em Stroheim. E, sobretudo, a crítica radical da religião vai abeberar-se nas fontes de uma fé possível, a violenta crítica do cristianismo como instituição vai dar uma chance ao Cristo enquanto pessoa. Não estão errados aqueles que viram na obra de Buñuel uma luta interior com uma pulsão cristã: o perverso e principalmente o Cristo esboçam mais um além que um aquém, e fazem ressoar uma questão que se exprime como a da salvação, *[184]* mesmo se Buñuel duvida muito de cada um dos meios dessa salvação, revolução, amor, fé.

Não se pode de modo algum conjecturar sobre a evolução que teria tido a obra de Stroheim.[7] Mas, no conjunto existente, o

[7] Após *Minha rainha*, Erich von Stroheim ainda fez um filme, seu único filme falado, que devia se chamar *Walking Down Broadway*, mas que foi desvirtuado e exibido sob o título de *Alô, belezas* [*Hello, Sister!*, 1933], e com um outro nome de diretor; apoiando-se em testemunhos e documentos, Michel Ciment fez uma análise detalhada a respeito das "cenas" atribuíveis a Stroheim (*Les Conquérants d'un nouveau monde*, Paris, Gallimard, 1981, pp. 78-94). Mas os episódios aparentemente atribuíveis, assim como a sinopse de Stroheim, nos parecem continuar na linha de sua obra anterior. Os elementos de uma evolução possível apareceriam mais talvez em *Lua de mel* [*The Honeymoon*, 1930], a continuação de *Marcha nupcial* [*The Wedding March*, 1928], que foi retirada de Stroheim. Na verdade, devia ocorrer neste filme uma conversão espiritual da heroína, que abria indubitavelmente novos domínios para Stroheim. Outros elementos de evolução aparecem nos cine-romances, seja com o mundo africano de *Poto-Poto* e o modo como os dois

movimento fundamental é o que o mundo originário impõe aos meios, isto é, uma degradação, uma descida ou uma entropia. Consequentemente, a questão da salvação só pode se colocar sob a forma de uma reascensão local de entropia, que atestaria uma capacidade do mundo originário em abrir um meio em vez de fechá-lo. Como na célebre cena de amor puríssimo entre as macieiras em flor em *Marcha nupcial* [*The Wedding March*, 1928]; e a sua segunda parte, *Lua de mel* [*The Honeymoon*, 1930], que devia, talvez, evocar o nascimento de uma vida espiritual. Mas vimos que em Buñuel o ciclo ou o eterno retorno substituía a entropia. Ora, por mais que o eterno retorno seja tão catastrófico quanto a entropia, e o ciclo tão degradante em todas as suas partes, eles não deixam de liberar uma potência espiritual de repetição que coloca de modo novo a questão de uma possível salvação. O homem de bem, o homem santo estão tão aprisionados no ciclo quanto o bruto ou o mau. Mas não será a repetição capaz de sair de seu próprio ciclo e de "saltar" para além do bem e do mal? O que nos perde e nos degrada é a repetição, mas é ela também que pode nos salvar e nos fazer sair da outra repetição. Kierkegaard já opunha uma repetição do passado aprisionante, degradante, e uma repetição da fé, voltada para o futuro, e que nos restituía tudo numa potência que não era a potência do *[185]* Bem, mas a do absurdo. Ao eterno retorno como reprodução de um sempre já feito, opõe-se o eterno retorno como ressurreição, novo dom do novo, do possível. Mais próximo de Buñuel, Raymond Roussel, autor prezado pelos surrealistas, desenvolvia "cenas" ou representações contadas duas vezes: em *Locus Solus*, oito cadáveres numa janela de vidro reproduzem o acontecimento de sua vida; e Lucius Egroizard, artista e sábio genial que enlouqueceu após o assassinato da filha, repete indefinidamente as circunstâncias do crime, até inventar uma máquina que grava a voz de uma cantora, deforma-a e restitui tão bem a voz da criança morta que tudo lhe é devolvido: filha, felicidade. Vai-se de uma repetição indefinida a repetição como instante decisivo, de uma repetição fechada a uma repetição aberta, de

amantes são salvos pelo amor, seja com o mundo cigano de *Paprika* e a morte dos amantes no campo de flores.

uma repetição que não só fracassa mas faz fracassar a uma repetição que não só dá certo mas recria o modelo, ou o originário.[8] Parece um roteiro de Buñuel. De fato, a má repetição não se produz simplesmente porque o acontecimento fracassa, é ela que faz o acontecimento fracassar, como em *O discreto charme da burguesia*, onde a repetição do almoço prossegue sua empresa de degradação através de todos os meios que ela vai fechando sobre si mesmos (Igreja, Exército, diplomacia...). E, em *O anjo exterminador*, a lei da má repetição mantém os convidados no cômodo de limites intransponíveis, enquanto a boa repetição parece abolir os limites e abri-los para o mundo.

Em Buñuel, como em Roussel, a má repetição aparece sob a forma da inexatidão ou da imperfeição: a apresentação dos dois mesmos convidados em *O anjo exterminador* é calorosa uma vez e, na outra, glacial; ou o brinde do anfitrião ocorre uma vez sob a indiferença e, na outra, sob a atenção geral. Enquanto a repetição que salva aparece como exata, a única exata: uma vez que a virgem se ofereceu ao Deus-anfitrião, os convidados reencontram exatamente sua primeira posição e se veem de imediato liberados. Mas a exatidão é um falso critério, no lugar de outra coisa. A repetição do passado é materialmente *[186]* possível, mas impossível espiritualmente em virtude do Tempo; em contrapartida, a repetição da fé, voltada para o futuro, parece materialmente impossível, mas espiritualmente possível, porque consiste em recomeçar tudo, e em remontar o curso que o ciclo aprisiona, em virtude de um instante criador do tempo. Haveria assim duas repetições que se defrontam, como uma pulsão de morte e uma pulsão de vida? Buñuel nos deixa na maior incerteza, a começar pela distinção ou a confusão das duas repetições. Os convidados do anjo querem comemorar, isto é, repetir a repetição que os salvou, mas por isso mesmo voltam a cair na repetição que os leva à perda: reunidos na igreja para um *Te Deum*, vão se achar novamente prisioneiros, em grau maior e mais intenso, enquanto ruge a revolução. Em *Via Láctea*, o Cristo como pessoa preservou por longo tempo a chan-

[8] Michel Butor analisa e compara o tema da repetição em Kierkegaard e em Roussel: *Répertoire*, vol. I, Paris, Minuit, 1960.

ce de uma abertura do mundo através dos meios variados que os dois peregrinos atravessam; mas parece, efetivamente, que tudo volta a se fechar no fim, e que o próprio Cristo é um fechamento em vez de um horizonte.[9] Para chegar a uma repetição que salve ou transforme a vida não seria preciso romper com a ordem das pulsões, desfazer os ciclos do tempo, atingir um elemento que seja como um verdadeiro "desejo" ou como uma escolha capaz de estar sempre recomeçando (como já tínhamos visto para a abstração lírica)?

Buñuel ganhou, mesmo assim, alguma coisa ao fazer da repetição, em vez da entropia, a lei do mundo. *Ele introduz a potência da repetição na imagem cinematográfica*. Com isso já supera o mundo das pulsões, vai tocar nas portas do tempo, e liberá-lo da inclinação ou dos ciclos que ainda o submetiam a um conteúdo. Buñuel não se atém aos sintomas e aos fetiches, ele elabora um outro tipo de signo que poderíamos chamar de "cena" e que nos fornece, talvez, uma imagem-tempo direta. É um aspecto de sua obra que reencontraremos mais tarde, pois extrapola o naturalismo. Mas é de dentro que Buñuel supera o naturalismo, sem jamais renunciar a ele. *[187]*

3

No momento o que nos interessa não é o modo de deixar os limites do naturalismo, mas, antes, a maneira segundo a qual certos grandes autores não conseguiram nele entrar, apesar de reiteradas tentativas. É que eles eram obcecados pelo mundo originário das pulsões, mas seu gênio próprio os orientava, porém, para outros problemas. De seu primeiro ao último filme, Visconti, por exemplo, tenta chegar às pulsões brutas e primordiais (*Obsessão* [*Ossessione*, 1943] e *O inocente* [*L'Inocente*, 1976]). Mas, excessivamente "aristocrata", não consegue porque seu verdadeiro tema

[9] Maurice Drouzy faz a análise dos planos de *Via Láctea* em que o Cristo intervém, e coloca a questão a respeito do modo segundo o qual Buñuel concebe uma liberação possível (pp. 174 ss.).

é outro, e diz respeito imediatamente ao tempo. O caso de Renoir é diferente, mas análogo. Renoir tende muitas vezes para as pulsões perversas e brutais (especialmente *Nana* [1926], *Segredos de alcova* [*The Diary of a Chambermaid*, 1946], *A besta humana* [*La Bête humaine*, 1938]), mas continua infinitamente mais próximo de Maupassant do que do naturalismo. De fato, já em Maupassant o naturalismo não passa de uma fachada: as coisas são vistas como através de uma vidraça, ou como se estivessem na "cena" de um teatro, impedindo a duração de constituir uma substância espessa em via de degradação; e quando a vidraça se degela, é em benefício de uma água corrente que também não se concilia com os mundos originários, suas pulsões, seus pedaços e seus esboços. Assim, tudo o que inspira Renoir o desvia desse naturalismo — que não deixa, entretanto, de atormentá-lo.

Por fim, os autores americanos: há alguns, especialmente Fuller, que são profundamente obcecados pelo naturalismo e pelo mundo de Caim.[10] Mas se não o conseguem, é porque ficam presos no realismo, isto é, na construção de uma pura imagem-ação que deve ser apreendida diretamente no nexo exclusivo entre os meios e os comportamentos (um tipo de violência completamente diferente da violência naturalista). É a imagem-ação que recalca a imagem-pulsão, indecente demais por sua brutalidade, sua própria sobriedade e seu irrealismo. Se há *[188]* ímpetos naturalistas no cinema americano, talvez se encontrem em certos papéis femininos e por intermédio de certas atrizes. Com efeito, no naturalismo a ideia de uma mulher originária é mais fácil de ser assimilada do que todo o resto, inclusive e sobretudo para os americanos. Zola apresentava Nana como "a carne central", "o fermento", "a mosca de ouro", no fundo boa moça, mas que corrompe tudo que to-

[10] Cf. Pierre Domeyne, *Samuel Fuller*, *Dossiers du Cinéma*, nº 2, Bruxelas, Casterman, 1971: "Em um de seus projetos mais acalentados, *Caim e Abel*, Fuller pretende justamente contar o nascimento das emoções (a primeira mentira, o primeiro ciúme etc.), e acrescenta — complemento natural — o nascimento do mal. Esse projeto, como a maioria de seus filmes, revela as raízes primitivas da obra de Fuller, cineasta do instinto, da volta às pulsões naturais e elementares, da violência física".

ca, arrastando numa irresistível degradação que se voltará contra ela própria. Um outro tipo de mulher originária, imperial e atlética é frequentemente representado por Ava Gardner: por três vezes a pulsão leva-a irresistivelmente a se unir ao homem morto ou impotente (*Pandora* [*Pandora and the Flying Dutchman*, 1951], de Lewin; *A condessa descalça* [*The Barefoot Contessa*, 1954], de Mankiewicz; *E agora brilha o sol* [*The Sun also Rises*, 1957], de Henry King). Mas o único autor americano que soube desenvolver, em torno da heroína, todo um mundo originário povoado por pulsões violentas, foi King Vidor: precisamente no período do pós-guerra, quando se afasta de Hollywood e do realismo. Em *Fúria do desejo* [*Ruby Gentry*, 1952], em que a moça dos pântanos (Jennifer Jones) executa a sua vingança e acaba de destruir o meio já esgotado da cidade e dos homens, fazendo com que o pântano retorne ao pântano: um dos mais belos pântanos de estúdio que já se construiu. Era também o caso de *Duelo ao sol* [*Duel in the Sun*, 1946], *western* naturalista, e de *A filha de Satanás* [*Beyond the Forest*, 1949], em que as personagens pareciam obedecer "a uma força secreta, ainda não identificável".[11]

O que faz com que a imagem-pulsão seja tão difícil de ser atingida, e até mesmo de ser definida ou identificada é que ela está, de certo modo, imprensada entre a imagem-afecção e a imagem-ação. A evolução de Nicholas Ray seria exemplar a respeito. É verdade que sua inspiração foi amiúde qualificada como "lírica": ele pertence à abstração lírica. Seu colorismo, que confere às cores o máximo poder absorvente, tanto quanto em Minnelli não anula o branco e o preto, *[189]* mas já os trata como verdadeiras cores. E, nessa perspectiva, as trevas não são um princípio, mas uma consequência que decorre dos nexos da luz com as cores e com o bran-

[11] Christian Viviani, "La Garce ou le côté pile", *Positif*, nº 163, nov. 1974. Esse mesmo número contém um artigo de Michel Henry ("Le Blé, l'acier et la dynamite"), que analisa este período de Vidor, 1947-1953: ele mostra como a "desmesura" de Vidor muda então de sentido, abandonando os temas da coletividade e da regeneração próprios à imagem-ação do realismo americano. E a oposição, cara a Vidor, entre a *country girl* e a *city girl* assume um novo aspecto, tornando-se a primeira uma mulher violenta e devoradora, e a segunda fraca e esgotada.

co. Até a sombra de Cristo estende-se afugentando as trevas, nos exteriores luminosos de *O rei dos reis* [*King of Kings*, 1961]; e, em *Sangue sobre a neve* [*The Savage Innocents*, 1960], os planos fixos captam um branco luminoso, que remete às trevas a civilização dos brancos (a versão italiana se intitula *Sombra branca*). A violência é como que ultrapassada: o que as personagens conquistaram, neste último período de Nicholas Ray, foi o nível de abstração e de serenidade, a determinação espiritual que lhes permite escolher, e escolher necessariamente o lado que lhes permite renovar, recriar incessantemente a mesma escolha, embora aceitando o mundo. O que já buscava o casal de *Johnny Guitar* [1954] ou de *Fora das grades* [*Run for Cover*, 1955], e que começavam a obter, o casal de *A bela do bas-fond* [*Party Girls*, 1958] acabará conseguindo plenamente: esta recriação de um liame escolhido, que de outra forma recairia nas trevas. Sob todos esses aspectos, a abstração lírica surge efetivamente como o elemento puro que Ray nunca deixou de querer atingir: mesmo nos seus primeiros filmes, em que a noite tem tanta importância, a vida noturna dos heróis não passa de uma consequência, e o jovem só se refugia na sombra por reação. Em *Cinzas que queimam* [*On Dangerous Ground*, 1951], a casa que abriga a jovem cega e o assassino irresponsável é como o avesso da branca paisagem de neve que uma tenebrosa multidão de linchadores vem escurecer.

No entanto foi preciso uma lenta evolução para que Ray dominasse esse elemento da abstração lírica.[12] Seus primeiros filmes

[12] Cf. François Truchaud, em *Nicholas Ray* (Paris, Éditions Universitaires, 1965), faz uma análise exemplar da evolução de um autor. Truchaud distingue três períodos, que define no que diz respeito à violência e em função da concepção de "escolha" que cada um apresenta: 1) nos primeiros filmes a violência juvenil e a escolha contraditória que ela implica; 2) num segundo período, que começa já com *Johnny Guitar*, a violência interior instintiva e a alternativa entre uma escolha pelo mal e um esforço para ultrapassar a violência; 3) enfim, a violência ultrapassada dos últimos filmes e a escolha de amor e de aceitação. Truchaud insiste reiteradamente na existência de uma inspiração próxima de Rimbaud em Ray, que queria consagrar-lhe um filme: uma certa conexão entre beleza e "convulsão".

foram feitos dentro do modelo americano da imagem-ação, que o aproximava de Kazan: a violência do jovem é *[190]* uma violência agida, uma violência de reação contra o meio, contra a sociedade, contra o pai, contra a miséria e a injustiça, contra a solidão. O jovem deseja violentamente tornar-se um homem, mas é a própria violência que não lhe oferece outra escolha senão morrer ou continuar criança, tão mais criança quanto mais violento for (é ainda o tema de *Juventude transviada* [*Rebel without a Cause*, 1955]; mas, aqui, parece que o herói ganhou sua aposta, tornou-se homem em um dia, embora depressa demais para sentir-se apaziguado). Ora, um segundo período, do qual muitos elementos encontravam-se em germe no primeiro, vai modificar profundamente a imagem da violência e da velocidade. Estas deixam de ser uma reação ligada a uma situação, tornam-se internas e naturais na personagem, inatas: dir-se-ia que o revoltado escolheu não exatamente o mal, mas "a favor" do mal, e que ele atinge uma espécie de beleza por e numa convulsão permanente. Não se trata mais de uma violência agida, mas comprimida, de onde só emergem atos curtos, eficazes e precisos, frequentemente atrozes, que testemunham uma pulsão bruta. Com *A bela do bas-fond*, ela se exprime na vida e na morte do gângster amigo, mas também no amor exasperado do casal, na intensidade das danças da mulher. E é principalmente a nova violência de *Jornada tétrica* [*Wind across the Everglades*, 1958] que faz desse filme uma obra-prima do naturalismo: o mundo originário, o pântano de Everglades, seus verdes luminosos, seus grandes pássaros brancos, o Homem das pulsões, que quer "atirar bem na cara de Deus", seu bando de "irmãos de Caim", matadores de pássaros. E embriaguez deles responde à tempestade e à trovoada. Mas logo tais imagens devem ser superadas: logo a aposta tem por objeto a saída do pântano, mesmo que se morra, descobrindo a possibilidade de uma aceitação, de uma reconciliação. Enfim, a violência superada, a serenidade adquirida vão constituir a forma extrema de uma escolha que se escolhe a si própria e que está sempre recomeçando, reunindo num último período todos os elementos da abstração lírica que o realismo do primeiro e o naturalismo do segundo haviam elaborado lentamente.

É difícil chegar à pureza da imagem-pulsão, e sobretudo nela permanecer, nela encontrar abertura e criatividade suficientes. Chamam-se naturalistas os grandes autores que o conseguiram. Losey (americano, mas tão pouco...) é precisamente o terceiro, como Stroheim e Buñuel. Com efeito, ele inscreve *[191]* toda a sua obra nas coordenadas naturalistas, renovando-as a sua maneira, tanto quanto seus predecessores. O que aparece inicialmente em Losey é uma violência muito particular, que impregna ou se apossa das personagens e que antecede qualquer ação (um ator como Stanley Baker parece dotado dessa violência que o predestina a Losey). É o contrário da violência da ação, realista. Trata-se de uma violência em ato, antes de entrar em ação. Que não está ligada nem a uma imagem-ação nem à representação de uma cena. É uma violência não só interior ou inata, mas *estática*, da qual só se encontra equivalente em Bacon na pintura, quando este evoca uma "emanação" que se desprende de uma personagem imóvel, ou em Jean Genet em literatura, quando descreve a extraordinária violência que pode residir numa mão imóvel em repouso.[13] *A sombra da forca* [*Time without Pity*, 1957] apresenta um jovem acusado, a respeito do qual nos dizem que não só é inocente, como afável e afetuoso; e, no entanto, o espectador estremece tanto quanto a própria personagem, que estremece de violência, que estremece sob a sua própria violência contida.

Em segundo lugar, essa violência originária, essa violência da pulsão vai penetrar inteiramente num meio dado, um meio derivado, que ela esgota literalmente segundo um longo processo de degradação. Nesse sentido, Losey prefere escolher um meio "vitoriano", cidade ou casa vitorianas onde o drama se passa e onde as escadas assumem uma importância essencial na medida em que traçam uma *linha de máxima inclinação*. A pulsão esquadrinha o meio, e só consegue se saciar apropriando-se daquilo que parece ser vedado a ela, e pertencer por direito a um outro meio, a um

[13] Francis Bacon, *L'Art de l'impossible*, vol. II, Genebra, Skira, 1976, pp. 30-2; Jean Genet, *Journal du voleur*, Paris, Gallimard, 1949, pp. 14 ss. [ed. bras.: *Diário de um ladrão*, tradução de Jacqueline Laurence e Roberto Lacerda, Rio de Janeiro, Nova Fronteira, 2005].

nível superior. Donde a perversão em Losey, que consiste ao mesmo tempo nessa propagação da degradação, e na eleição ou na escolha do "pedaço" mais difícil de atingir. *O criado* [*The Servant*, 1963] testemunha esta investida do empregado sobre o patrão e a casa. É um mundo de predadores. *Cerimônia secreta* [*Secret Ceremony*, 1968] faz justamente com que vários tipos de predadores se defrontem: a fera, os dois gaviões e a hiena humilde, afetuosa e vingadora. *O mensageiro* [*The Go-Between*, 1971] multiplica esses processos, pois não só o caseiro se apossa da jovem do *[192]* castelo, mas os dois amantes se apossam do menino, constrangido e fascinado, petrificando-o no seu papel de *go-between*, exercendo sobre ele uma estranha violação que duplica o seu próprio prazer. No mundo das pulsões de Losey talvez uma das mais importantes seja o "servilismo", erigido ao estado de verdadeira pulsão elementar do homem, em ato no empregado, mas latente e explodindo no patrão, nos amantes, na criança (nem *Don Giovanni* [1979] escapa).[14] O servilismo é coisa do patrão tanto quanto do empregado, como o parasitismo em Buñuel. A degradação é o sintoma dessa pulsão de servilismo universal à qual correspondem outros tantos fetiches, os espelhos captadores e as estátuas que enfeitiçam. Fetiches aparecem até sob a forma inquietante de *vults*, com a cabala de *Cidadão Klein* [*Mister Klein*, 1976] ou, principalmente, a beladona de *O mensageiro*.

Se é verdade que a degradação naturalista passava por uma espécie de entropia em Stroheim e pelo ciclo ou pela repetição em Buñuel, agora ela recorre a uma outra figura. É o que se poderia chamar, em terceiro lugar, de volta contra si mesmo. Essa noção adquire aqui um sentido simples, próprio a Losey. A violência originária das pulsões está sempre em ato, mas é grande demais para

[14] A propósito de *O criado*, Losey declara: "Para mim, o filme é apenas um filme sobre a servilidade, servilidade de nossa sociedade, servilidade do senhor, do criado, e servilidade na atitude de todas as espécies de gentes representando classes e situações diferentes [...] É uma sociedade do medo e a reação diante do medo é, na maioria dos casos, não a resistência e o combate, mas a servilidade, e a servilidade é um estado de espírito" (*Présence du Cinéma*, nº 20, mar. 1964). Cf. também Michel Ciment, *Le Livre de Losey*, Paris, Stock, 1976, pp. 275 ss.; e a propósito de *Don Giovanni*, pp. 108 ss.

a ação. Dir-se-ia que não existe ação suficientemente grande para ser adequada a ela no meio derivado. Presa, ela própria, da violência da pulsão, a personagem estremece sobre si mesma, e é nesse sentido que se torna presa, a vítima da sua própria pulsão. Assim, Losey monta armadilhas, que são outros tantos contrassensos psicológicos a propósito de sua obra. A personagem pode dar a impressão de ser um fraco que compensa sua fraqueza com uma brutalidade aparente, à qual se entrega quando não sabe mais o que fazer, mesmo que logo depois tenha de desmoronar. Esse parece ser o caso já em *A sombra da forca*, e, mais recentemente, em *Uma estranha mulher* [*La Truite*, 1982]: nas duas vezes o adulto mata *[193]* numa situação de impotência, e desmorona como uma criança. Mas na verdade Losey não descreve nenhum mecanismo psicológico, ele inventa uma lógica extrema das pulsões. Falar de masoquismo é irrelevante. Na base há a pulsão que, por sua natureza, é forte demais para a personagem, seja qual for o seu caráter. Longe de ser uma aparência, essa violência está nela; mas ela não pode acordar, isto é, despertar no meio derivado sem romper de uma só vez a personagem, ou sem engajá-la num devir que é o de sua própria degradação e de sua própria morte. As personagens de Losey não são falsos durões, mas falsos fracos: de saída são condenados pela violência que os habita, e que os força a ir até o fim de um meio que a pulsão explora, mesmo que isso lhes custe o seu próprio desaparecimento junto com o meio. Mais ainda do que qualquer outro filme de Losey, *Cidadão Klein* é o exemplo desse devir que monta para nós a armadilha das interpretações psicológicas ou psicanalíticas. O herói é efetivamente esse compacto de violência que sempre reencontramos em Losey (Alain Delon tem essa violência estática necessária ao ator de Losey). Mas o que é próprio de *Cidadão Klein* é que a violência das pulsões que o habitam o arrasta para o mais estranho devir: tomado por um judeu, confundido com um judeu durante a ocupação nazista, ele começa protestando, e põe toda a sua violência sombria numa investigação através da qual pretende denunciar a injustiça dessa assimilação. Isso não ocorre, porém, em nome do direito ou de uma tomada de consciência de uma injustiça mais fundamental; é unicamente em nome da violência já existente dentro de si que ele vai fazendo passo a passo uma descoberta decisiva: mesmo que fosse judeu, todas as suas pulsões ainda se oporiam à violência derivada de uma ordem que não é a delas, e sim que é a ordem social de um regime dominante. Tanto que a personagem começa a assumir essa condição de judeu que ela não é, e consente no seu próprio desaparecimento na massa de judeus empurrados para a morte. É exatamente o devir-judeu de um não judeu.[15] A propósito de *Cidadão Klein* comentou-se muito *[194]* o papel do duplo e o encaminhamento da investigação. Tais temas parecem-nos secundários e subordinados à imagem-pulsão, isto é, a essa violência estática da personagem cuja única saída no meio derivado é voltar-se contra si mesmo, um devir que a leva ao desaparecimento assim como à mais perturbadora das assunções.

Haveria em Losey uma salvação, mesmo com tanta ambiguidade quanto em Stroheim e Buñuel? Se há, seria preciso buscá-la entre as mulheres. Parece que o mundo das pulsões e o meio dos sintomas enquadram hermeticamente os homens, entregando-os a uma espécie de jogo homossexual masculino do qual não escapam. Em contrapartida, não há mulher originária no naturalismo de Losey (exceto *Modesty Blaise* [1966], mulher de pulsões e fetiches, mas que se apresenta como uma paródia). As mulheres, em Losey, parecem muitas vezes mais adiantadas que o meio, revoltadas contra ele e fora do mundo originário dos homens, limitando-se a ser ora a sua vítima, ora a sua beneficiária. São elas que traçam uma linha de saída e que conquistam uma liberdade criadora, artística ou simplesmente prática — elas não têm nem vergonha nem culpabilidade nem violência estática que se voltaria contra elas mes-

[15] É também o tema de um dos melhores romances de Arthur Miller, *Focus*, Paris, Union Générale d'Éditions, 1964 [ed. bras.: *Foco*, tradução de José Rubens Siqueira, São Paulo, Companhia das Letras, 2012]: um americano médio, confundido com um judeu, perseguido pela KKK, abandonado por sua mulher e seus amigos, começa por protestar, tentando provar que é um ariano puro; em seguida toma progressivamente consciência de que estas perseguições não seriam menos odiosas se ele fosse realmente judeu, e acaba se confundindo voluntariamente com o judeu que ele não é. O filme de Losey nos parece muito próximo, em espírito, do romance de Miller.

mas. É a mulher do escultor de *Os malditos* [*The Damned*, 1962], mas também *Eva* [1962] e a nova Eva que Losey descobre em *Uma estranha mulher*. Elas saem do naturalismo para atingir a abstração lírica. Essas mulheres adiantadas se parecem um pouco com as de Thomas Hardy, com funções análogas.

Inseparáveis dos meios derivados, os mundos originários de Losey possuem traços particulares, próprios ao seu estilo. São estranhos espaços achatados, muitas vezes pendentes, mas nem sempre, rochosos ou pedregosos, entremeados de canais, de galerias, de trincheiras, de túneis que formam um labirinto horizontal: são o penhasco de *Os malditos*, os altiplanos de *No limiar da liberdade* [*Figures in a Landscape*, 1970], o terraço elevado de *O homem que veio de longe* [*Boom!*, 1968]; porém, num nível inferior, podem ser a cidade morta "quase pré-histórica", a Veneza de *Eva*, uma península que parece uma extremidade do mundo, o Norfolk de *O mensageiro*, um jardim italiano para *Don Giovanni*, *[195]* um parque abandonado como aquele em que o herói de *A sombra da forca* instalou sua empresa e seu circuito de automóveis, uma simples praça de cascalho, como em *O criado*, um campo de *cricket* (que Losey adora filmar, embora não goste do esporte), um velódromo de inverno com seus túneis em *Cidadão Klein*. O mundo originário é povoado de grutas e de pássaros, mas também de fortalezas, de helicópteros, de esculturas, de estátuas; e não se sabe se seus canais são artificiais ou naturais, lunares. O mundo originário não opõe, portanto, a natureza às construções do homem: ele ignora essa distinção, que só vale nos meios derivados. Mas, surgindo entre um meio que não para nunca de morrer e um outro que não chega a nascer, ele se apropria tanto dos restos de um quanto dos esboços do outro, para fazer deles os seus "sintomas mórbidos", como diz Gramsci, numa fórmula que serve de epígrafe a *Don Giovanni*. O mundo originário abarca o futurismo e o arcaísmo. Como ao louco senhor do penhasco, a ele pertence tudo o que é ato ou gesto da pulsão. E, de cima para baixo, por caminhos em declive desta vez verticais ou de fora para dentro, o mundo originário comunica com os meios derivados, simultaneamente como predador que nele escolhe suas presas e como parasita que precipita a sua degradação. O meio é a casa vitoriana, assim como o mundo originário é a região selvagem que pende sobre ela ou a envolve.

Assim se organizam em Losey as quatro coordenadas próprias do naturalismo. Ele mesmo o mostra claramente a propósito de *Os malditos* ao definir uma dupla "justaposição": de um lado, os penhascos de Portland, "sua paisagem primitiva e suas instalações militares", suas crianças mutantes, radioativas (mundo originário); mas também "o abominável estilo vitoriano da pequena estação balneária de Weymmouth" (meio derivado); por outro lado, as grandes figuras de pássaros e de helicópteros e as esculturas (imagens e atos pulsionais); mas também a gangue das motos cujos guidões são como asas (ações perversas no meio derivado).[16] De filme em filme, as quatro dimensões variam e entram em relações diversos de oposição ou de complementaridade, de acordo com o que Losey quer dizer e mostrar.

[16] Citado por Pierre Rissient, *Losey*, Paris, Éditions Universitaires, 1966, pp. 122-3.

Capítulo 9
A IMAGEM-AÇÃO: A GRANDE FORMA
[196]

1

Abordamos agora um campo mais fácil de definir: os meios derivados assumem sua independência e passam a valer por si mesmos. As qualidades e potências já não se expõem em espaços quaisquer, já não povoam mundos originários e, sim, se atualizam diretamente em espaços-tempos determinados, geográficos, históricos e sociais. Os afetos e as pulsões só aparecem encarnados em comportamentos, sob a forma de emoções ou de paixões que os regulam e desregulam. É o Realismo. É verdade que há toda espécie de transição possível. Já era uma tendência do expressionismo alemão instalar suas sombras e seus claros-escuros em espaços física e socialmente definidos (Lang, Pabst). Inversamente, um meio determinado pode atualizar uma potência tal que ele próprio vale como um mundo originário ou um espaço qualquer: é o que se vê no lirismo sueco. O realismo se define ainda por seu nível específico. Nesse nível, ele não exclui de modo algum a ficção, e até o sonho; pode compreender o fantástico, o extraordinário, o heroico e, sobretudo, o melodrama; pode comportar um exagero e uma desmedida, mas que lhe são próprios. O que constitui o realismo é simplesmente o seguinte: meios e comportamentos; meios que atualizam e comportamentos que encarnam. A imagem-ação é a conexão entre os dois e todas as variedades dessa conexão. É *[197]* esse modelo que consagrou o triunfo universal do cinema americano, a ponto de ter servido de passaporte para os autores estrangeiros que contribuíram para a sua constituição.

O meio atualiza sempre várias qualidades e potências. Nelas, ele opera uma síntese global, ele próprio é Ambiência ou o Englobante, enquanto as qualidades e as potências tornaram-se forças no meio. O meio e suas forças se encurvam, agem sobre a personagem, lançam-lhe um desafio e constituem uma situação na qual ela é apanhada. A personagem, por sua vez, reage (ação propriamente dita) de modo a responder à situação, ou a modificar o meio ou o seu nexo com o meio, com a situação, com outras personagens. Ela deve adquirir um novo modo de ser (*habitus*) ou elevar seu modo de ser à altura das exigências do meio e da situação. Daí decorre uma situação modificada ou restaurada, uma nova situação. Tudo é individuado: o meio enquanto este ou aquele espaço-tempo, a situação enquanto determinante e determinada, a personagem coletiva tanto quanto a individual. E, como vimos, de acordo com a classificação das imagens de Peirce, é o reino da "secundidade", lá onde tudo é por si mesmo dois. No meio já podemos distinguir as qualidades-potências e o estado das coisas que as atualiza. A situação e a personagem ou a ação são como dois termos ao mesmo tempo correlativos e antagônicos. A ação é em si própria um duelo de forças, uma série de duelos: duelo com o meio, com os outros, consigo mesma. Enfim, a nova situação que decorre da ação forma um par com a situação inicial. Eis o conjunto da imagem-ação, ou pelo menos sua primeira forma. Ela constitui a representação orgânica, que parece dotada de sopro ou de respiração. Pois ela se dilata do lado do meio e se contrai do lado da ação. Mais precisamente: ela se dilata ou se contrai de ambos os lados de acordo com os estados da situação e as exigências da ação.

No conjunto pode-se dizer, no entanto, que há como que duas espirais inversas, uma que se retrai rumo à ação e a outra que se alarga rumo à nova situação: uma forma de porta-ovo ou de ampulheta que apreende simultaneamente o espaço e o tempo. Essa representação orgânica e espiralada tem por fórmula S-A-S' (da situação a situação transformada por intermédio da ação). Tal fórmula parece-nos corresponder *[198]* ao que Burch designava como "grande forma".[1] A imagem-ação, ou representação orgânica tem dois polos, ou melhor, dois signos, um que remete sobretudo

[1] Noël Burch propõe este termo para caracterizar a estrutura de *M, o*

ao orgânico e o outro ao ativo ou ao funcional. Chamamos o primeiro synsigno, conformando-nos parcialmente a Peirce: o synsigno é um conjunto de qualidades-potências enquanto atualizadas num meio, num estado de coisas ou num espaço-tempo determinados.[2] O segundo polo, gostaríamos de chamá-lo binômio, para designar qualquer duelo, isto é, o que é propriamente ativo na imagem-ação. Há binômio assim que o estado de uma força remete a uma força antagônica e particularmente quando, sendo uma das forças "voluntária" (ou ambas), ela envolve em seu próprio exercício um esforço para prever o exercício da outra força: o agente age em função do que pensa que o outro vai fazer. Os fingimentos, as exibições, as armadilhas são, portanto, casos de binômios exemplares. Num *western*, o momento do duelo, quando a rua se esvazia, quando o herói sai e caminha com um porte muito particular, esforçando-se para adivinhar onde o outro está e o que vai fazer, é um binômio por excelência.

Por exemplo, *Vento e areia* [*The Wind*, 1928], de Sjöström (seu primeiro filme americano). O vento sopra sem parar sobre a planície. O espaço do vento como afeto é quase um mundo originário naturalista, ou até um espaço qualquer expressionista. Mas também é todo um estado das coisas que atualiza essa potência, combina-a com a da pradaria num espaço determinado — o Ari-

vampiro de Düsseldorf, de Lang; "Le Travail de Fritz Lang", em *Cinéma: théorie, lectures*, Paris, Klincksieck, 1973.

[2] Charles S. Peirce escreve "sinsigno" para insistir sobre a individualidade do estado das coisas. Mas a individualidade do estado das coisas e do agente não deve ser confundida com a singularidade, que já faz parte das qualidades e potências puras. É por isso que preferimos o prefixo "syn" que indica, aliás, conforme a análise de Peirce, que há sempre várias qualidades ou potências atualizadas num estado das coisas. Escrevemos, portanto, "synsigno". [Para Peirce, um sin-signo — "onde a sílaba sin é considerada em função de seu significado de "uma única vez", como em *singular*, *simples*, em latim *semel* etc. — é uma coisa ou evento existente e real que é um signo". A distinção introduzida por Deleuze na definição de Peirce é realçada pelo recurso ao prefixo grego, *syn* — da preposição *sun*: "com", elemento designativo da ideia de reunião no espaço e no tempo. Conservarmos a grafia synsigno para preservar a distinção feita pelo filósofo. (N. da T.)]

zona: um meio realista. Uma jovem vinda do Sul chega nessa região a qual não está habituada, e se vê implicada numa série de duelos, duelo físico com o meio, duelo psicológico com a família hostil que a acolhe, duelo sentimental com o rude caubói por ela apaixonado, duelo corpo a corpo com o vendedor de gado que quer *[199]* violentá-la. Ao matar o comerciante ela tenta desesperadamente enterrá-lo na areia, mas o vento sempre descobre o cadáver. É o momento em que o meio lhe lança o desafio mais forte, e aquele em que ela chega ao fundo do duelo. Começa então a reconciliação: com o caubói, que a compreende e ajuda; com o vento, cuja potência ela compreende, ao mesmo tempo que sente emergir dentro de si um novo modo de ser.

Como este tipo de imagem-ação se desenvolve através de um certo número de grandes gêneros cinematográficos? Em primeiro lugar, o documentário. Toynbee desenvolvera uma filosofia pragmática da história segundo a qual as civilizações foram respostas a desafios lançados pelo meio.[3] Se o caso normal, ou melhor, normativo, era o das comunidades que enfrentam desafios suficientemente grandes, mas não o bastante para absorver todas as capacidades do homem, poder-se-ia conceber dois outros casos: um em que os desafios do meio são tão fortes que o homem só pode responder-lhes ou se precaver contra eles, investindo todas as suas energias (civilização de sobrevivência); outro onde o meio é tão favorável que o homem pode dedicar-se a viver (civilização do lazer). Os documentários de Flaherty consideram esses casos e descobrem a nobreza dessas civilizações extremas. Por isso ele não se importa com a objeção que lhe fazem de ser rousseauísta, e de ignorar os problemas políticos colocados pelas sociedades primitivas, e o papel dos brancos na exploração de tais sociedades. Isso seria introduzir um terceiro, uma terceiridade que não tem nada a ver com as condições fixadas por Flaherty: captar cruamente um *tête-à-tête* com o meio (etologia em vez de etnologia). *Nanouk, o*

[3] Cf. Arnold Toynbee, *L'Histoire*, Paris, Gallimard, 1951 [ed. bras.: *Um estudo da história*, tradução de Isa Silveira Leal e Miroel Silveira, São Paulo, Martins Fontes, 1987].

esquimó [*Nanook of the North*, Robert Flaherty, 1922] começa mostrando o meio, quando o esquimó aporta com a família. Imenso synsigno do céu opaco e das costas de gelo, onde Nanouk garante a sua sobrevivência num meio tão hostil: duelo com o gelo para construir o iglu, e sobretudo o célebre duelo com a foca. Temos aí uma grandiosa estrutura SAS', ou melhor, SAS, pois a grandeza das ações de Nanouk consiste menos em modificar a situação do que em sobreviver num meio inabalável. Inversamente, *O homem perfeito* [*Moana*, Robert Flaherty, 1926] vem nos mostrar uma civilização sem desafio da Natureza. Mas, como se *[200]* o homem só pudesse ser homem através do esforço e da resistência à dor, é preciso que ele se substitua ao meio excessivamente benevolente e invente para si a prova da tatuagem, que o faz aceder a um duelo fundamental consigo mesmo.

Em segundo lugar, o filme psicossocial: em toda a parte realista de sua obra, King Vidor soube estabelecer grandes sínteses globais que vão da coletividade ao indivíduo e do indivíduo à coletividade. Pode-se chamar de "ética" uma forma desse tipo, que se impõe, aliás, em todos os gêneros na medida em que o *ethos* designe ao mesmo tempo o lugar e o meio, a estada num meio e o hábito ou o *habitus*, a maneira de ser. Em vez de excluir o sonho, a forma ética ou realista compreende os dois polos do sonho americano: de um lado a ideia de uma comunidade unanimista ou de uma nação-meio, cadinho e fusão de todas as minorias (a gargalhada unânime ao final de *A turba* [*The Crowd*, King Vidor, 1928], ou a mesma expressão que se forma no rosto de um amarelo, de um negro, de um branco em *No turbilhão da metrópole* [*Street Scene*, King Vidor, 1931]; de outro a ideia de um chefe, isto é, de um homem desta nação, que sabe responder aos desafios do meio, bem como às dificuldades de uma situação (*O pão nosso* [*Our Daily Bread*, King Vidor, 1934], *Um romance americano* [*An American Romance*, King Vidor, 1944]). Até mesmo em meio às crises mais graves, esse unanimismo bem dirigido se desloca e só abandona um lugar para se formar de novo em outro — se a cidade o perde, ele passa para as comunidades agrícolas, depois pula "do trigo ao aço", para a grande indústria. Mesmo assim a unanimidade pode ser falsa, e o indivíduo estar entregue a si mesmo. Não era esse precisamente o caso de *A turba*, onde a cidade era apenas uma comunidade humana artificial e indiferente, e o indivíduo um ser abandonado, privado de recursos e sem reações? A figura SAS', em que o indivíduo modifica a situação, tem efetivamente como reverso uma situação SAS, de tal modo que o indivíduo não sabe mais o que fazer e, na melhor das hipóteses, se encontra de novo na mesma situação: o pesadelo americano de *A turba*.

Pode até acontecer que a situação piore e o indivíduo despenque cada vez mais baixo numa espiral descendente: SAS'. É verdade que o cinema americano prefere apresentar personagens já degradados, como os alcoólatras de Hawks, cuja história será a de uma ascensão. Mas quando mostra o próprio processo de degradação é evidentemente de modo totalmente diverso da maneira do expressionismo ou do naturalismo. Não se trata mais de uma *[201]* queda num buraco negro, nem de uma entropia como inclinação da pulsão (embora King Vidor tenha se aproximado deste ponto de vista naturalista). A degradação realista, à americana, vai despejar-se no molde meio-comportamento, situação-ação. Ela não exprime uma vocação do afeto ou um destino das pulsões, mas uma patologia do meio e uma perturbação do comportamento. Ela é herdeira de uma tradição literária deslumbrante, de Fitzgerald ou de Jack London: "Beber era um dos modos de existência que eu levava, um hábito dos homens com quem me metia...". A degradação marca um homem que frequenta meios sem lei, meios de falso unanimismo ou de falsa comunidade, e só pode manter comportamentos falsamente integrados, comportamentos fissurados que não conseguem mais organizar seus próprios segmentos. Esse homem é um "perdedor nato", "ele ultrapassa os limites". É o mundo dos bares em *Farrapo humano* [*The Lost Weekend*, 1945], de Wilder (apesar do final feliz), é o mundo do bilhar em *Desafio à corrupção* [*The Hustler*, 1961], de Rossen, e é sobretudo o mundo do crime ligado à proibição que vai constituir o grande gênero do filme *noir*. Sob esse aspecto, o filme *noir* descreve vigorosamente o meio, expõe as situações, se contrai em preparação da ação e em ação minutada (por exemplo, o modelo do assalto) e desemboca, enfim, numa nova situação, na maioria das vezes restabelecendo a ordem. Mas, justamente, se apesar da potência do seu meio e da eficácia de suas ações, os gângsters são perdedores natos, é porque algo corrói uma e outra, invertendo a espiral em seu detrimento. Por um lado, o "meio" é uma falsa comunidade, na verdade uma selva onde toda aliança é precária e reversível; por outro, os comportamentos, por mais experimentados que sejam, não são verdadeiros *habitus*, respostas verdadeiras a situações, mas encobrem uma falha ou fissuras que os desintegram. É a história de *Scarface, a vergonha de uma nação* [*Scarface*, 1932], de Hawks, em que todas as fissuras do herói, todas as pequenas falhas que o levavam a passar dos limites reúnem-se numa crise abjeta que leva consigo a morte da irmã. Ou então, de modo diverso, em *O segredo das joias* [*Asphalt Jungle*, 1950], de Huston, a extrema minúcia do doutor e a competência do assassino não resistirão à traição de um comparsa, que libera a pequena fissura erótica no primeiro e a nostalgia da terra natal no outro, conduzindo ambos ao fracasso e à morte. Será preciso concluir que a sociedade é *[202]* feita à imagem de seus crimes, e que todos os meios são patológicos, todos os comportamentos fissurados? Isto seria mais próximo de Lang ou de Pabst. Mas o cinema americano tinha meios para salvar seu sonho, atravessando os pesadelos.

O *western* é o quarto grande gênero e se ancora solidamente num meio. Desde Ince e segundo a fórmula SAS' (veremos que esta não é a única fórmula do *western*), o meio é a Ambiência, ou o Englobante. Aqui a qualidade principal da imagem é o sopro, a respiração. É ela que não só inspira o herói, mas também reúne as coisas em um todo da representação orgânica, contraindo-se e dilatando-se segundo as circunstâncias. Quando a cor se apossa deste mundo, é de acordo com uma gama cromática onde ela se propaga, e onde o saturado ressoa com o lavado (essa cor ambiente será reencontrada nos cenários artificiais de *Como era verde o meu vale* [*How Green Was My Valley*, 1941], de Ford. Não só em Ford, mas até em Hawks o englobante derradeiro é o céu e suas pulsações, que faz uma das personagens de *Rastros de ódio* [*Big Sky*, John Ford, 1956] dizer: é um grande país, a única coisa ainda maior é o céu... Englobado pelo céu, o meio engloba por sua vez a coletividade. É como representante da coletividade que o herói torna-se capaz de uma ação que o iguala ao meio e restabelece neste a sua ordem acidentalmente ou periodicamente comprometida: as mediações da comunidade e da *land* são necessárias para constituir um chefe e tornar um indivíduo capaz de uma ação tão grande. Reconhecemos aí o mundo de Ford, com os momentos coletivos intensos (casamento, festa, danças e cantos), a presença constante da *land* e a imanência do céu. Alguns daí deduziram que há em Ford um espaço fechado, sem movimento nem tempo reais.[4] Parece-nos antes que o movimento é real, mas que, em vez de se fazer de parte a parte, ou então no que diz respeito a um todo, cuja mudança traduziria, ele faz-se *num* englobante, cuja respiração exprime. O exterior engloba o interior, ambos se comunicam *[203]* e se avança nos dois sentidos, passando de um ao outro, segundo as imagens de *No tempo das diligências* [*Stagecoach*, John Ford, 1939], onde o interior da diligência alterna com a diligência vista do exterior. Pode-se ir de um ponto conhecido a um ponto desconhecido, terra prometida como em *Caravana de bravos* [*Wagon Master*, John Ford, 1950]: o essencial continua sendo o englobante que os compreende a ambos e que se dilata à medida em que se avança com dificuldade e se contrai quando se para e se descansa. A originalidade de Ford é que só o englobante dá a medida do movimento, ou o ritmo orgânico. Aliás, ele é também o cadinho das minorias, isto é, aquilo que as reúne, o que revela suas correspondências, mesmo quando elas aparentemente se opõem, o que mostra já a sua fusão para o nascimento de uma nação: como os três grupos de perseguidos que se encontram em *Caravana de bravos*, os mórmons, os artistas ambulantes, os índios.

Enquanto permanecermos nesta primeira aproximação, continuaremos numa estrutura SAS que se tornou cósmica ou épica: de fato, o herói torna-se igual ao meio por intermédio da comunidade e não o modifica, mas, antes, restabelece a sua ordem cí-

[4] Segundo Jean Mitry (*Ford*, Paris, Éditions Universitaires, 1954), Ford é muito mais trágico do que épico, e tende a construir um espaço fechado, sem tempo nem movimento reais: é como uma "ideia de movimento" sugerida por imagens estáticas e lentas. Henri Agel retoma este ponto de vista de acordo com sua alternativa "fechado-aberto", "dilatado-contraído" (*L'Espace cinématographique*, Paris, Delarge, 1978, pp. 50-1, 139-41).

clica.[5] No entanto, seria arriscado reservar para Ince e Ford um gênio épico, enquanto outros autores mais recentes teriam concebido o *western* trágico e até romanesco. A aplicação do esquema de Hegel e de Lukács sobre a sucessão desses gêneros aplica-se mal ao *western*: como demonstrou Mitry, desde o início o *western* explorou todas as direções, o épico, o trágico, o romanesco, com caubóis já nostálgicos, solitários, envelhecendo, ou até perdedores natos, com índios reabilitados.[6] Em toda a sua obra, Ford nunca deixou de captar a evolução de uma situação que introduz um tempo perfeitamente real. Há certamente uma grande diferença entre o *western* e o que se pode chamar de *neowestern*; mas ela não se explica por uma sucessão de gêneros, nem *[204]* por uma passagem do fechado ao aberto no espaço. Em Ford, o herói não se contenta em restabelecer a ordem periodicamente ameaçada. A organização do filme, a representação orgânica não é um círculo, mas uma espiral em que a situação de chegada difere da situação de partida: SAS'. É mais uma forma ética do que épica. Em *O homem que matou o facínora* [*The Man who Shot Liberty Valance*, John Ford, 1962], o bandido é morto e a ordem é restabelecida; mas o caubói que matou sugere que será o futuro senador, aceitando assim a transformação da lei, que deixa de ser a lei tácita épica do Oeste para tornar-se a lei escrita ou romanesca da civilização industrial. O mesmo ocorre em *Terra bruta* [*Two Rode Together*, John Ford, 1961], onde desta vez o xerife renuncia ao cargo e recusa a evolução da cidadezinha.[7] Em ambos os casos, Ford inventa um procedimento muito interessante, que é a imagem mo-

[5] Cf. Bernard Dort, "La Nostalgie d'épopée", em *Le Western*, col. 10-18, Paris, Union Générale d'Éditions, 1966: a epopeia (pastoral) se define pela adequação da alma e do mundo, do herói e do meio; mesmo os índios são apenas potências más, mas que colocam em questão o cosmos e sua ordem, do mesmo modo que um cataclismo, fogo ou inundação; e o trabalho do herói não modifica o meio, mas o restabelece, o reconquista, um pouco como se deve reconstruir uma estrada.

[6] Jean Mitry, *Cahiers du Cinéma*, nº 19-21, jan.-mar. 1953.

[7] Encontrar-se-á uma análise de *Terra bruta* em Jean Roy, *Pour John Ford*, Paris, Cerf, 1976: ele insiste no caráter "espiroide" do filme, e mostra

dificada: uma imagem é mostrada duas vezes, mas na segunda vez modificada ou completada de modo a fazer sentir a diferença entre S e S'. Em *O homem que matou o facínora*, o final mostra a verdadeira morte do bandido e o caubói que atira, enquanto antes víramos a imagem truncada à qual se aterá a versão oficial (é o futuro senador quem matou o bandido). Em *Terra bruta* nos é mostrada a mesma silhueta de xerife, na mesma atitude, mas não mais o mesmo xerife. É verdade que entre os dois, entre S e S', há muita ambiguidade e hipocrisia. O herói de *O homem que matou o facínora* faz questão de se lavar do crime para se tornar senador respeitável, enquanto os jornalistas insistem em manter sua lenda, sem a qual ele não seria nada. E como demonstrou Roy, *Terra bruta* tem por tema a espiral do dinheiro que, desde o início, mina a comunidade e só fará crescer o seu império.

Mas dir-se-ia que, em ambos os casos, o que conta para Ford é que a comunidade possa ter certas ilusões a respeito de si mesma. Seria essa a grande diferença entre os meios saudáveis e os meios patogênicos. Jack London escreveu belas páginas para mostrar que, afinal, a comunidade alcoólatra não tem ilusões sobre si mesma. Em vez de *[205]* fazer sonhar, o álcool "recusa-se a deixar sonhar o sonhador", o álcool age como uma "razão pura" que nos convence de que a vida é uma palhaçada, a comunidade uma selva, a vida um desespero (donde o escárnio do alcoólatra). Poder-se-ia dizer o mesmo das comunidades do crime. Em contrapartida, uma comunidade é sã enquanto reinar uma espécie de consenso que lhe permite iludir-se sobre si mesma, sobre suas razões, seus desejos e suas cobiças, sobre seus valores e seus ideais: ilusões "vitais", ilusões realistas mais verdadeiras que a verdade pura.[8] É este também o ponto de vista de Ford, que desde *O delator* [*The Informer*, 1935] mostrava a degradação quase expressionista de um delator traidor a partir do momento que não podia mais se iludir.

que essa forma da espiral é frequente (p. 120). Assim também sua belíssima análise de *Caravana de bravos*, pp. 56-9.

[8] Jack London, *Le Cabaret de la dernière chance*, col. 10-18, Paris, Union Générale d'Éditions, 1974, pp. 283 ss. E Ford: "Je crois au rêve américain" (Andrew Sinclair, *John Ford*, Paris, France-Empire, 1980, p. 124).

Não se pode, portanto, censurar o sonho americano por ser apenas um sonho: é isso mesmo que ele pretende ser, tirando toda a sua potência do fato de ser um sonho. Tanto para Ford como para Vidor a sociedade muda e está sempre mudando, mas suas mudanças se dão num Englobante que as cobre e abençoa com a sã ilusão de continuidade de uma nação.

Afinal, o cinema americano nunca deixou de filmar e refilmar o mesmo filme fundamental, que era Nascimento de uma nação--civilização, cuja primeira versão havia sido feita por Griffith. Ele tem em comum com o cinema soviético a crença numa finalidade da história universal, aqui a eclosão da nação americana, lá o advento do proletariado. Mas, nos americanos, a representação orgânica evidentemente não encontra desenvolvimento dialético, ela é por si mesma toda a história, a linhagem germinal da qual cada nação civilizada se destaca como um organismo, cada uma delas prefigurando a América. Donde o caráter profundamente analógico ou paralelista desta concepção de história, tal como a descobrimos em *Intolerância*, de Griffith, que entrelaça quatro períodos, ou na primeira versão de *Os dez mandamentos* [*The Ten Commandements*, 1956], de Cecil B. De Mille, que põe dois períodos em paralelo, dos quais a América é o último. As nações decadentes são organismos doentes, como a Babilônia de Griffith ou a Roma de De Mille. Se a Bíblia *[206]* é fundamental é porque os hebreus, e em seguida os cristãos, fundam nações-civilizações sãs que apresentam já os dois traços do sonho americano: ser um cadinho onde se fundem as minorias, ser um fermento que forma chefes capazes de reagir a todas as situações. Inversamente, o Lincoln de Ford recapitula a história bíblica, julgando tão perfeitamente quanto Salomão, garantindo como Moisés a passagem da lei nômade à lei escrita, do *nomos* ao *logos*, entrando na cidade sobre o jumento, como Cristo (*A mocidade de Lincoln* [*Young Mr. Lincoln*, John Ford, 1939]). E se o filme histórico constitui assim um grande gênero do cinema americano, talvez seja porque, nas condições específicas da América, todos os gêneros já eram históricos, fosse qual fosse o seu grau de ficção: o crime com o gangsterismo, a aventura com o *western*, tinham o estatuto de estruturas históricas, patogênicas ou exemplares.

É fácil zombar das concepções históricas de Hollywood. Parece-nos, ao contrário, que elas recolhem os aspectos mais sérios da história vista pelo século XIX. Nietzsche distinguia três desses aspectos, "a história monumental", "a história antiquária" e a "história crítica", ou melhor, ética.[9] O aspecto monumental diz respeito ao englobante físico e humano, o meio natural e arquitetônico. Babilônia e sua derrocada em Griffith, os hebreus, o deserto e o mar que se abre, ou então os filisteus, o templo de Dagon e sua destruição por Sansão em Cecil B. De Mille, são imensos synsignos que fazem com que a própria imagem seja monumental. O tratamento pode ser muito diferente, em grandes afrescos em *Os dez mandamentos*, ou em série de gravuras em *Sansão e Dalila* [*Samson and Delilah*, 1949], a imagem permanece sublime e o templo de Dagon pode desatar nosso riso, é um riso olímpico que se apossa do espectador. De acordo com a análise de Nietzsche, esse aspecto da história favorece os paralelos ou as analogias de uma civilização com outra: por mais distante que estejam uns dos outros, presume-se que os grandes momentos da humanidade supostamente comunicam-se pelos cumes e constituem "uma *[207]* coleção de efeitos em si", que podem ser mais facilmente comparados e agir ainda com mais força na mente do espectador moderno. A história monumental tende, portanto, naturalmente, para o universal e encontra sua obra-prima em *Intolerância*, porque aí os diferentes períodos não se sucedem simplesmente, mas se alternam segundo uma montagem rítmica extraordinária (Buster Keaton dará sua versão burlesca em *A antiga e a moderna* [*Three Ages*, 1923]). E, de qualquer modo que ela proceda, uma confrontação de períodos continuará sendo o sonho do filme de história monu-

[9] Friedrich Nietzsche, *Considérations intempestives*, "De l'utilité et des inconvénient des études historiques", §§ 2 e 3. Este texto sobre a história da Alemanha no século XIX nos parece ter guardado um valor atual e integral, e aplicar-se particularmente a toda uma categoria de filmes de história, da reconstituição épica italiana ao cinema americano. [Texto parcialmente traduzido em Nietzsche, *Obras incompletas*, seleção de Gérard Lebrun, tradução de Rubens Rodrigues Torres Filho, col. Fábula, São Paulo, Editora 34, 2014 (N. da T.)]

mental, até mesmo em Eisenstein.[10] Tal concepção da história tem, contudo, um grande inconveniente: tratar os fenômenos como efeitos em si, separados de qualquer causa. É o que Nietzsche já assinalava, e o que Eisenstein critica no cinema histórico e social americano. Não só as civilizações são consideradas como paralelos, mas também os principais fenômenos de uma mesma civilização, por exemplo, os ricos *e* os pobres, são tratados como "dois fenômenos paralelos independentes", como puros efeitos que se constata, quando muito com pesar, sem no entanto se lhes atribuir uma causa. Consequentemente, é inevitável que as causas sejam relançadas para outro lado, e só apareçam sob a forma de duelos individuais que ora opõem um representante dos pobres e um representante dos ricos, ora um decadente e um homem de futuro, ora um homem justo e um traidor etc. A força de Eisenstein consiste, portanto, em mostrar que os principais *aspectos técnicos* da montagem americana desde Griffith — a montagem alternada paralela que compõe a situação, e a montagem alternada concorrente que conduz ao duelo — remetem a esta concepção histórica social e burguesa. É essa falha capital que Eisenstein pretende sanar: ele reivindicará uma apresentação das verdadeiras causas, que deverá submeter o monumental a uma construção "dialética" (em todo caso, a luta de classes em vez de um traidor, de um decadente ou de um vilão).[11] *[208]*

[10] A propósito do projeto de um "tríptico da luta do homem pela água" (Tamerlão — o tsarismo — os colcozes), cf. Serguei Eisenstein, *La Non-indifférente Nature*, vol. I, col. 10-18, Paris, Union Générale d'Éditions, 1976, p. 325.

[11] Serguei Eisenstein, *Film Form*, Nova York, Meridian Books, 1957, p. 235 [ed. bras.: *A forma do filme*, tradução de Teresa Ottoni, Rio de Janeiro, Zahar, 2002]: "Naturalmente a concepção da montagem em Griffith, enquanto montagem antes de tudo paralela, aparece como a reprodução de sua visão dualista do mundo, avançando sobre as duas linhas dos pobres e dos ricos, rumo a uma hipotética reconciliação. Há razões para se pensar que nossa concepção da montagem deveria emergir de um outro modo de entender os fenômenos, fundada numa visão do mundo ao mesmo tempo monista e dialética". Isto é igualmente válido para o projeto de história universal. O tríptico de Eisenstein deveria se fundar numa dialética das formações sociais,

Se a história monumental considera os efeitos em si, e se das causas só retém meros duelos opondo indivíduos, é preciso que a história antiquária se encarregue deles e reconstitua suas formas habituais na época: guerras e confrontos, combates de gladiadores, corridas de biga, torneios de cavalaria etc. E o antiquário não se contenta com duelos no sentido estrito, ele se estende até a situação exterior e se contrai nos meios de ação e nos costumes íntimos: amplos panejamentos, vestuários, adornos, máquinas, armas ou instrumentos, joias, objetos pessoais. A orgia faz coexistirem o gigantismo e o intimismo. O antiquário duplica o monumental. Ainda assim também se ironiza com facilidade as reconstituições hollywoodianas e o aspecto "novinho em folha" dos acessórios; como no antiquário, o novo é sinal de atualização da época. Os tecidos tornam-se um elemento fundamental do filme histórico, principalmente com a imagem colorida, como em *Sansão e Dalila*, onde a exposição de tecidos pelo mercador e o roubo das trinta túnicas por Sansão constituem dois pontos culminantes em matéria de cor. As máquinas também são um ponto alto, seja porque fazem surgir uma nova nação-civilização, seja, ao contrário, porque anunciam o seu declínio ou desaparecimento. Em seu único filme propriamente histórico, *Terra dos faraós* [*Land of the Pharaohs*, 1955], Hawks parece ter-se interessado apenas por um momento — todo o final em que o arquiteto é também engenheiro — e construiu para o faraó uma nova máquina extraordinária que combina a areia e a pedra, o escoamento da areia e a descida da pedra, a fim de permitir que a sala fúnebre da pirâmide fosse fechada por dentro de modo absolutamente hermético.

Enfim, é verdade que a concepção monumental e a concepção antiquária da história não se uniriam tão bem sem a imagem ética que a ambas mede e distribui. Como afirma Cecil B. De Mille, trata-se do Bem e do *[209]* Mal, com todas as seduções ou os horrores do Mal (os bárbaros, os ímpios, os intolerantes, a orgia etc.).

que Eisenstein compara a um foguete de três estágios. Como os três estágios deveriam ser: formação despótica — capitalismo — socialismo, compreende-se que o projeto tenha sido interrompido (Stálin detestava qualquer referência histórica às formações despóticas).

É preciso que o passado antigo ou recente sofra um processo, seja julgado, para revelar o que produz uma decadência e o que dá origem a um nascimento, quais são os fermentos da decadência e os germes do nascimento, a orgia e o sinal da cruz, a onipotência dos ricos e a miséria dos pobres. É preciso que um sólido julgamento ético denuncie a injustiça das "coisas", traga a compaixão, anuncie a nova civilização em marcha — em suma, não pare de redescobrir a América... tanto mais que desde o início se terá renunciado a qualquer exame das causas. O cinema americano contenta-se em invocar o enfraquecimento de uma civilização através do meio, e a intervenção de um traidor na ação. Mas o fabuloso é que, com todos esses limites, ele tenha conseguido propor uma concepção forte e coerente da histórica universal — monumental, antiquária e ética.[12]

2

Quais são as leis da imagem-ação através de todos esses gêneros? A primeira diz respeito à imagem-ação como representação orgânica no seu conjunto. Ela é estrutural, porque os lugares e os momentos são bem definidos em suas oposições e suas complementaridades. Do ponto de vista da situação (S), do ponto de vista do espaço, do quadro e do plano, ela organiza o modo segundo o qual o meio efetiva várias potências, a parte de cada uma delas — os céus de Ford, por exemplo —, o conflito ou o acordo entre essas potências, o papel particular da terra, da *land*, que é ao mesmo tempo uma potência entre as outras, e o lugar do confronto

[12] Para cada grande corrente do cinema histórico seria preciso colocar a mesma questão: qual é a concepção de história implicada? A análise das conexões cinema-história já está avançada graças aos trabalhos de Marc Ferro (*Cinéma et histoire*, Paris, Denoël-Gonthier, 1977) e aos estudos dos *Cahiers du Cinéma* (nºs 254, 257, 277, 278, especialmente os artigos de Jean Comolli). Mas o problema colocado é mais fundamental que o que colocamos aqui, e diz respeito ao nexo entre a enunciação e os enunciados históricos, de um lado, a enunciação e as imagens cinematográficas, de outro. Nossa questão não passaria de uma seção desta última.

ou da reconciliação de todas; mas também a maneira como o todo *[210]* se encurva em torno do grupo, da personagem ou do lar, constituindo um englobante de onde se destacam as forças hostis ou favoráveis, a maneira como os índios surgem no alto de uma colina, no limite entre o céu e a terra... E, do ponto de vista do tempo ou da sucessão dos planos, ela organiza a passagem de S a S', a grande respiração, a alternância entre os momentos de contração e de dilatação, as alternâncias do exterior e do interior, a divisão da situação principal em situações secundárias que são como tantas outras pequenas tarefas locais dentro da missão global. Sob todos esses aspectos, a representação orgânica é uma espiral de desenvolvimento que comporta cesuras espaciais e temporais. Reencontraremos essa concepção em Eisenstein, embora ele conceba de modo completamente diferente a repartição e a sucessão dos vetores na espiral. Para Griffith e o cinema americano, a montagem alternada paralela é suficiente para organizar empiricamente o liame dos vetores entre si.

A montagem alternada comporta uma outra figura, não mais paralela, mas concorrente ou convergente. É que a passagem de S a S' se dá por intermédio de A, estando a ação decisiva, na maioria das vezes, colocada bem perto de S'. É preciso que o synsigno se contraia num binômio ou duelo para que as potências que ele atualiza se redistribuam de outra maneira, se pacifiquem ou reconheçam o triunfo de uma delas. A segunda lei rege, portanto, a passagem de S a A. Ora, a ação decisiva ou o duelo só podem se dar se, de diversos pontos do englobante emanarem linhas de ação, desta vez concorrentes, que vão tornar possível o derradeiro confronto individual, a reação modificadora. Essas linhas de ação são o objeto da montagem alternada convergente, segunda figura da montagem em Griffith. Mas talvez a perfeição tenha sido atingida por Lang em *M, o vampiro de Düsseldorf* [*M, Eine Stadt sucht einen Mörder*, 1931] (que preparou precisamente a partida de Lang para a América). Foi ao analisar a montagem convergente deste filme — na sua diferença dos filmes precedentes de Lang — que Noël Burch propôs a noção de "grande forma". De fato a situação global é, de início, bem exposta num espaço-tempo determinado e individuado: o pátio do prédio na cidade, o patamar e a cozinha de um apartamento no prédio, o trajeto do apartamento à escola, os cartazes nas paredes, a excitação das pessoas... Mas nesse meio logo se destacam dois pontos, *[211]* em seguida duas linhas de ação que, convergindo, vão alternar ininterruptamente, com "rimas" constantes de uma a outra, e formar uma tenaz para agarrar o criminoso: a linha policial e a linha da ralé (temerosa de que o assassino de crianças prejudique suas atividades). Note-se que, em virtude do caráter acentuadamente estrutural da representação orgânica, o lugar do herói negativo ou positivo foi preparado há muito tempo, antes que ele viesse ocupá-lo, antes mesmo que soubéssemos quem vai ocupá-lo: é o caso do desvendamento progressivo do assassino. E só quando a ralé se apoderou dele é que assistimos à verdadeira ação e ficamos conhecendo realmente o assassino. É o duelo de M *com* o tribunal dos bandidos e dos mendigos. Com suas cesuras e suas rimas, a linha dupla nos leva da situação ao duelo, do synsigno ao binômio. É verdade que a representação orgânica conserva sua ambiguidade final, pois quando a polícia vem substituir a ralé, e arrancar-lhe o assassino para submetê-lo a um tribunal legal não se sabe se a situação sairá modificada, restabelecida, purificada do crime, ou se nada mais será como antes, se o crime não será sempre levado a se repetir ("agora é melhor vigiar as meninas..."): S' ou S?

A terceira lei é como o inverso da segunda. Com efeito, se a montagem alternada é absolutamente necessária para a passagem da situação à ação, parece que na ação assim contraída, no fundo do duelo, há qualquer coisa na ação assim comprimida que parece rebelde a qualquer montagem. Poder-se-ia designar esta terceira lei, lei de Bazin, ou da "montagem proibida". André Bazin mostrava que se duas ações independentes que concorrem para a produção de um efeito são sujeitas a uma montagem, há necessariamente no efeito produzido um momento em que dois termos se defrontam face a face, e devem ser apreendidos numa simultaneidade irredutível, sem que se possa recorrer nem a uma montagem nem mesmo a um campo-contracampo. Bazin citava *O circo* [*The Circus*, 1928], de Chaplin: todos os truques são permitidos, mas é preciso que Carlitos entre na jaula do leão e esteja com ele num mesmo plano. É também preciso que Nanouk e a foca se defrontem num mesmo plano.[13] Esta lei do binômio não diz mais respeito a SS' nem a SA, mas a A por si próprio. *[212]*

O duelo não é, aliás, um momento único e localizado da imagem-ação. Ele baliza as linhas de ação, marcando sempre simultaneidades necessárias. A passagem da situação à ação é acompanhada, portanto, por duelos que se encaixam uns nos outros. O binômio é um polinômio. Mesmo no *western*, que apresenta o duelo em seu estado mais puro, é difícil delimitá-lo em última instância. O duelo é o do caubói com o bandido e o índio? Ou com a mulher, com o amigo, com o novo homem que vai suplantá-lo (como em *O homem que matou o facínora*)? Em *M, o vampiro de Düsseldorf*, o verdadeiro duelo é entre M e a polícia ou a sociedade, ou entre M e a ralé que não quer saber dele? Ele poderia enfim ser exterior ao filme, embora interior ao cinema. Na cena do tribunal, a ralé, os bandidos e mendigos fazem prevalecer os direitos do crime-*habitus* ou comportamento, do crime enquanto organização racional e acusam M de agir por paixão. Ao que M responde que é isto que o inocenta: ele não pode fazer diferente, ele só age por pulsão ou afeto — e justamente nesse momento, e apenas nesse momento, o ator interpreta de modo expressionista. Enfim, o verdadeiro duelo em *M, o vampiro de Düsseldorf* não seria entre o próprio Lang e o expressionismo? É o seu adeus ao expressionismo, é a sua entrada no realismo, que será confirmada por *O testamento do dr. Mabuse* [*Das Testament von Dr. Mabuse*, Fritz Lang, 1933] (no ponto em que Mabuse se apaga em benefício de uma fria organização realista).

Mas se há, assim, todo um encaixe de duelos, é em virtude de uma quinta lei: entre o englobante e o herói, o meio e o comportamento que o modificará, a situação e a ação, há necessariamente um *forte desvio* (*détour*) que só pode ser preenchido progressivamente, ao longo do filme. Pode-se imaginar uma situação que se converteria em duelo instantaneamente, mas isto seria "burlesco": em uma pequena obra-prima de Clyde Bruckman (*O último drink*

[13] André Bazin, *Qu'est-ce que le cinéma?*, Paris, Cerf, 1976, p. 59 [ed. bras.: *O que é o cinema?*, tradução Eloisa Araújo Ribeiro, São Paulo, Cosac Naify, 2014].

[*The Fatal Glass of Beer*, 1933]), Fields abre em intervalos regulares a porta de sua cabana no extremo Norte, exclamando: "Com esse tempo nem se pode pôr o cachorro para fora", e recebe imediatamente na cara duas bolas de neve anônimas. Mas, normalmente, há um longo caminho do meio até o derradeiro duelo. É que o herói não está imediatamente maduro para a ação; como Hamlet, a ação a ser feita é grande demais para ele. Não que seja fraco: ao contrário, ele é igual ao englobante, *[213]* mas só potencialmente. É preciso que sua grandeza e sua potência se atualizem. É preciso que ele renuncie ao seu retiro e à sua paz interior, ou então que reencontre as forças que a situação lhe retirou, ou ainda que espere o momento favorável em que receberá o apoio necessário de uma comunidade e de uma equipe. Com efeito, o herói precisa de um povo, de um grupo fundamental que o consagre, mas também de um grupo ocasional que o auxilie, mais heterogêneo e mais restrito. Ele deve enfrentar tanto as falhas e as traições de um, quanto as esquivas do outro. São variáveis que encontramos também no *western*, no filme histórico. Até em Eisenstein, o que a crítica soviética não apreciou foi o caráter hamletiano de *Ivan, o terrível*: os dois grandes momentos de dúvida que ele atravessa como duas cesuras do filme: e também a sua natureza aristocrática, que faz com que o povo não possa ser para ele um grupo fundamental, mas apenas grupo ocasional que lhe serve de instrumento. É preciso, em geral, que o herói passe por momentos de impotência, interiores ou exteriores. O que produz a intensidade de *Sansão e Dalila*, de Cecil B. De Mille, são as imagens que mostram Sansão cego e virando a mó, e depois coberto de correntes e empurrado para o recinto do templo, andando às cegas, pulando sob a dentada das mandíbulas dos felinos atiçados por anões grotescos; enfim, logo que é reencontrada a sua potência, fazendo deslizar sobre o pedestal a enorme coluna do templo, numa imagem que "rima" com a de sua extrema impotência, quando fazia girar a mó que rangia. Inversamente, as mandíbulas de felino que mordem Sansão impotente rimam com a mandíbula do jumento, que o poderoso Sansão utilizava no início para derrubar seus agressores. Em suma, há toda uma progressão espaçotemporal que se confunde com o processo de atualização, e através da qual o herói torna-se "capaz" da ação; e sua potência se iguala à do englobante. Às vezes assiste-se até a uma substituição entre duas personagens, de tal modo que uma deixa de ser capaz à medida que o próprio estado das coisas evolui, enquanto a outra torna-se capaz: de Moisés a Josué. Ford aprecia esta estrutura dualista, que indica ainda um binômio: o homem da lei que toma o lugar do homem do Oeste em *O homem que matou o facínora*; ou, em *Vinhas da ira* [*The Wrapes of Wrath*, John Ford, 1940], a mãe matriarcal da família agrícola que deixa de "ver claro" *[214]* à medida que o grupo se decompõe, enquanto o filho começa a ver claro à medida que compreende o sentido e o alcance do novo combate. De todos esses pontos de vista, a representação orgânica é comandada por esta última lei de desenvolvimento: *é necessário um grande desvio entre a situação e a ação por vir, mas tal desvio existe apenas para ser preenchido*, através de um processo marcado por cesuras, que surgem como regressões e progressões.

3

A imagem-ação inspira um cinema de comportamento (behaviorismo), pois o comportamento é uma ação que passa de uma situação a outra, que responde a uma situação para tentar modificá-la ou instaurar uma outra situação. Merleau-Ponty via nesta ascensão do comportamento um sinal comum ao romance moderno, à psicologia moderna e ao espírito do cinema.[14] Mas, de acordo com essa perspectiva, é preciso um laço sensório-motor muito forte, é preciso que o comportamento seja realmente estruturado. A grande representação orgânica SAS' não deve apenas ser composta, mas engendrada: é preciso, por um lado, que a situação impregne profunda e continuamente a personagem, e, por outro, que

[14] Maurice Merleau-Ponty, "Le Cinéma et la nouvelle psychologie", em *Sens et non-sens*, Paris, Nagel, 1966 [ed. bras.: "O cinema e a nova psicologia", em Ismail Xavier (org.), *A experiência do cinema*, tradução de José Lino Grünewald, São Paulo, Graal/Embrafilme, 2008].

a personagem impregnada exploda em ação, em intervalos descontínuos. É a fórmula da violência realista, completamente diferente da violência naturalista. A estrutura é um ovo: um polo vegetal ou vegetativo (a impregnação) e um polo animal (o *acting out*). Sabe-se que, nesse sentido, a imagem-ação encontrou sua sistematização no Actors Studio e no cinema de Kazan. Foi aí que um esquema sensório-motor se apoderou da imagem e que um elemento genético tende a se destacar. Desde o início, as regras do Actors Studio não valem apenas para a interpretação do ator, mas também para a concepção e o desenrolar do filme, seus enquadramentos, suas decupagens, sua montagem. Deve-se inferir uma da outra a interpretação do ator realista e a natureza realista do filme, e vice-versa. Ora, não basta dizer que o ator nunca é neutro e que ele nunca para. Quando *[215]* não explode, ele se impregna e nunca fica sossegado. Tanto para o ator como para a personagem, a neurose de base é a histeria. Com efeito, o movimento do polo vegetativo em deslocamento é tão grande quanto o do polo animal sem se deslocar. A impregnação esponjosa tem tanta intensidade quanto tem extensão brusca o *acting out*. É até por isso mesmo que a representação estrutural e genética da imagem-ação fornece uma fórmula, cujas aplicações são propriamente infinitas. Kazan aconselhava que as personagens em conflito fossem colocadas para comer juntas: a absorção comum tornará ainda mais forte a explosão dos duelos. Consideremos um filme recente que aplica o Método ou o Sistema: *Amigos para sempre* [*Four Friends*, 1981], de Arthur Penn. Uma cena mostra um almoço que reúne o pai milionário da jovem e o noivo imigrante proletário; vê-se a tensão da situação interiorizar-se nos protagonistas; em seguida o pai diz "não estou acostumado a dar o que me pertence", e tais palavras já são como uma explosão que modifica a situação, pois introduzem o novo elemento de uma relação incestuosa do pai com a filha. Mais tarde, por ocasião da recepção de noivado, o pai, quase imperceptível, em *flou* atrás de uma janela da sacada, parece impregnar-se da situação como uma planta venenosa; só uma criança o nota e espera; e o pai precipita-se para fora, mata a filha e fere gravemente o noivo, modificando ainda a situação neste *acting out* animal.

É como a diferenciação da vida segundo Bergson: a planta ou o vegetal se deu a tarefa de armazenar o explosivo no mesmo lugar, enquanto o animal incumbiu-se de fazê-lo detonar em movimentos bruscos.[15] Talvez seja esta a originalidade de Fuller — ter levado tal diferenciação ao máximo, mesmo que tenha de proceder por trancos e quebrar os encadeamentos. O filme de guerra se presta a isso, de um lado com suas esperas intermináveis e suas impregnações de atmosfera, de outro com suas explosões brutais e seus *acting out*. No limite, Fuller encontrará as figuras de sua violência nos loucos vegetativos que se sustêm como plantas no corredor de *Paixões que alucinam* [*Shock Corridor*, 1963], e no cão racista de *Cão branco* [*White Dog*, 1982] que explode em atos de ataque. É verdade que os próprios loucos têm suas detonações imprevisíveis *[216]* e que o cão teve sua longa impregnação misteriosa. "Expliquei ao cachorro que ele era um ator..." Mas Fuller também sabe explicar isso às plantas. Nos seus filmes o que conta é esta extrema dissociação que duplica cada um dos dois lados da violência, e que às vezes opera uma inversão dos polos: então, é a situação que atinge um naturalismo sombrio.

Kazan também sabe dissociar os polos, e *Boneca de carne* [*Baby Doll*, 1956] é um dos mais belos filmes vegetativos, exprimindo ao mesmo tempo a vida venenosa e indolente do Sul, e a existência vegetal da moça no berço. Mas o que interessa a Kazan, e que determina a evolução de sua obra, é o encadeamento das impregnações e das explosões, de modo a obter uma estruturação contínua em vez de uma estrutura de dois polos. O formato alargado do cinemascope reforça essa tendência. É bem a ortodoxia do Actors Studio: uma grande "tarefa global", SAS', divide-se em "tarefas locais", sucessivas e contínuas (s1, a1, s2, a2, s3...). Em *Terra de um sonho distante* [*America, America*, Elia Kazan, 1963] cada sequência tem sua geografia, sua sociologia, sua psicologia, sua tonalidade, sua situação que depende da ação precedente, e que vai suscitar uma nova ação, arrastando por sua vez o herói para a situação seguinte, sempre por impregnação e explosão, até

[15] Bergson, *L'Évolution créatrice*, cap. II [ed. bras.: *A evolução criadora*, tradução de Bento Prado Neto, São Paulo, Martins Fontes, 2005].

a explosão final (beijar o cais de Nova York). Pilhado, prostituído, assassino, noivo, traidor, o herói atravessa estas sequências que são, todas elas, englobadas pela grande tarefa presente em toda parte — escapar da Anatólia (S) para chegar a Nova York (S'). E o englobante, a grande tarefa santifica ou, pelo menos, absolve o herói por tudo que ele teve de fazer aqui e ali: desonrado por fora, ele salvou sua honra íntima, a pureza de seu coração e o futuro de sua família. Não que ele encontre a paz. É o mundo de Caim, o signo de Caim — que não conhece a paz, mas faz coincidir numa neurose histérica a inocência e a culpabilidade, a vergonha e a honra: o que é e permanece abjeção nessa ou naquela situação local é também o heroísmo exigido pela grande situação global, o preço que é preciso pagar. *Sindicato de ladrões* [*On the Waterfront*, Elia Kazan, 1954] desenvolve abundantemente essa teologia: se não traio os outros, traio a mim mesmo e à justiça. É preciso passar por muitas situações sujas impregnantes, e por muitas explosões vergonhosas para entrever, através delas, o sinal que nos leva e a detonação *[217]* que nos salva ou nos perdoa. É *Vidas amargas* [*East of Éden*, Elia Kazan, 1955] que constitui o grande filme bíblico, a história de Caim e da traição que obcecava também, de maneiras diferentes, Nicholas Ray e Samuel Fuller.[16] Esse tema esteve sempre presente no cinema americano e na sua concepção da História, sagrada e profana. Mas eis que ele agora é essencial, Caim tendo se tornado realista. O que é curioso com Kazan é o modo como o sonho americano e a imagem-ação se endurecem juntos. O sonho americano se afirma cada vez mais como um sonho, nada mais que um sonho desmentido pelos fatos, mas Kazan extrai dele um sobressalto de potência ainda maior, pois ele englo-

[16] Sobre todos esses pontos que dizem respeito a Kazan (ao mesmo tempo os problemas estéticos de estruturação e os problemas pessoais de delação que reagem sobre a obra) reportar-nos-emos às análises de Roger Tailleur, *Elia Kazan*, Paris, Seghers, 1971. Vimos como o cinema americano, e particularmente o filme histórico, atribuiu uma grande importância ao tema do traidor. Mas no pós-guerra e com o macarthismo ele assume uma importância ainda maior. Em Fuller, encontra-se um tratamento original desse tema do traidor: cf. Jacques Lourcelles, "Theme du traître e du héros", *Présence du Cinéma*, nº 20, mar. 1964.

ba agora ações como a traição e a delação (aquelas mesmas que, segundo Ford, o sonho tinha por função excluir). E é precisamente depois da guerra, no próprio momento em que o sonho americano desmorona e em que a imagem-ação, como veremos, entra numa crise definitiva, é nesse momento que o sonho encontra sua forma pregnante, e a ação seu esquema mais violento, mais detonador. É a agonia do cinema de ação, mesmo se por muito tempo se continue a fazer filmes desse tipo.

Esse cinema de comportamento não se contenta com um esquema sensório-motor simples, do tipo arco reflexo mesmo condicionado. Trata-se de um behaviorismo muito mais complexo, que leva em conta essencialmente fatores internos.[17] Com efeito, o que deve aparecer exteriormente é o que se passa no interior da personagem, no cruzamento da situação que a impregna com a ação que ela vai fazer detonar. Essa é a regra do Actors Studio: *só o interior conta*, mas esse interior não está do outro lado nem está escondido, ele confunde-se com o elemento genético do comportamento, que deve ser mostrado. Não se trata de um aperfeiçoamento da ação, é a condição *[218]* absolutamente necessária para o desenvolvimento da imagem-ação. Com efeito, a imagem realista nunca esquece que, por definição, apresenta situações fictícias e ações simuladas: não estamos "realmente" numa situação de urgência e não se mata nem se bebe "verdadeiramente". É apenas teatro ou cinema... Os grandes atores realistas estão perfeitamente conscientes disso, e o Actors Studio lhes propõe um método. Por um lado, é preciso estabelecer um contato sensorial com objetos atinentes à situação: contato até imaginário com uma matéria, com um copo, certo tipo de copo, ou então um tecido, uma roupa, um instrumento, um chiclete. Por outro lado, é preciso que o objeto desperte uma memória afetiva, que ele reatualize uma emoção não necessariamente idêntica, mas análoga àquela mobilizada pelo papel.[18] Manusear um objeto atinente, despertar uma emoção cor-

[17] A propósito do desenvolvimento de uma psicologia behaviorista que levava cada vez mais em conta fatores internos do comportamento, cf. André Tilquin, *Le Behaviorisme*, Paris, Vrin, 1942.

[18] A propósito do interior, do contato e da memória afetiva, cf. Cons-

respondente à situação: é por meio desse laço interno entre o objeto e a emoção que se dará o encadeamento exterior entre a situação fictícia e a ação fingida. Mais do que um outro método qualquer, o Actors Studio não incita o ator a identificar-se com seu papel: mais do que um outro método qualquer, o que o caracteriza é inclusive a operação inversa, por meio da qual se espera que o ator realista identifique o papel com determinados elementos internos que possui e seleciona em si próprio.

Mas o elemento interno não é apenas uma formação do ator, aparece na imagem (donde a agitação constante do ator). Ele é, em si mesmo e diretamente, elemento de comportamento, formação sensório-motora. Ele regula, uma pela outra, a impregnação sobre a explosão e a explosão pela impregnação. O par formado pelo objeto e pela emoção surgirá, portanto, na imagem-ação, como seu signo genético. O objeto será apreendido em todas as suas virtualidades (utilizado, vendido, comprado, trocado, quebrado, abraçado, rejeitado...), ao mesmo tempo que as emoções correspondentes serão atualizadas: por exemplo, em *Terra de um sonho distante*, a faca dada pela avó, os sapatos abandonados, o fez e o chapéu que valem como S e S'... Há em todos esses casos um par emoção-objeto que pertence somente *[219]* ao realismo, embora, a seu modo, seja equivalente ao par pulsão e fetiche, ou ao par afeto e rosto. Não que o cinema de comportamento evite necessariamente o primeiro plano (Tailleur analisa uma belíssima imagem de *Boneca de carne*, em que o homem "entra" literalmente no primeiro plano da jovem, sua mão aventurando-se pelo rosto dela, seus lábios tocando-lhe os cabelos).[19] O manejo emocional de um objeto, um ato de emoção por causa de um objeto ainda podem ter mais efeito que um primeiro plano na imagem-ação. Numa situa-

tantin Stanislavski, *La Formation de l'acteur*, Paris, Payot, 1963 [ed. bras.: *A preparação do ator*, tradução de Pontes de Paula Lima, Rio de Janeiro, Civilização Brasileira, 2017]; Lee Strasberg, *Le Travail à l'Actors Studio*, Paris, Gallimard, 1969, pp. 96-142. A propósito do Actors Studio e de seus desdobramentos, Odette Asian, *L'Acteur au XXème siècle*, Paris, Seghers, 1974, pp. 258 ss.

[19] Roger Tailleur, *Elia Kazan*, p. 94.

ção de *Sindicato de ladrões* em que a mulher tem um comportamento ambivalente e em que o homem se sente tímido e culpado, este apanha a luva que ela deixou cair, conserva-a consigo, brinca com ela e finalmente enfia nela sua mão.[20] É como um signo genético ou embrionário para a imagem-ação, que poderíamos chamar de sinal* (objeto emocional) e que funciona já como um "símbolo" no campo do comportamento. Ele reúne ao mesmo tempo e de modo estranho o inconsciente do ator, a culpabilidade pessoal do autor, a histeria da imagem — como a mão queimada, por exemplo, o indicador que está sempre surgindo nos filmes de Dmytryck. Em sua definição mais global, o indicador é o laço interno, embora visível, entre situação impregnante e ação explosiva.

[20] Através de perguntas colocadas a Kazan, Michel Ciment ressalta bem este tipo de imagem que tende a substituir o primeiro plano: *Kazan par Kazan*, Paris, Stock, 1973, pp. 74 ss.

* No original, *empreinte*. O termo coloca problemas para todos os tradutores. Preferi substituir o termo "vestígio", adotado na primeira edição (1985) e muito genérico, por "sinal", opção do tradutor na edição portuguesa. (N. da T.)

Capítulo 10
A IMAGEM-AÇÃO: A PEQUENA FORMA
[220]

1

É preciso considerar agora um outro aspecto completamente diferente da imagem-ação. Se a imagem-ação sempre reúne "dois", em todos os níveis, é normal que ela mesma tenha dois aspectos diferentes. A grande forma SAS' ia da situação à ação, que modificava a situação. Mas há uma outra forma que vai, ao contrário, da ação à situação, rumo a uma nova ação: ASA'. Desta vez é a ação que revela a situação, um pedaço ou um aspecto da situação, o qual desencadeia por sua vez uma nova ação. A ação avança às cegas e a situação se revela na escuridão ou na ambiguidade. De ação em ação, a situação surgirá pouco a pouco, variará, e finalmente se esclarecerá ou conservará seu mistério. Chamávamos de grande forma a imagem-ação, que ia da situação como englobante (synsigno) à ação como duelo (binômio). Por comodidade, chamaremos pequena forma a imagem-ação que vai de uma ação, de um comportamento ou de um *habitus* a uma situação parcialmente revelada. É um esquema sensório-motor invertido. Uma representação desse teor não é mais global, e sim local. Ela não é mais uma espiral, e sim elíptica. Não é mais estrutural, e sim circunstancial. Não é mais ética, e sim comédica (dizemos "comédica" porque esta representação dá lugar a uma comédia, embora não seja necessariamente cômica e possa ser dramática). O signo de composição dessa nova imagem é o índice. *[221]*

Esta imagem-ação parece ter tomado consciência de si particularmente em *Casamento ou luxo?* [*The Public Opinion*, 1923]*

* O título original do filme de Chaplin é *A Woman of Paris*; mas ficou conhecido como *The Public Opinion*. (N. da T.)

— o filme do qual Chaplin foi autor sem ser ator — ou, então, em toda a obra de Lubitsch. Mesmo nos contentando com uma análise superficial, percebemos que há duas espécies ou dois polos de índice. Num primeiro caso, uma ação (ou um equivalente de ação, um simples gesto) revela uma situação que não está dada. Conclui-se, portanto, a situação a partir da ação, por inferência imediata ou por raciocínio relativamente complexo. Já que a situação não é dada por si mesma, o índice é aqui índice de falta, implica um buraco na narração e corresponde ao primeiro sentido da palavra "elipse". Por exemplo, em *Casamento ou luxo?*, Chaplin insistia sobre o vazio de um ano que nada vinha preencher, mas que podíamos concluir a partir do novo comportamento e do traje da heroína, que se tornara amante de um homem rico. Até os rostos não só não tinham um valor expressivo ou afetivo autônomo, como também não forneciam nem a mera indicação do que se prolongava no fora de campo: eles funcionavam realmente como índices de uma situação global: como a célebre imagem do trem que só vemos chegando através das luzes que passam sobre o rosto da mulher, ou como as imagens eróticas das quais os que as veem nos permitem apenas inferir. Os exemplos são mais incisivos ainda quando o índice envolve um raciocínio, por mais rápido que seja: assim, "uma camareira abre uma cômoda e um colarinho de homem cai acidentalmente no chão, o que revela a ligação de Edna".[21] Em Lubitsch, encontramos constantemente esses raciocínios rápidos introduzidos na própria imagem, que funciona então como índice. Em *Sócios no amor* [*Design for Living*, Ernst Lubitsch, 1933], filme que conserva toda a sua audácia, logo que a heroína reivindica naturalmente ou com simplicidade o direito de viver e de coabitar com dois amantes, um dos dois vê o outro de *smoking* de manhãzinha na casa da amada comum: deste índice

[21] Charles Chaplin, *Histoire de ma vie*, Paris, Laffont, 1964 [ed. bras.: *Minha vida*, tradução de Genolino Amado, Rachel de Queiroz e Raimundo Magalhães Jr., Rio de Janeiro, José Olympio, 2015] (reportar-nos-emos ao dossiê sobre *Casamento ou luxo?*, em *Cinématographe*, nº 64, jan. 1981: particularmente o artigo de Jean Tédesco, contemporâneo do filme, e a análise de Jacques Fieschi).

ele conclui (e o espectador ao mesmo tempo) que seu amigo passou a noite com a moça. O índice *[222]* consiste, portanto, no seguinte: uma das personagens se encontra "excessivamente" vestida, bem-vestida demais com um traje a rigor — para não ter passado a noite numa situação muito íntima que não foi mostrada. É uma imagem-raciocínio.

Há um segundo tipo de índice, mais complexo, índice de equivocidade, que corresponde ao segundo sentido da palavra "elipse" (geométrico). Em *Casamento ou luxo?*, muitos índices do primeiro tipo levam a pensar que a heroína não está muito ligada a seu apaixonado (ela dá risinhos estranhos). Em contrapartida, com seu amante rico ela tem uma ligação mais equívoca, que faz com que o espectador se pergunte o tempo todo: ela está ligada a ele pela fortuna, pelo luxo e por uma certa cumplicidade, ou ela o ama com um amor muito mais compreensivo e profundo? A pergunta é a mesma em *A oitava esposa de Barba-Azul* [*Bluebeard's Eighth Wife*, 1938], de Lubitsch. Nesses casos, o que nos faz hesitar é todo um mundo de detalhes, um outro tipo de índices; e não por causa de algo que falte ou que não é dado, mas em virtude de uma equivocidade que pertence plenamente ao índice (como a cena do colar jogado fora e recuperado em *Casamento ou luxo?*). É como se uma ação, um comportamento encobrisse uma pequena diferença que basta, no entanto, para remetê-lo, simultaneamente, a duas situações inteiramente distintas, completamente afastadas. Ou, então, é como se duas ações, dois gestos fossem muito pouco diferentes, e, no entanto, em sua diferença ínfima remetessem a duas situações oponíveis ou opostas. As duas situações podem ser de tal ordem que só uma é real e a outra, aparente ou ilusória; mas ambas também podem ser reais; e, enfim, elas podem se intercambiar tão bem que uma se torna real e a outra aparente, e vice-versa. Alguns desses casos são correntes em qualquer filme: por exemplo, o inocente tomado por culpado (um homem segura uma faca perto de um cadáver; será que é porque ele matou, ou será que apenas acaba de retirar a faca?). Os casos mais complexos que acabamos de citar apresentam um interesse maior. Eles permitem que se reduza a lei do novo índice: *uma diferença muito pequena na ação ou entre duas ações induz uma distância muito grande entre duas situações.*

É uma elipse no segundo sentido da palavra, já que as situações distantes são como um duplo foco. É um índice de equivocidade, *[223]* ou melhor, de distância, não mais de falta. E pouco importa que uma das situações seja desmentida ou negada, pois ela só o é depois de ter esgotado sua função, e nunca o é o bastante para suprimir a equivocidade do índice e a distância entre as situações evocadas. Indubitavelmente, foi em *Ser ou não ser* [*To Be or Not to Be*, 1942] que Lubitsch atingiu uma manipulação perfeita desses índices complexos. Ora em imagens isoláveis, por exemplo, quando um espectador deixa sua cadeira assim que o ator começa seu monólogo: por que já está saturado, ou por que tem encontro com a mulher do ator? Ora para o conjunto de uma intriga que põe em jogo toda a montagem: a pequeníssima diferença no gesto, mas também a enormidade da distância entre duas situações, como no caso de a companhia de atores representar os papéis de alemães perante os espectadores de uma peça ou, ao contrário, "fazer" os alemães diante de alemães, que teriam então a impressão de representar seu próprio papel. Questão de vida ou de morte: as situações são ainda mais distantes na medida em que as personagens sabem que tudo depende de pequeníssimas diferenças no comportamento.

De qualquer modo, na pequena forma, deduzimos da ação a situação ou as situações. Parece que essa forma é em princípio menos cara, mais econômica: assim, Chaplin explica que optou pela sombra e a luz do trem refletidos sobre um rosto porque não dispunha de um trem francês de verdade para apresentar diretamente... Essa observação irônica é importante, porque coloca um problema geral: a ação dos filmes B ou de baixo orçamento sobre as invenções de imagens no cinema. Com certeza, restrições econômicas suscitaram inspirações fulgurantes, e imagens inventadas em condições de economia puderam ter repercussão universal. Haveria muitos exemplos no neorrealismo, na *nouvelle vague*, mas isso é válido para qualquer época e muitas vezes pode-se considerar a série B como um centro ativo de experimentação e de criação. Ainda assim, a "pequena forma" não se origina necessariamente nos filmes de orçamento reduzido, e certamente não encontra neles sua expressão plena. Ela encontra no cinemascope, na cor, na *mise-en-*

-*scène* suntuosa, nos cenários, tantos fatores de expressão quanto a própria grande forma. Se a *[224]* chamamos de pequena forma é de modo em si inadequado, e apenas para opor as duas fórmulas da imagem-ação: SAS' e ASA', isto é, o grande organismo unívoco que engloba os órgãos e as funções, ou então, ao contrário, as ações e os órgãos que se compõem pouco a pouco numa organização equívoca.

Assim, podemos facilmente fazer corresponder às duas fórmulas da imagem-ação, os gêneros e os estados de gênero que elas inspiram. O que acabamos de ver é a comédia de costumes, de pequena forma ASA, na medida em que se distingue do filme psicossocial de grande forma, SAS. Mas uma distinção ou oposição análogas valem nos mais diversos campos. Voltemos inicialmente ao grande filme histórico SAS, a história monumental e antiquária. A ele opõe-se um tipo de filme não menos histórico, do tipo ASA, que com muita propriedade chamou-se de "filme de época". Nesse caso o traje, o vestuário e até o tecido funcionam como comportamento ou *habitus*, e são índices de uma situação que desvendam. Não é absolutamente como num filme histórico onde, como vimos, os tecidos e as roupas tinham uma grande importância, mas enquanto integrados numa concepção monumental e antiquária. Aqui se trata de uma concepção modista, ou modelista, como se o costureiro, o decorador tivessem tomado o lugar do arquiteto e do antiquário. Tanto quanto na comédia de costumes, no filme de época os *habitus* são inseparáveis do vestuário, as ações inseparáveis do estado dos trajes que constituem a sua forma, e a situação que dela decorre inseparável dos tecidos e panejamentos. Não é de espantar que, no início de sua obra, em seu período expressionista alemão, Lubitsch tenha feito filmes de época já marcados por seu gênio próprio (*Ana Bolena* [*Anna Boleyn*, 1920], *Madame du Barry* [1919]), e sobretudo a fantasia oriental *Sumurum* [1920]: tecidos, vestuário, estados dos trajes — cuja textura, fosca ou luminosa, ele sabia restituir na imagem — e que funcionavam como índices.[22] *[225]*

[22] Ernst Lubitsch dispunha de um conhecimento profissional dos tecidos e da "confecção" tão grande quanto o de Sternberg em matéria de ren-

No domínio do documentário, a escola inglesa de 1930 opunha-se ao grande documentário-Flaherty. Grierson e Rotha criticavam a indiferença social e política de Flaherty. Em vez de partir de um englobante, de um meio do qual o comportamento dos homens se deduzia "naturalmente", era preciso partir dos comportamentos para deles induzir a situação social, que não era dada como um em-si, mas que remetia, ela própria, a lutas e comportamentos sempre em ação ou em transformação. O *habitus* atestava, assim, diferenças de civilização, diferenças numa mesma civilização. Ia-se, portanto, do comportamento à situação, de modo tal que, de um a outra, houvesse a possibilidade de uma "interpretação criadora da realidade". Esse procedimento será retomado em outras condições pelo cinema direto e pelo cinema-verdade.

Há também o filme policial, em sua diferença com o filme de gângster. Claro que pode haver policiais no filme de gângster, como pode não haver no filme policial. O que distingue os dois tipos é que, na fórmula de crime SAS, vai-se da situação do meio a ações que são duelos, enquanto na fórmula policial ASA vai-se de ações cegas como indícios, a situações obscuras que variam totalmente, ou que oscilam inteiramente em consequência de uma variação minúscula do indício. A fórmula do romancista Hammett exprime exatamente esse tipo de imagem: "Deixar uma chave inglesa na máquina". É o gesto às cegas que vai fazer explodir a situação inteiramente negra, arrancar farrapos de situação. Belíssimos filmes saíram daí: *À beira do abismo* [*The Big Sleep*, 1946], de Hawks, *Relíquia macabra* [*The Maltese Falcon*, 1941], de Huston (esses mesmos autores que também se distinguiram na grande forma do filme de gângster). A obra-prima do gênero talvez tenha sido al-

das e de "armarinho". Apesar de sua severidade para com os filmes de época de Lubitsch, Lotte Eisner reconhece que ele traz para o expressionismo e seu gosto pelas profundezas um elemento novo: os jogos de luz sobre tecidos à superfície da imagem. Este será também, mais tarde, um dos sucessos deslumbrantes de Murnau no *Tartufo*. Cf. Lotte Eisner, *L'Écran démoniaque*, col. Encyclopédie du Cinéma, Paris, Éditions André Bonne, 1952, pp. 39-43 e 141 [ed. bras.: *A tela demoníaca: as influências de Max Reinhardt e do expressionismo*, tradução de Lúcia Nagib, São Paulo, Paz e Terra, 2002].

cançada por Lang, com *Suplício de uma alma* [*Beyound a Reasonable Doubt*, 1956]: no âmbito de uma campanha contra o erro judiciário, o herói fabrica indícios falsos que o acusam de um crime; mas como as provas da fabricação desapareceram, ele acaba sendo *[226]* preso e condenado; quando está prestes a conseguir seu indulto, durante uma última visita de sua noiva, ele, no entanto, se corta, deixa escapar um indício que a leva a compreender que é culpado e que matou realmente. A fabricação dos indícios falsos era uma maneira de apagar os verdadeiros, mas desembocava, por uma via indireta, na mesma situação que os verdadeiros. Nenhum outro filme entrega-se a tamanha dança de indícios com tamanha mobilidade e convertibilidade das situações distantes opostas.

2

Enfim, o *western* coloca o mesmo problema em condições particularmente ricas. Vimos que a grande forma de respiração sem dúvida não se contentava com o épico, mas, através de suas variedades, preservava um meio englobante, uma situação global que ia suscitar uma ação capaz, por sua vez, de modificar de dentro a situação. Essa grande representação orgânica, em Ford, por exemplo, tinha características precisas: ela compreendia um grupo fundamental, ou vários, cada qual bem definido, homogêneo, com seus lugares, seus interiores, seus costumes (como os cinco grupos de *Caravana de bravos*); compreendia também um grupo casual ou de circunstância, mais heterogêneo, heteróclito, embora funcional. Enfim, *havia um grande desvio entre a situação e a ação a ser empreendida, mas esse desvio existia apenas para ser eliminado*: com efeito, o herói devia atualizar a potência que o tornaria igual à situação, devia tornar-se capaz da ação, e o conseguia pouco a pouco, na medida em que representava o "bom" grupo fundamental, e encontrava a ajuda necessária no grupo casual (o médico, o alcoólatra, a doidivanas de bom coração etc. revelavam-se eficazes). E já é notável que Hawks se inscreva nesta representação orgânica, submetendo-a, porém, a um tratamento tal que ela sai profundamente afetada, deformada. Quando ela se exprime plenamente, como no início de *Rio vermelho* [*Red River*, 1948] em que o casal, recortado contra o céu, iguala-se à Natureza inteira, a imagem é forte demais para poder durar. E quando dura, é de outro modo, a imagem precisa se *[227]* liquefazer, o horizonte une-se ao rio — tanto em *Rio vermelho* quanto em *O rio da aventura* [*The Big Sky*, Howard Hawks, 1952]. Pode-se afirmar que, em Hawks, a representação orgânica terrestre tende a se esvaziar, só deixando subsistirem funções fluidas quase abstratas que passam para o primeiro plano.

Os lugares já de início perdem a vida orgânica que os englobava, os permeava e os situava num conjunto: a prisão puramente funcional de *Onde começa o inferno* [*Rio Bravo*, Howard Hawks, 1959] nem precisa deixar ver seu prisioneiro; a igreja de *El Dorado* [Howard Hawks, 1966] é apenas o testemunho de uma função abandonada; a cidade de *Rio Lobo* [Howard Hawks, 1970] reduz-se a uma "épura onde só podem ser lidas funções, cidade exangue condenada pelo peso de um passado". Ao mesmo tempo, o grupo fundamental torna-se muito vago e a única comunidade ainda bem definida é o grupo casual heteróclito (um alcoólatra, um velho, um rapazinho...): é um grupo funcional que não se funda mais no orgânico; encontra suas motivações numa dívida que deve ser apagada, numa culpa que deve ser redimida, numa vertente de degradação que deve ser revertida, e encontra suas forças e seus meios mais na invenção de uma máquina engenhosa do que na representação de uma coletividade (a árvore-catapulta de *O rio da aventura*, os fogos de artifício no final de *Onde começa o inferno* e, fora do *western*, a máquina dos sábios de *Bola de fogo* [*Ball of Fire*, Howard Hawks, 1941], chegando até a grande invenção de *Terra dos faraós*).[23] É o puro funcionalismo que, em Hawks, tende a substituir a estrutura do englobante. Já se observou muitas vezes a claustrofobia de certos filmes de Hawks: precisamente *Terra de faraós*, onde a invenção consiste em trancar por dentro a câmara

[23] A propósito dos dois pontos precedentes, cf. o artigo de Michel Devilliers, *Cinématographe*, nº 36, mar. 1978, em "Quatre études sur Howard Hawks".

funerária, mas também *Onde começa o inferno*, que foi até chamado de "*western* de câmara". É que, ao apagar-se o englobante, não há mais, como em Ford, comunicação de um interior organicamente situado com um exterior que o circunda, que lhe propicia um meio vivo de onde provêm tanto os auxílios quanto as agressões. Aqui, ao contrário, o inesperado, o violento, o acontecimento vêm do interior, enquanto o exterior constitui mais o lugar de ação costumeira ou premeditada, numa curiosa inversão do fora e do *[228]* dentro.[24] Todo mundo entra e passa, como numa praça pública, pelo cômodo onde o xerife toma banho (*El Dorado*). O meio exterior perde sua curvatura e assume a figura de uma tangente a partir de um ponto ou de um segmento que funciona como interioridade: o fora e o dentro tornam-se, portanto, exteriores *um ao outro*, entram numa relação puramente linear, que torna possível uma permutação funcional dos opostos. Donde o mecanismo constante das inversões em Hawks, que opera claramente, independentemente de um fundo simbólico, mesmo quando elas não se contentam em ter por objeto o fora e o dentro e, como nas comédias, dizem respeito a todas as relações binárias. Se o fora e o dentro são puras funções, o dentro pode assumir a função do fora; mas também a mulher pode assumir a função do homem na relação de sedução, e o homem, a da mulher (*Levada da breca* [*Bringing Up Baby*, 1938], *A noiva era ele* [*I Was a Male War Bride*, 1949], e os papéis de mulheres nos *westerns* de Hawks). Os adultos ou os velhos têm funções de crianças e a criança uma função monstruosa de adulto maduro (*Bola de fogo*, *Os homens preferem as louras* [*Gentlemen Prefer Blondes*, 1953]). O mesmo mecanismo pode intervir entre o amor e o dinheiro, a linguagem nobre e a gíria... Tais inversões enquanto permutações funcionais

[24] *Positif*, nº 195-196, jul.-ago. 1977: a propósito do dentro e do fora em Hawks, reportar-nos-emos aos artigos de Olivier Eyquem, Gérard Legrand, Alain Masson e Michel Ciment, e ao de Jean-Loup Bourget, que introduz muitas nuanças a respeito desse mesmo tema. Em *Cinématographe*, Emmanuel Descaux e Jacques Fieschi insistem sobre o mecanismo geral das inversões em Hawks.

constituem, como veremos, verdadeiras *figuras* que asseguram uma transformação da forma.

Hawks dedica-se a uma deformação topológica da grande forma: é por isso que, como diz Rivette, os filmes de Hawks conservam uma grande "respiração", embora ela tenha se tornado fluida, exprimindo mais a continuidade e a permutação das funções que a unidade de uma forma orgânica.[25] Mas, apesar de sua dívida para com Hawks, o *neowestern* caminha numa outra direção: ele recorre diretamente à "pequena forma", mesmo em cinemascope. A elipse reina e substitui a espiral e suas projeções. Não é mais a lei global ou *[229]* integral SA (um grande desvio que só existe para ser preenchido), e sim uma lei diferencial AS: a menor diferença possível que só existe para ser aprofundada, para suscitar situações muito distantes ou oponíveis. Em primeiro lugar, os índios não aparecem mais no alto da colina, destacando-se contra o céu, mas brotam dos matos altos dos quais não se distinguiam. O índio quase se confunde com a rocha atrás da qual espera (*Hombre* [1967], de Martin Ritt), e o caubói tem algo de mineral que o confunde com a paisagem (*O homem do Oeste* [*Man of the West*, 1958], de Anthony Mann).[26] A violência torna-se o impulso principal, e ganha com isto tanto em intensidade quanto em instantaneidade: em *Seminole* [1953], de Boetticher, morre-se sob os golpes de um adversário invisível escondido no pântano. Não só o grupo fundamental desapareceu em proveito de grupos ocasionais cada vez mais heteróclitos e misturados, como também, estes, ao se multiplicarem, perderam a clara distinção que ainda tinham em Hawks: os homens num mesmo grupo e de um grupo a outro têm tantas relações e alianças tão complexas que mal se distinguem, e suas oposições se deslocam sem cessar (*Juramento de vingança* [*Major Dundee*, 1955], *Meu ódio será tua herança* [*The Wild Bunch*, 1969], de Peckinpah). Entre o perseguidor e o perseguido, mas também entre o branco e o índio, a diferença torna-se

[25] Jacques Rivette, "Génie de Howard Hawks", *Cahiers du Cinéma*, nº 23, maio 1953.

[26] A propósito de *O homem do Oeste*, sobre o vegetal e o mineral, cf. *Jean-Luc Godard par Jean-Luc Godard*, Paris, Belfond, 1968, pp. 199-220.

cada vez menor: em *O preço de um homem* [*The Naked Spur*, 1953], de Mann, por muito tempo o caçador de prêmio e sua presa não parecem homens muito diferentes; e em *O pequeno grande homem* [*The Little Big Man*, 1970], de Penn, o herói não para de ser branco entre os brancos, índio entre os índios, cruzando nos dois sentidos uma fronteira minúscula, por ocasião de ações pouco distintas. É que a ação nunca pode ser determinada por e numa situação prévia; ao contrário, é a situação que decorre da ação, à medida que ela acontece: Boetticher dizia que suas personagens não se definem por uma "causa", mas pelo que fazem para defendê-la. E quando analisava a forma em Anthony Mann, Godard inferia uma fórmula ASA', que opunha à grande forma SAS': a *mise-en-scène* "consistia em descobrir e *ao mesmo tempo* em precisar, enquanto num *western* clássico *[230]* a *mise-en-scène* consiste em descobrir e *depois* em precisar". Mas se a própria situação depende assim da ação, é preciso que a ação, por sua vez, seja reportada ao momento de seu surgimento, ao instante, ao segundo, ao menor intervalo como a diferencial que lhe serve de impulso.

Em segundo lugar, essa lei da pequena diferença só vale na medida em que induz situações logicamente muito distantes. Para *O pequeno grande homem*, a situação muda de fato completamente se ele é empurrado para o lado dos índios, ou para o lado dos brancos. E se o instante é a diferencial da ação, é em cada um desses instantes que a ação pode mudar, transformar-se numa situação completamente diferente ou oposta. Nada está ganho nunca. Portanto as fraquezas, as dúvidas, o medo não têm mais, de modo algum, o mesmo sentido que na representação orgânica: não são mais as etapas, mesmo dolorosas, que preenchem o desvio, através do qual o herói se eleva até as exigências da situação global, atualiza sua própria potência e se torna capaz de uma tão grande ação. Pois não há mais nenhuma ação grandiosa, mesmo que o herói tenha conservado extraordinárias qualidades técnicas. No limite ele faz parte desses *losers*, como os que Peckinpah apresenta: "Eles não têm nenhuma fachada, não lhes resta mais nenhuma ilusão; além disso representam a aventura desinteressada, aquela da qual não se tira proveito algum, salvo a pura satisfação de continuar vivendo". Eles nada conservaram do sonho americano, só conservaram a vida, mas a cada instante crítico a situação que sua ação suscita pode voltar-se contra eles, e os fazer perder esta única coisa que lhes restava. Em suma, a imagem-ação tem efetivamente por signo indícios que são ao mesmo tempo indícios de falta — pela qual testemunham as elipses brutas na narração — e indícios de distância ou de equivocidade — como atestam a possibilidade e a realidade de inversões súbitas de situação.

Não se trata mais apenas de uma indecisão entre duas situações distantes ou opostas, mas simultâneas. As situações sucessivas, cada uma das quais já é equívoca por si mesma, vão por sua vez formar umas com as outras e com os instantes críticos que as suscitam, uma linha quebrada de percurso imprevisível, embora necessário e rigoroso. O que é válido tanto para lugares quanto para acontecimentos. Em Peckinpah, não há mais um meio, um Oeste, mas Oestes, inclusive *[231]* Oestes de camelos, Oestes de chineses, isto é, conjuntos de lugares, de homens e de costumes que "mudam e se eliminam" no mesmo filme.[27] Em Mann, e também em Daves, há um "caminho mais curto" que não é a linha reta, mas que reúne ações ou partes, A e A', cada uma guardando sua independência, cada uma sendo um instante crítico heterogêneo, "um presente afiado até a ponta de si mesmo".[28] É como uma corda de nós que se torceria a cada vez, a cada ação, a cada acontecimento. Ao contrário do *espaço-respiração* da forma orgânica, é, portanto, um espaço inteiramente diferente que se constitui: um *espaço-ossatura*, com intermédios que faltam, heterogêneos que pulam de um a outro ou se interconectam diretamente um ao outro. Não é mais um espaço ambiente, mas um espaço vetorial, um espaço-vetor, com distâncias temporais. Não é mais o traço englobante de um grande contorno, mas o traço quebrado de uma linha

[27] Robert Benayoun, *Sam Peckinpah*, *Dossiers du Cinéma*, nº 1, Bruxelas, Casterman, 1971.

[28] Philippe Demonsablon, "Le Plus court chemin", *Cahiers du Cinéma*, nº 48, jun. 1955, pp. 52-3. Neste rápido texto essencial, o autor analisa *Região do ódio*, de Mann. Para uma análise mais ampla de Mann e de Daves a esse respeito, reportar-nos-emos aos textos de Claude-Jean Philippe e Christian Ledieu em *Le Western*, col. Études Cinématographiques, nº 12-13, 1961.

de universo, através dos buracos. O vetor é o signo de tal linha. É o signo genético da nova imagem-ação enquanto o indício era o seu signo de composição.

3

Vimos de que maneira os gêneros clássicos do cinema podiam ser sumariamente distribuídos de acordo com as duas formas da imagem-ação. Ora, se há um gênero que parece voltado exclusivamente para a pequena forma, a ponto de tê-la criado e de ter servido de condição para a comédia de costumes, esse gênero é o burlesco. É aí que a forma AS encontra o pleno desenvolvimento de sua fórmula: uma diferença muito pequena na ação, ou entre duas ações, que vai fazer valer uma distância infinita entre duas situações, e que só existe para fazer valer esta distância. Tomemos dois exemplos célebres na série dos Carlitos: visto de costas, Carlitos abandonado *[232]* por sua mulher parece sacudido por fortes soluços, enquanto vemos, assim que ele se vira, que sacode um *shaker* e prepara para si um coquetel. Do mesmo modo, na guerra, Carlitos marca um ponto cada vez que atirou; ocorre, entretanto, que uma vez uma bala inimiga lhe responde, e ele apaga a marca. O importante, o processo burlesco, consiste no seguinte: a ação é filmada pelo ângulo de sua menor diferença de uma outra ação (atirar com espingarda — dar uma tacada), mas desvenda assim a imensidão da distância entre duas situações (jogo de bilhar-guerra). Quando Carlitos agarra-se a uma salsicha pendurada na salsicharia, ele condensa uma analogia que também faz surgir toda a distância que separa um bonde de uma salsicharia. É o que reencontramos na maioria dos desvios [*détournements*] de uso de objetos: uma diferença mínima introduzida no objeto induzirá funções oponíveis ou situações opostas. É a potencialidade dos utensílios; e até quando Carlitos se defronta com as máquinas, ele retém delas a ideia de um utensílio desmesurado, que se converte automaticamente na situação contrária. Donde o humanismo de Chaplin, mostrando que basta um "nada" para virar a máquina contra o homem, para fazer dela um instrumento de captura, de imobilização, de frustração, até mesmo de tortura, ao nível das necessidades mais elementares (as duas grandes máquinas de *Tempos modernos* [*Modern Times*, 1936] são confrontadas à simples alimentação do homem, opondo a ela dificuldades inextricáveis). Na série dos Carlitos não nos limitamos a reencontrar, mas ainda captamos na fonte as leis da pequena forma: a confusão, a identificação com o meio (Carlitos na areia, Carlitos-estátua, Carlitos-árvore, reencarnando a profecia de Macbeth...); a pequena diferença que faz a situação resvalar, como o desdobramento de personalidade de uma personagem da qual tudo depende, em *Em busca do ouro* [*The Gold Rush*, 1925] ou em *Luzes da cidade* [*City Lights*, 1931]; o instante como momento crítico das situações oponíveis, Carlitos apanhado no instante, indo de um instante ao outro, cada um dos quais exigindo todas as suas forças de improvisação; enfim, a linha do universo que ele assim traça, traço quebrado que já está assinalado nas mudanças angulares de seu andar, e que finalmente só junta seus segmentos e suas direções ao alinhá-los na longa estrada por onde Carlitos, visto de costas, envereda entre postes e árvores sem folhas, ou então na fronteira que ele segue em *[233]* zigue-zague entre a América, onde a polícia o espreita, e o México, onde os bandidos o esperam. É, portanto, todo o jogo dos indícios e dos vetores que constitui o signo da imagem burlesca: a elipse nos seus dois sentidos.

Mas, justamente, a lei do indício, a pequena diferença na ação que faz valer uma distância infinita entre duas situações parece presente em toda parte no burlesco em geral. Harold Lloyd desenvolve particularmente uma variante que desloca o procedimento, da imagem-ação à imagem-percepção pura. Uma primeira percepção nos é dada: por exemplo, Harold num carro luxuoso parado numa esquina; em seguida, surge uma segunda percepção, quando o carro põe-se em movimento, e mostra Harold sobre uma bicicleta de pobre. Ele só tinha sido enquadrado através da janela do carro, e a diferença infinitamente pequena entre as duas percepções nos permite perceber ainda mais a distância infinita das situações "rico-pobre". Assim também, numa belíssima cena de *O homem mosca* [*Safety Last*, Fred C. Newmeyer e Sam Taylor, 1923]: uma primeira percepção nos mostra um homem curvado no seu assento, grades, um nó de forca que pende, uma mulher aos prantos, um pastor que o encoraja, enquanto a segunda percepção revela que se trata apenas de uma despedida numa plataforma de estação onde cada elemento se encontra justificado.

Portanto, se procurarmos definir a originalidade de Chaplin, o que lhe conferiu uma posição incomparável no burlesco, é preciso procurar em outro lugar. É que Chaplin soube escolher os gestos próximos e as situações afastadas a eles correspondentes, de modo a fazer emergir de sua conexão ao mesmo tempo uma emoção particularmente intensa, e um riso e a multiplicar o riso por meio dessa emoção. Se uma pequena diferença na ação induz e faz se alternarem situações muito distantes ou oponíveis, S' e S", uma das duas situações será "realmente" tocante, terrível, trágica (e não apenas por uma ilusão de óptica, como em Harold Lloyd). No exemplo precedente de *Carlitos nas trincheiras* [*Shoulders Arms*, 1918], a guerra é que é a situação real e presente, enquanto a partida de bilhar recua até o infinito. E, no entanto, esta última não recua o bastante para impedir nosso riso; inversamente, nosso riso não impede a emoção diante da imagem de guerra que se impõe e se desenvolve, até nas trincheiras inundadas. Em suma, a distância infinita entre S' e S" (a guerra e a partida de *[234]* bilhar) nos emociona tanto mais quanto mais nos faz rir a aproximação das duas ações, a pequena diferença na ação. É porque Chaplin sabe inventar a diferença mínima entre duas ações bem escolhidas que também sabe criar a distância máxima entre as situações correspondentes, uma atingindo a emoção, a outra acedendo ao cômico puro. É um circuito riso-emoção em que um remete à pequena diferença, o outro à grande distância, sem que um apague ou atenue o outro, mas em que ambos se revezam, se relançam. Não cabe falar de um Chaplin trágico. Evidentemente não faz sentido dizer que se ri, quando se deveria chorar. O gênio de Chaplin está em fazer os dois juntos, de fazer com que riamos quanto mais emocionados estivermos. Em *Luzes da cidade*, a moça cega e Carlitos não dividem entre si os papéis: na cena do enrolar dos novelos, entre a ação cega que tende a anular qualquer diferença entre um fio e o outro, e a situação visível que se transforma completamente se se trata de um Carlitos supostamente rico que segura o novelo, ou de um Carlitos miserável que perde seus andrajos, são os dois personagens que estão no mesmo circuito, ambos cômicos e comoventes.

Os últimos filmes de Chaplin descobrem o sonoro e, ao mesmo tempo, matam Carlitos (não só Verdoux volta a ser Carlitos quando vai morrer, mas também o ditador que sobe à tribuna confunde-se com um Carlitos subindo ao cadafalso). O mesmo princípio parece adquirir, então, uma nova potência. Bazin insistia nisso: *O grande ditador* [*The Great Dictator*, 1940] não teria sido possível se, na realidade, Hitler não tivesse pegado e roubado o bigode de Carlitos.[29] Entre o barbeirinho judeu e o ditador a diferença é tão pequena quanto aquela entre os dois bigodes. E, no entanto, daí resultam duas situações infinitamente distanciadas, tão oponíveis quanto as da vítima e do carrasco. Do mesmo modo, em *Monsieur Verdoux* [1947] é tão ínfima a diferença entre os dois aspectos ou comportamentos do mesmo homem, o assassino de mulheres e o marido amante de uma esposa paralítica, que é preciso toda a intuição da esposa para pressentir, assim que ele "mudou". Como afirma Mireille Latil, não é por impotência, mas em virtude de um grande achado que Chaplin *[235]* "não variou de modo algum a aparência da personagem, nem modificou em nada a sua interpretação em ambas as atitudes de Verdoux".[30] Da pequena diferença evanescente emerge, no entanto, uma grande distância das situações opostas, como mostram as idas e vindas frenéticas entre os domicílios falsos e o lar verdadeiro. Nesses dois filmes quererá Chaplin dizer que existe em cada um de nós um Hitler, um assassino virtual? E que são apenas as situações que nos

[29] André Bazin e Éric Rohmer, *Charlie Chaplin*, Paris, Cerf, 1973, pp. 28-32.

[30] Mireille Latil-Le Dantec, "Chaplin ou le poids d'un mythe", *Cinématographe*, nº 35, fev. 1978 ("Verdoux, o impostor, comove a mulher rica, enternecendo-se com a derradeira doença de sua mulher ao contemplar o jardim cheio de rosas de onde, um pouco antes, elevava-se ironicamente a fumaça, vestígio de seu crime. Mas esta ficção conjugal lembra abominavelmente a realidade de seu amor por sua verdadeira mulher e o ambiente florido de sua casa").

tornam bons ou maus, vítimas ou carrascos, capazes de amar ou de destruir? Independentemente da profundidade ou da banalidade de tais ideias, não me parece ser esse o modo de pensar de Chaplin, salvo muito secundariamente. Pois o que conta, ainda mais que as duas situações opostas do bom e do mau, são os *discursos* subjacentes que se exprimem enquanto tais ao final desses filmes. É até por isso que os filmes vão proceder simultaneamente a uma conquista progressiva do sonoro, e a uma eliminação progressiva de Carlitos. Tanto em *O grande ditador* quanto em *Monsieur Verdoux*, o que os discursos dizem é que a própria sociedade se coloca na situação de fazer de todo homem de poder um ditador sanguinário, de todo homem de negócios, um assassino, literalmente um assassino, porque ela suscita por demais nosso interesse em sermos maus, em vez de engendrar situações em que a liberdade, a humanidade se confundissem com nosso interesse ou com a nossa razão de ser. É uma ideia próxima de Rousseau, a de um Rousseau cuja análise social era fundamentalmente realista. Percebemos, assim, o que mudou com os últimos filmes de Chaplin. O discurso lhes acrescenta uma dimensão inteiramente nova, e constitui imagens "discursivas".

Não se trata mais apenas de duas situações opostas que parecem surgir de diferenças minúsculas entre ações, entre os homens ou no mesmo homem. Trata-se de dois estados da sociedade, de duas sociedades oponíveis, uma das quais faz da pequena diferença entre os homens o instrumento de uma distância infinita de situações (tirania), enquanto a outra fará da pequena diferença entre os homens a variável *[236]* de uma grande situação comum e comunitária (democracia).[31] Na série muda dos Carlitos, Chaplin só podia atingir este tema através de imagens idílicas ou de sonho (o grande sonho de *Carlitos guarda-noturno* [*Easy Street*, 1917], ou a imagem idílica em *Tempos modernos*). Mas é o cinema sonoro, sob a forma do discurso, que vai conferir ao tema uma força realista. É possível dizer de Chaplin que ele é, ao mesmo tempo, um dos autores que mais desconfiaram do cinema falado, e que

[31] Cf. o discurso final de *O grande ditador*, do qual uma parte foi publicada por Bazin e Rohmer.

dele fizeram um uso radical, original: Chaplin se serve dele para introduzir no cinema a Figura do discurso, e transformar assim os problemas iniciais da imagem-ação. Donde a importância particular de *O grande ditador*, em que o discurso final (seja qual for o seu valor intrínseco) identifica-se com toda a linguagem do homem, representa tudo o que o homem pode dizer no que concerne à falsa língua do *nonsense* e do terror, do rumor e da fúria, que Chaplin inventa com gênio, pondo na boca do tirano. Não faltava mais nada à pequena forma burlesca; mas, em seus últimos filmes, Chaplin a impulsiona até um limite que a faz reencontrar uma grande forma, e que não precisa mais do burlesco, embora conserve a sua potência e os seus signos. Com efeito, é sempre a pequena diferença que vai se aprofundar em duas situações incomensuráveis ou opostas (daí a questão lancinante de *Luzes da ribalta* [*Limelight*, 1952]: o que é este "nada", esta fissura da idade, esta pequena diferença do desgaste, que faz com que um belo número de palhaço se torne um espetáculo lamentável?). Mas, nos últimos filmes, ainda e sobretudo em *Luzes da ribalta*, as pequenas diferenças entre homens ou em um mesmo homem tornam-se em si mesmas estados de vida, até os mais baixos, variações de um impulso vital que o palhaço pode imitar, enquanto as situações oponíveis tornam-se dois estados da sociedade — um impiedoso e contrário à vida e outro, que o palhaço moribundo ainda pode entrever e comunicar à mulher amada. E aí também, em *Luzes da ribalta*, tudo passa pela introdução do discurso, ao modo shakespeariano, o mais shakespeariano dos três discursos de Chaplin. Chaplin o lembrará quando *Um rei em Nova York* [*A King in New York*, 1957] se lança no discurso de Hamlet, que é como o reverso ou o antípoda *[237]* da sociedade americana (a democracia tornou-se "reino", visto que a América tornou-se sociedade de propaganda e de polícia).

Ora, a situação de Buster Keaton é muito diversa. O paradoxo de Keaton consiste em inscrever imediatamente o burlesco numa grande forma. Se é verdade que o burlesco pertence essencialmente à pequena forma, há em Keaton algo de incomparável, mesmo com Chaplin, que só conquista a grande forma através da figura do discurso e do apagamento relativo da personagem burlesca. A originalidade profunda de Keaton é ter preenchido a grande forma com um conteúdo burlesco que esta parecia recusar, é ter reconciliado, contra toda a verossimilhança, o burlesco e a grande forma. O herói é como um ponto minúsculo englobado por um meio imenso e catastrófico, num espaço de transformação: vastas paisagens cambiantes e estruturas geométricas deformáveis, corredeiras e quedas d'água, grande navio à deriva no mar, cidade varrida pelo ciclone, ponte desmoronando como um paralelogramo que se abate... O olhar de Keaton, tal como o descreve Benayoun, emanando do rosto de frente ou de perfil, ora vê tudo, na posição do periscópio, ora enxerga longe, na posição da sentinela.[32] É um olhar feito para grandes espaços interiores e exteriores. Ao mesmo tempo, nasce sob nossos próprios olhos um tipo de imagens inesperadas no burlesco. É a abertura de *Nossa hospitalidade* [*Our Hospitality*, Buster Keaton e John G. Blystone, 1923] com a noite, a tempestade, os relâmpagos, o duplo assassinato e a mulher aterrorizada — puro Griffith. É também o ciclone de *Marinheiro de encomenda* [*Steamboat Bill, Jr.*, Buster Keaton e Charles Reisner, 1928], a asfixia do escafandrista no fundo do mar em *Marinheiro por descuido* [*The Navigator*, Buster Keaton e Donald Crisp, 1924], o destroçamento do trem em *A General* [*The General*, Buster Keaton e Clyde Bruckman, 1926], a terrível luta de boxe em *Boxe por amor* [*Battling Butter*, Buster Keaton, 1926]. Às vezes é particularmente um elemento da imagem: a lâmina do sabre que vem se cravar nas costas de um inimigo em *A General*, ou então a faca que *O homem das novidades* [*The Cameraman*, Buster Keaton e Edward Sedgwick, 1928] faz escorregar para a mão de um manifestante chinês. Consideremos o exemplo da luta de boxe, já que todos os filmes burlescos passaram pelo tema. As lutas de Carlitos correspondem exatamente à lei da pequena diferença: luta-bailado ou luta-cena *[238]* doméstica. Mas em *Boxe por amor* há três combates: uma luta que parece verdadeira, percebida em sua violência; uma sessão de treino, tratada de modo burlesco tradicional, Keaton como uma criança que saltita de cócegas, e em

[32] Robert Benayoun, *Le Regard de Buster Keaton*, Paris, Éditions Herscher, 1982.

seguida ameaçada pelo pai-treinador; enfim, o acerto de contas entre Keaton e o campeão, em toda a sua hediondez, com o corpo que estremece, a distorção e o amassar da pele sob os golpes, o ódio que surge no rosto. É um dos maiores libelos contra o boxe. Compreende-se melhor uma piada contada por Keaton: ao querer fazer uma inundação, o produtor objeta-lhe que não se pode fazer rir com essas coisas; ele retruca que Chaplin faz rir muito com a guerra de 1914; mas o produtor resiste e aceita apenas um ciclone (porque parecia ignorar o número de mortes causadas por ciclones).[33] Esse produtor tem uma intuição correta: se Chaplin pode fazer rir com a guerra de 1914 é porque, como vimos, ele reporta a situação terrível a uma pequena diferença em si mesma risível. Keaton, ao contrário, se oferece uma cena ou uma situação fora do burlesco, uma imagem-limite, tanto para o ciclone quanto para o combate. Não se trata mais de uma pequena diferença que vai fazer valer situações oponíveis, trata-se de um grande desvio entre a situação dada e a ação cômica esperada (lei da grande forma). Como será preenchido o desvio, não só de modo que a ação cômica se produza "mesmo assim", mas de maneira que cubra e domine a situação inteira e coincida com ela? Como para Chaplin, não se dirá que Keaton é trágico. Mas o problema é completamente diferente nos dois autores.

O que é único em Buster Keaton é o modo pelo qual ele eleva diretamente o burlesco até a grande forma. Para isso, Keaton, no entanto, utiliza vários procedimentos. O primeiro é o que David Robinson chama de "gag-trajetória", que mobiliza toda uma arte da montagem rápida: assim, já em *A antiga e a moderna*, o herói vestido de romano escapa de uma masmorra, apanha um escudo, sobe correndo uma escada, agarra uma lança, pula num cavalo e, de pé, lança-se por uma *[239]* janela alta, afasta dois pilares, faz o teto cair, se apodera da moça, escorrega ao longo da lança e salta numa liteira que vai passar no mesmo instante. Ou então o herói moderno pula do alto de uma casa para a outra, mas cai, agarra-se a um toldo, faz despencar um cano que se solta e que o projeta

[33] Citado por David Robinson, "Buster Keaton", *La Revue du Cinéma*, nº 234, dez. 1969: a propósito de *Marinheiro por encomenda*, p. 74.

dois andares abaixo num quartel de bombeiros, onde desce escorregando pelo poste e salta atrás do carro de bombeiros, que estava justamente de saída. Em outros cômicos burlescos, inclusive Chaplin, há perseguições e corridas extremamente rápidas, com permanência no diverso, mas Buster Keaton talvez seja o único a transformá-las em puras trajetórias contínuas. A mais alta velocidade de trajetória é conseguida em *O homem das novidades*, quando a moça telefona ao herói, que se lança através de Nova York e já se encontra na casa dela quando esta desliga o telefone. Ou então sem montagem, num único plano de *Sherlock Jr.* [1924], quando Keaton passa por um alçapão para o teto do trem, pula de um vagão ao outro, agarra a corrente da caixa de água que podíamos perceber desde o início, é arrastado sobre os trilhos pela torrente de água que ele próprio desencadeia e desaparece ao longe, enquanto dois homens se aproximam e ficam ensopados. Ou obtém-se ainda a gag-trajetória por meio de uma mudança de plano, ficando o ator imóvel: como na célebre sequência do sonho de *Sherlock Jr.*, em que os cortes fazem se suceder um ao outro o jardim, a rua, o precipício, a duna de areia, o recife batido pelo mar, a extensão nevada, para mostrar de novo o jardim (o que também ocorre com o trajeto através da mudança de cenário em carro imóvel).[34]

Um outro procedimento poderia se chamar gag-maquínica. Os biógrafos e comentadores de Keaton sublinharam seu gosto pelas máquinas e sua afinidade, neste particular, não com o surrealismo, mas com o dadaísmo: a máquina-casa, a máquina-barco, a máquina-trem, a máquina-cinema... Máquinas e não ferramentas: este é um primeiro aspecto importante de sua diferença com Chaplin, que procede *[240]* através de ferramentas e opõe a máquina a si mesmo. Mas, em segundo lugar, se Keaton faz das máquinas o seu aliado mais precioso, é porque sua personagem as

[34] Reportar-se-á às análises de David Robinson, geralmente plano por plano: não apenas para *A antiga e a moderna* e *Sherlock Jr.*, mas para a grande cena das corredeiras e cachoeiras em *As leis da hospitalidade* (pp. 46-8). Assim também para a posição fixa da personagem com mudança de cenário, e os problemas técnicos de geometria que então se colocam (na ausência do procedimento das transparências): cf. pp. 53-4.

inventa e faz parte delas, máquinas "sem mãe" ao modo das máquinas de Picabia. Elas podem escapar a seu controle, tornarem-se absurdas ou serem absurdas desde o início, podem complicar o simples: mas não deixam de servir sempre a uma elevada finalidade secreta, no âmago da arte de Keaton. A casa pré-fabricada em *Uma semana* [*One Week*, Buster Keaton, Charles Chaplin e Edward F. Cline, 1920], cujas partes foram montadas fora da ordem e que começam a turbilhonar. *O espantalho* [*The Scarecrow*, Buster Keaton e Edward F. Cline, 1920], em que a casa sem mãe e com um único cômodo virtual, complica cada cômodo virtual com um outro, cada mecanismo com um outro, fogão com gramofone, banheira com sofá, cama com órgão: são essas máquinas-casas que fazem de Keaton o arquiteto dadaísta por excelência. Mas, em terceiro lugar, elas mesmas nos levam à pergunta: qual é a finalidade da máquina absurda, essa forma própria do *nonsense* em Keaton? São ao mesmo tempo estruturas geométricas e causalidades físicas. Mas no conjunto da obra de Keaton, sua particularidade é serem estruturas geométricas com função "minorante", ou causalidades físicas com função "recorrente".

Em *Marinheiro por descuido*, a máquina não é apenas o grande navio propriamente: é o navio apreendido numa função minorante em que cada um de seus elementos, destinado a centenas de pessoas, vai ser adaptado a um casal solitário e sem recursos. O limite, a imagem-limite é, portanto, o objeto de uma série que se propõe não a transpô-la ou até a atirá-la, mas sim a atraí-la, polarizá-la. Qual é o sistema para se cozinhar um pequeno ovo numa enorme panela? Em Keaton, a máquina não se define pelo imenso, ela implica o imenso, mas inventando a função minorante que o transforma, graças a um sistema engenhoso ele próprio maquínico, extraído da massa das roldanas, fios e alavancas.[35] Assim tam-

[35] David Robinson, "Buster Keaton": "Um casal jovem e rico, que nunca soube se arranjar sozinho, parte à deriva num paquete deserto. As dificuldades comuns da existência são acrescidas pelo fato de que tudo o que o barco oferece não se destina aos indivíduos, mas a milhares de pessoas... Eles devem enfrentar um equipamento doméstico geralmente utilizado por centenas de pessoas" (pp. 54-6).

bém, em *[241] A General*, não se deve pensar apenas que a moça, alimentando a caldeira do trem com pedacinhos mínimos de lenha, comporta-se de maneira desastrada e inadequada. Sem dúvida é verdade, mas ela realiza também o sonho de Keaton: pegar a maior máquina do mundo e fazê-la funcionar com elementos pequeníssimos, convertê-la assim ao uso de cada um, fazer dela coisa de todo mundo. Keaton chega até a passar diretamente da grande máquina real à sua reprodução como brinquedo — por exemplo, ao final de *Ferraduras douradas* [*The Blacksmith*, Buster Keaton e Malcolm St. Clair, 1922]. *O vaqueiro* [*Go West*, Buster Keaton, 1925] efetua minorações bastante diversas, do minúsculo revólver ao bezerrinho encarregado de reunir o imenso rebanho. Esta é a finalidade da própria máquina: ela não compreende apenas suas grandes peças e engrenagens, ela compreende a sua conversão ao pequeno, sua conversão em pequeno, o mecanismo de uma transformação que a torna apropriada a um homem solitário, a um casal perdido, para além das competências e das especializações. Isto *deve* fazer parte da máquina: não temos certeza, a esse respeito, de que falte a Keaton uma visão política que, ao contrário, estaria presente em Chaplin. Existem antes duas visões "socialistas" muito diferentes, uma humanista-comunista em Chaplin, a outra maquínica-anarquista em Keaton (um pouco como Illich, que exigirá o direito de uso ou a minoração das grandes máquinas).

Essas minorações só podem se dar através de processos de causalidade física que passam por desvios, extensões, vias indiretas, ligações entre heterogêneos, fornecendo ao elemento absurdo indispensável à máquina. Já na série dos *Malecs*,* *O grande sinal* [*The High Sign*, Buster Keaton e Edward F. Cline, 1921] propõe um insólito compêndio de série causal: uma máquina de atirar em que o herói apoia o pé sobre uma alavanca escondida, de modo que um sistema de fios e roldanas faz cair um osso, que um cachorro tenta alcançar esticando uma corda de modo a fazer tocar a campainha do alvo (basta um gato para desarranjar a máquina). O que nos faz lembrar os desenhos, também dadaístas, de Rube

* *Les Malecs*: denominação que recebem na França os filmes curtos de Buster Keaton. (N. da T.)

Goldberg: as prodigiosas séries causais em que "pôr uma carta no correio", por exemplo, passa por uma longa sequência de mecanismos despropositados ou sem nexo, encadeados uns nos outros, a começar por uma bota que chuta uma bola de rúgbi num balde e, de engrenagem em engrenagem, acaba desenrolando diante dos olhos do remetente uma tela onde está escrito *You Sap, Mail that Letter.** *[242]* Cada elemento da série é concebido de modo a não ter nenhuma função, nenhum nexo com o objetivo, mas os adquire relativamente a um outro elemento que também não tem nenhuma função nem nexo etc. É por uma série de desengates que essas causalidades operam: próximas das de Keaton, certas máquinas de Tinguely encadeiam umas nas outras várias estruturas, cada uma comportando um elemento que não é funcional, mas que se torna funcional na estrutura seguinte (a avó que pedala no automóvel não faz o veículo andar, mas desencadeia um aparelho para serrar madeira...). É por meio dessas causalidades recorrentes que se operam tanto a apropriação das grandes estruturas geométricas, como o desenvolvimento das grandes trajetórias. Uma estrutura é o desenho de uma trajetória, mas uma trajetória não é menos o traçado de uma máquina. Cada trajetória constitui, ela própria, uma máquina da qual o homem é um mecanismo entre os diferentes elementos, como o maquinista sentado no eixo central da locomotiva, que faz o seu corpo imóvel descrever uma série de arcos de círculo. Em Keaton, as duas formas essenciais da gag, a gag-trajetória e a gag-maquínica são os aspectos de uma mesma realidade, uma máquina que produz o homem sem mãe ou o homem do futuro. O grande desvio entre a situação imensa e o herói minúsculo será preenchido pelas funções minorantes e pelas séries recorrentes que tornam o herói igual à situação. É assim que Keaton inventa um burlesco que desafia todas as condições aparentes do gênero e que toma naturalmente por quadro a grande forma.

* Em inglês, no original. O *cartoon* de Goldberg está reproduzido em *O anti-Édipo*, de Gilles Deleuze e Félix Guattari (ed. bras.: São Paulo, Editora 34, 2010, p. 525). (N. da T.)

Capítulo 11
AS FIGURAS OU A TRANSFORMAÇÃO DAS FORMAS
[243]

1

A distinção entre as duas formas de ação é em si mesma simples e clara, mas suas aplicações são complexas. Vimos que questões de orçamento podiam intervir, mas não eram determinantes, já que, para se exprimir e se desenvolver, a pequena forma precisa — tanto quanto a grande — de tela grande, cenários e cores ricas. Seria preciso considerar que Pequeno e Grande são aqui empregados no sentido de Platão, que lhes fazia corresponderem duas Ideias; e a Ideia, com efeito, é antes de tudo a forma de ação. O que não deixa de ter consequências sobre o cinema. Assim, certos autores têm declaradamente uma preferência ou uma vocação por uma ou por outra das formas; no entanto, às vezes eles recorrem a outra forma, seja para responderem a novos imperativos, seja para mudarem, descansarem, se porem à prova de modo diferente, fazerem uma experiência etc. Ford, por exemplo, é um mestre da grande forma, com synsignos e binômios; e, no entanto, também faz obras-primas de pequena forma, operando por meio de indícios (é o caso de *A longa viagem de volta* [*The Long Voyage Home*, 1940], onde o ataque aéreo só é indicado pelo som e o enfurecimento do mar, pelas vagas sobre a castelo de proa do navio de guerra). Outros autores passam facilmente de uma forma à outra, como se não tivessem preferência: como vimos com os filmes *noirs* de Hawks, mas é porque ele foi capaz de inventar uma forma original, uma forma com deformação capaz de jogar com as outras duas, como atestam os seus *westerns*. Chamamos *figura* o signo de tais *[244]* deformações, transformações ou transmutações. Há aí avaliações estéticas e criadoras de toda sorte, que extrapolam a questão da imagem-ação e que, evidentemente, não se colocam somente no âmbito do cinema americano, mas dizem respeito a todas as épocas do cinema universal.

É que Pequeno e Grande não designam apenas formas de ação, mas concepções, maneiras de conceber e de ver um "assunto", uma narrativa ou um roteiro. Esse segundo sentido da Ideia, a concepção, é tanto mais essencial ao cinema na medida em que esta geralmente precede o roteiro e o determina, mas também pode sucedê-lo (Hawks insistia nesse ponto, na indiferença do roteiro, que podia receber pronto). A concepção induz uma *mise-en-scène*, uma decupagem e uma montagem que não dependem simplesmente do roteiro. Mikhail Romm relata uma conversa que teve com Eisenstein no momento de realizar *Rushka* segundo a novela *Bola de sebo* de Maupassant.[1] Primeiro Eisenstein pergunta: das duas partes da narrativa, de um lado Rouen, a ocupação alemã e personagens de todo tipo, e de outro a história da diligência, qual você escolhe? Romm responde que fica com a diligência, a "pequena história". Eisenstein retruca que pessoalmente ele teria ficado com a primeira, a grande: é uma alternativa perfeita entre as duas formas de imagem-ação, SAS' e ASA'. Em seguida Eisenstein pede a Romm suas "explicações de *mise-en-scène*": Romm responde explicando o seu roteiro, mas Eisenstein diz que não é esse, de modo algum, o sentido da sua pergunta. A pergunta é como Romm concebe o roteiro, como vê, por exemplo, a primeira imagem. "O corredor, a porta, primeiro plano, botas diante da porta", diz ele. Eisenstein conclui: "Pois bem, filme as botas de tal modo que a imagem seja chocante, mesmo que você tenha de fazer só esta...". O que nos parece querer dizer: se você escolhe a pequena forma ASA', então faça uma imagem que seja realmente um indício, que funcione como um indício. Talvez Eisenstein estivesse se lembrando de um êxito no gênero, os sapatos de Pudóvkin em *Tempestade sobre a Ásia*. O próprio Pudóvkin explica: ele "apanha a ideia" de seu filme, concebe-o verdadeiramente não graças ao roteiro, mas quando imagina um soldado inglês *[245]* correto e de calçado bem engraxado, que evita sujar as botas ao andar e que depois

[1] Mikhail Romm, em *Cahiers du Cinéma*, nº 219, abr. 1970.

passa na mesma rua chapinhando na lama, sem prestar atenção.[2] Isso é uma "explicação de *mise-en-scène*. Entre os dois comportamentos A e A', algo aconteceu, foi preciso que o soldado se encontrasse numa situação preocupante, quase aviltante (a execução do mongol), da qual A' é o indício. E é o procedimento mais corrente na obra de Pudóvkin: seja qual for a grandeza do meio apresentado, São Petersburgo ou as planícies da Mongólia, seja qual for a grandiosidade da ação revolucionária a alcançar, vai-se de uma cena em que os comportamentos desvendam um aspecto da situação a uma outra cena, cada qual marcando um momento determinado da consciência e se conectando às outras, para formar a progressão que se torna adequada ao conjunto da situação desvendada. Romm é muito mais discípulo de Pudóvkin do que imagina (numa geração para quem, frequentemente, a grande forma não passa de uma sobrevivência ou de uma limitação imposta por Stálin). *Nove dias de um ano* [*Devyat dney odnogo goda*, 1962], de Romm, procede por jornadas bem distintas, em que cada uma tem seus indícios, e cujo conjunto forma uma progressão no tempo. E, mais ainda, o que ele queria em *Fascismo sem máscara* [*Obyknovennyy fashizm*, 1965] era uma montagem de documentos capaz de evitar uma história do fascismo, ou uma reconstituição dos grandes acontecimentos: era necessário mostrar o fascismo como situação que se desvendava a partir de comportamentos ordinários, de acontecimentos cotidianos, atitudes do povo ou gestos de chefe apreendidos em seu conteúdo psicológico, como momentos de uma consciência alienada.

Vimos como os cineastas soviéticos se definiam por meio de uma concepção dialética da montagem: tratava-se, porém, de uma definição nominal, suficiente para distingui-los das outras grandes correntes do cinema, mas que não impedia as profundas diferenças entre uns e outros nem suas oposições, desde que cada um se interessava por um aspecto ou uma "lei" especial da dialética. A dialética não era para eles um pretexto, como também não era uma

[2] Vsievolod Pudóvkin, citado por Georges Sadoul, *Histoire générale du cinéma*, vol. VI, Paris, Denöel, 1954, p. 487.

reflexão teórica posterior: era, antes, uma *[246]* concepção das imagens e de sua montagem. O que interessa a Pudóvkin é a lei da quantidade e da qualidade, do processo quantitativo e do salto qualitativo; o que todos os seus filmes nos mostram são os momentos e os saltos descontínuos de uma tomada de consciência na medida em que supõem um desenvolvimento contínuo linear e uma progressão no tempo, mas também na medida em que reagem sobre eles. É uma pequena forma ASA', com índices e vetores, ossatura, mas imbuída de dialética: a linha quebrada deixou de ser imprevisível e se torna "a linha" política e revolucionária. É evidente que Dovjenko concebe um outro aspecto da dialética, a lei do todo, do conjunto e das partes: como o todo já está presente nas partes, mas deve passar do em-si ao para-si, do virtual ao atual, do antigo ao novo, da lenda à história, do sonho à realidade, da Natureza ao homem. É o canto da terra que atravessa todas as canções do homem, até as mais tristes, e se recompõe no grande canto revolucionário. Com Dovjenko, a grande forma SAS' recebe da dialética uma respiração, como também potência onírica e sinfônica que extravasa os limites do orgânico.

Quanto a Eisenstein, se ele se considera o mestre de todos é porque se interessa por uma terceira lei, a seu ver a mais profunda, a da oposição desenvolvida e superada (como Um torna-se dois para produzir uma nova unidade). Claro que os outros não são discípulos seus. Mas Eisenstein pensa, com razão, ter criado uma *forma por transformação* capaz de passar de SAS' a ASA'. Com efeito, ele "vê em grande", como nos lembra a conversa com Romm. Entretanto, partindo da grande representação orgânica, de sua espiral ou de sua respiração, ele as submete a um tratamento que liga a espiral a uma causa ou lei de "crescimento" (seção áurea) e vai portanto determinar na representação orgânica outras tantas cesuras como paradas de respiração. E eis que tais cesuras marcam crises ou instantes privilegiados que vão entrar, a seu modo, em conexão uns com os outros, de acordo com vetores: isto será o patético, que se encarrega do "desenvolvimento", operando saltos qualitativos entre dois momentos levados ao seu ápice. Este laço do patético com o orgânico, esta "patetização", segundo Eisenstein, é como se a pequena forma se enxertasse a partir de dentro *[247]* na grande forma. A lei da pequena forma (os saltos qualitativos) não para de se combinar com a lei da grande forma (o todo reportado a uma causa). Doravante passar-se-á dos grandes synsignos-duelos aos índices-vetores: em *O encouraçado Potemkin* a paisagem, a silhueta do navio na bruma são synsignos, mas o monóculo do capitão balançando no cordame é um indício.

A forma por transformação de Eisenstein exige muitas vezes um circuito mais complexo: a transformação será indireta, ainda mais eficaz. Trata-se da difícil questão da "montagem de atrações"; nós a analisamos anteriormente e a definimos pela inserção de imagens especiais, seja de representações teatrais ou cenográficas, seja de representações esculturais ou plásticas, que parecem interromper o curso da ação. Na segunda parte de *Ivan, o terrível*, por duas vezes a situação é retomada por uma representação teatral que substitui a ação, ou prefigura a ação por vir: uma vez são os boiardos que santificam seus companheiros decapitados, a outra é Ivan que oferece à sua próxima vítima um espetáculo infernal de palhaços e de circo. Inversamente, uma ação pode se prolongar em representações esculturais e plásticas que nos afastam da situação presente: os leões de pedra em *Potemkin*, evidentemente, mas sobretudo as séries de esculturas de *Outubro* (por exemplo, o apelo dos contrarrevolucionários à religião prolonga-se numa série de fetiches africanos, de divindades hindus e de budas chineses). Em *A linha geral*, esse segundo aspecto adquire toda a sua importância: a ação é suspensa, a desnatadeira vai funcionar? Cai uma gota, depois um jorro de leite, mas que vai se prolongar em imagens de jatos de água e de jatos de fogo substitutivos (uma fonte de leite, uma explosão de leite). A psicanálise submeteu essas imagens célebres da desnatadeira e sua sequência a um tratamento tão pueril, que se tornou difícil reencontrar sua beleza simples. As explicações técnicas que o próprio Eisenstein fornece são um guia melhor. Diz ele que se trata de "patetizar" algo humilde e cotidiano; não é mais a situação de *Potemkin*, patética por si mesma. Portanto, é preciso que o salto qualitativo não seja apenas material, concernindo o conteúdo, mas que se torne formal e passe de uma imagem a outro modo de imagem completamente diferente, que só terá uma *conexão [248] reflexiva indireta* com a imagem inicial.

Eisenstein acrescenta que, para esse outro modo, podia optar entre uma representação teatral e uma representação plástica: mas uma representação teatral, como a dos camponeses dançando sobre o Monte Calvo, teria sido ridícula e, além do mais, ele já empregara o modo teatral para uma cena precedente do mesmo filme. Precisava agora, então, de uma representação plástica suficientemente forte para voltar, por seu intermédio, à ação. Foi esse o papel da água e do fogo.[3]

Retomemos os dois casos. Por um lado, na representação teatral, a situação real não suscita imediatamente uma ação que lhe corresponda, mas se exprime numa ação fictícia, que vai apenas prefigurar um projeto ou uma ação real por vir. Em vez de S → A temos: S → A' (ação fictícia teatral) em que A' serve consequentemente de índice para a ação real A que se prepara (o crime). Por outro lado, na representação plástica a ação não desvenda imediatamente a situação envolvida, mas sim se desenvolve ela própria em situações grandiosas que englobam a situação implicada. Em vez de A → S, temos: A → S' (figuração plástica), em que S' serve de synsigno ou de englobante para a situação real S, que só será descoberta por seu intermédio (a alegria da aldeia). Num caso, a situação remete a outra imagem que não é a da ação que ela vai suscitar e, no outro caso, a ação remete a outra imagem que não é a da situação que ela indica. Parece assim que, no primeiro caso, a pequena forma é como que injetada na grande forma por intermédio da representação teatral; e no segundo caso, a grande forma é injetada na pequena por intermédio da representação escultural ou plástica. De qualquer maneira, não há mais relação direta entre uma situação e uma ação, entre uma ação e uma situação: entre as duas imagens, ou entre os dois elementos da imagem, um terceiro intervém para efetivar a conversão das formas. Dir-se-ia que a dualidade fundamental que caracterizava a imagem-ação tende a se superar rumo a uma instância mais elevada, como que uma "terceiridade" capaz de converter as imagens e seus elementos.

[3] O comentário detalhadíssimo de Serguei Eisenstein se encontra no capítulo "La Centrifugeuse et le Graal", em *La Non-indifférente Nature*, vol. I, col. 10-18, Paris, Union Générale d'Éditions, 1976.

Considere-se um exemplo tomado de Kant: o Estado despótico está diretamente *[249]* presente em certas ações, tais como uma organização escravagista e mecânica do trabalho; mas o "moinho de braços" será a figuração indireta em que se reflete esse Estado.[4] Em *A greve* [*Stachka*, 1925] o procedimento de Eisenstein é exatamente o mesmo: o Estado tsarista se apresenta diretamente no fuzilamento dos manifestantes; mas o "matadouro" é a imagem indireta que, simultaneamente, reflete esse Estado e figura essa ação. Teatrais ou plásticas, as atrações de Eisenstein não só operam a conversão de uma forma de ação na outra, como levam as situações e as ações a um limite extremo, elevam-nas a um terceiro que supera sua dualidade constitutiva. As autoridades que controlavam o cinema soviético não eram necessariamente sensíveis a tais imagens indiretas, e podiam até ver nelas um procedimento perigoso, desviacionista. Assim, é em *Que viva México!* [*¡Que Viva Mexico! — Da zdravstvuyet Meksika!*, 1979] que Eisenstein conseguiu alcançar um desenvolvimento livre das representações teatrais e plásticas que reflete a Ideia da vida e da morte no México, unindo as cenas e os afrescos, as esculturas e as dramaturgias, as pirâmides e os deuses (a crucificação, a corrida, o touro crucificado, a grande dança da morte...).

As Figuras são essas novas imagens atrativas, atratoras, que circulam através da imagem-ação. Com efeito, quando Fontanier tenta sua grande classificação das "figuras do discurso" no início do século XIX, o que ele assim designa se apresenta sob quatro formas: no primeiro caso, tropos propriamente ditos, uma palavra tomada num sentido figurado substitui uma outra palavra (metáforas, metonímias, sinédoques); no segundo caso, tropos impróprios, é um grupo de palavras, uma proposição que tem o sentido figurado (alegoria, personificação etc.); no terceiro caso, há efetivamente substituição, mas é no seu sentido estritamente literal que as palavras sofrem trocas e transformações (a inversão é um desses procedimentos); o último caso consiste, enfim, nas figuras de pen-

[4] Kant, *Critique du jugement*, § 59 (é o que Kant designa — seu modo de "símbolo") [ed. bras.: *Crítica da faculdade de julgar*, tradução de Valério Rohden e Antonio Marques, Rio de Janeiro, Forense, 2012].

samento que não sofrem nenhuma modificação de palavras (deliberação, concessão, sustentação, prosopopeia etc.).[5] Nesse nível de nossa análise não colocamos nenhum problema geral atinente ao nexo do cinema com a linguagem, das imagens com as *[250]* palavras. Constatamos apenas que as imagens cinematográficas têm figuras que lhes são próprias e que correspondem, com seus próprios meios, aos quatro tipos de Fontanier. As representações esculturais ou plásticas de Eisenstein são imagens que figuram outra imagem, e valem uma por uma, mesmo quando tomadas em série. Mas as representações teatrais procedem por sequência, e é a sequência de imagens que tem o papel figural. Reconhecemos os dois primeiros casos precedentes. Os outros casos são de outra natureza. As figuras literais, que operam, por exemplo, por inversão, sempre foram muito desenvolvidas no cinema, principalmente no disfarce burlesco. Mas é em Hawks, como vimos, que os mecanismos de inversão atingem o estado de figura autônoma e generalizada. Quanto às figuras do pensamento, já presentes nos filmes falados de Chaplin, só poderemos descobrir sua natureza e sua função posteriormente, num outro capítulo, porque elas não se contentam mais em tirar partido dos limites da imagem-ação, mas evoluem para um novo tipo de imagem que as figuras precedentes apenas anunciam.

2

Enquanto Ideias, o Pequeno e o Grande designam a um só tempo duas formas e duas concepções distintas que, entretanto, também são capazes de passar uma para a outra. Eles têm ainda um terceiro sentido, designam Visões que, com muito mais razão, merecem o nome de Ideias. E, apesar disso ser válido para todos os autores que estudamos, gostaríamos de considerar a esse respeito o cinema de ação de Herzog como um caso extremo. Pois essa obra se distribui segundo dois temas obsessivos que são como

[5] Pierre Fontanier, *Les Figures du discours*, Paris, Flammarion, 1968.

motivos visuais e musicais.[6] Em um deles, um homem desmedido habita um meio também desmedido, concebe uma ação tão grande quanto o meio. É uma forma SAS', mas particularíssima: com efeito, a ação não é exigida pela situação, trata-se de um empreendimento louco que nasce na cabeça de um iluminado, e que parece ser o único capaz de se igualar ao meio *[251]* inteiro. Ou melhor, a ação se desdobra: há a ação sublime, sempre além, mas ela própria engendra outra ação, uma ação heroica que se confronta por sua própria conta com o meio, penetrando o impenetrável, transpondo o instransponível. Há, portanto, ao mesmo tempo, uma dimensão alucinatória em que o espírito, ao agir, eleva-se até o ilimitado na Natureza, e uma dimensão hipnótica em que o espírito afronta os limites que a Natureza lhe opõe. E ambas são diferentes, têm um nexo figural. Em *Aguirre, a cólera dos deuses* [*Aguirre, der Zorn Gottes*, Werner Herzog, 1972], a ação heroica, a descida das corredeiras está subordinada à ação sublime, única adequada à imensa floresta virgem — o projeto de Aguirre de ser o único Traidor e de trair tudo ao mesmo tempo, Deus, o rei, os homens, para fundar uma raça pura numa união incestuosa com sua filha, na qual a História tornar-se-á a "ópera" da Natureza. E em *Fitzcarraldo* [Werner Herzog, 1982], o heroico (a travessia da montanha pelo pesado navio) é ainda mais diretamente o meio do sublime: que a floresta virgem inteira se torne o templo da ópera de Verdi e da voz de Caruso. Em *Coração de cristal* [*Herz au Glas*, Werner Herzog, 1976], enfim, a paisagem da Baviera abriga a obra hipnótica do vidro-rubi, mas se supera ainda nas paisagens alucinatórias que conclamam a busca do grande abismo do Universo. Assim o Grande se realiza enquanto Ideia pura, na dupla natureza das paisagens e das ações.

Mas no outro tema, ou de acordo com a outra vertente da obra de Herzog, é o Pequeno que se torna a Ideia e se realiza inicialmente nos anões que "também começaram pequenos", e se prolonga em homens que também não deixaram de ser anões. Não são mais "conquistadores do inútil", mas seres inutilizáveis. Já não

[6] Cf. Marie-Line Potrel-Dorget, "Dialectique du surhomme et du sous-homme dans quelques films d'Herzog", *Revue du Cinéma*, nº 342, 1979.

são mais iluminados, mas débeis, idiotas. As paisagens se reduzem ou se achatam, tornam-se sombrias e mornas, tendendo até a desaparecer. Os seres que as habitam não dispõem mais de Visões, mas parecem reduzidos a um tato elementar, como os surdos-mudos de *O país do silêncio e da escuridão* [*Land des Schweigens und der Dunkelheit*, Werner Herzog, 1971], e caminham rente ao chão, seguindo uma linha incerta que só lhes proporciona uma pausa, um resquício de visão entre dois sofrimentos, no ritmo de seus passos ou de seus pés monstruosos. É o andar do protagonista de *O enigma de Kaspar Hauser* [*Kaspar Hauser*, Werner Herzog, 1974] no jardim do professor. É *Stroszek* [Werner Herzog, 1977] com seu anão e sua puta, sua linha de fuga da Alemanha *[252]* rumo a uma América lastimável. É *Nosferatu, o vampiro da noite* [*Nosferatu: Phantom der Nacht*, Werner Herzog, 1979], tratado no sentido inverso ao de Murnau, captado numa regressão uterina, feto reduzido a seu corpo débil e ao que toca e suga, e que só se propagará no universo na forma de seu sucessor, pequeno ponto fugindo no horizonte de uma terra sem relevo. É *Woyzeck* [Werner Herzog, 1979], sempre rebaixado à sua própria Paixão, e onde a terra, a lua vermelha, a poça negra só são induzidas de indícios espasmódicos, em vez de synsignos grandiosos.[7] Aqui se trata, portanto, da pequena forma ASA', mas reduzida por sua vez a seu aspecto mais fraco. Pois, em ambos os casos, sublimação da grande forma e enfraquecimento da pequena forma, Herzog é metafísico. É o mais metafísico dos autores de cinema (embora o expressionismo alemão já fosse imbuído de metafísica, era dentro dos limites de um problema do Bem e do Mal ao qual Herzog é indiferente). Quando Bruno faz a pergunta: para onde vão os objetos que não têm mais utilidade?, poder-se-ia responder que normalmente vão para o lixo, mas tal resposta seria insuficiente, porque a pergunta é metafísica. Bergson fazia a mesma pergunta, e respondia metafisicamente: o que deixou de ser útil, simplesmente começa a *ser*. E quando Herzog observa: *aquele que caminha está indefeso*,

[7] Num belíssimo livro, *Werner Herzog* (Paris, Edilig, 1982), Emmanuel Carrère analisou esta ausência de paisagem em *Woyzeck*, assim como analisava a existência das grandes visões no outro caso.

poder-se-ia dizer ainda que, de fato, o andarilho é desprovido de todas as forças no que concerne os carros e os aviões. Mas aqui, novamente, a observação era metafísica.[8] "Absolutamente indefeso" é a definição que Bruno dava de si mesmo. O andarilho é indefeso porque é aquele que começa a ser e nunca deixa de ser pequeno. E a caminhada de Kaspar, a caminhada do inominável. E eis que o Pequeno entra numa tal correspondência com o Grande que as duas Ideias se comunicam, e formam figuras ao se permutarem. O projeto sublime do iluminado malograva na grande forma, e toda a sua realidade passava para o fraco: Aguirre acabava sozinho em sua jangada envisgada, tendo como única raça uma ninhada de macacos; Fitzcarraldo se oferece como último espetáculo, uma trupe medíocre que canta *[253]* para um público minguado, e para um leitãozinho preto; e o incêndio da fábrica de vidro não tinha outro desenlace senão os operários catando os cacos. Mas, inversamente, os fracos que caminham na pequena forma têm tais relações de tato com o mundo, que inflam e inspiram a própria imagem, como quando a criança surda-muda toca uma árvore, um cacto, ou quando Woyzeck, no contato com a lenha que está cortando, sente subirem as potências da Terra. E esta liberação dos valores táteis não se contenta em inspirar a imagem, entreabrindo-a e nela introduzindo amplas visões alucinatórias de voo, de ascensão ou de travessia, como o esquiador vermelho em pleno salto em *O país do silêncio e da escuridão*, ou os três grandes sonhos de paisagem em *O enigma de Kaspar Hauser*. Assistimos, portanto, também aí, a um desdobramento análogo ao do sublime; e todo o sublime se encontra do lado do Pequeno. Este, como em Platão, é tão Ideia quanto o Grande. Tanto num sentido como no outro, Herzog terá mostrado que as enormes patas do albatroz e suas grandes asas brancas eram a mesma coisa.

[8] Herzog apresenta essa ideia como uma evidência; numa digressão, ao final de seu diário de caminhada, *Sur le chemin des glaces*, Paris, Hachette, 1979, p. 114 [ed. bras.: *Caminhando no gelo*, tradução de Lúcia Nagib, Rio de Janeiro, Paz e Terra, 2007]: "e como ela sabia que eu era desses que caminham, e, logo, sem defesa, me compreendeu".

3

Finalmente seria preciso determinar domínios básicos onde a pequena e a grande formas de ação manifestariam, ao mesmo tempo, sua distinção real e todas as suas transformações possíveis. É, de início, o campo físico-biológico que corresponde à *noção de meio*. Pois, num primeiro sentido, ela designa o intervalo entre dois corpos ou, antes, o que ocupa esse intervalo, o fluido que transmite à distância a ação de um corpo sobre o outro (a ação de contato implicando então uma distância infinitamente pequena). Encontramo-nos, portanto, numa forma ASA' característica. Mas o meio designou em seguida a ambiência ou o englobante, o que circunda um corpo e age sobre ele, sob a condição de que o corpo reaja sobre o meio: forma SAS'. Passa-se facilmente de um sentido ao outro, mas as combinações não apagam a origem distinta das duas ideias, uma na linhagem de uma mecânica dos fluidos, a outra numa esfera bioantropológica.[9] *[254]*

O domínio matemático que corresponde à *noção de espaço* suscita também duas concepções distintas. Será chamada "global" uma concepção que parte de um conjunto cuja estrutura é dada, para determinar um lugar e uma função unívocos dos elementos que pertencem a este conjunto (antes mesmo que se conheça a sua natureza). É um espaço-ambiência que pode sofrer certas transformações no que diz respeito às figuras nele inseridas: SAS'. A concepção "local", ao contrário, parte de um elemento infinitesimal que forma com sua vizinhança imediata uma fração de espaço; mas tais elementos ou tais pedaços não são ligados uns aos outros, enquanto não se tiver determinado uma linha de concatenação por meio de vetores tangentes (ASA'). Note-se que as duas concepções não se opõem como o todo e a parte, mas antes como duas maneiras de constituir a sua conexão.[10] Trata-se de dois espaços de na-

[9] Georges Canguilhem, *La Connaissance de la vie*, "Le Vivant et son milieu", Paris, Hachette, 1952 [ed. bras.: *O conhecimento da vida*, tradução de Vera L. A. Ribeiro, Rio de Janeiro, Forense, 2012].

[10] Sobre estas duas concepções, cf. Albert Lautman, *Essai sur les no-*

tureza diferente, e que não têm o mesmo limite. O limite do primeiro seria o espaço vazio, mas o do segundo seria o espaço desconectado, cujas partes podem se ligar de infinitas maneiras. Mesmo assim, existem condições sob as quais se passa de um espaço ao outro. E os próprios dois limites se reúnem na noção de espaço qualquer. Mas são espaços de origem e de concepção muito diferentes. Se o *western* tivesse uma representação geométrica pura, os dois aspectos que analisamos corresponderiam a essas duas formas espaciais.

Em terceiro lugar, consideraremos o campo estético que corresponde à *noção de paisagem*. A pintura chinesa e japonesa invoca dois princípios fundamentais: de um lado, o vazio primordial e o sopro vital que impregna todas as coisas em Um, reúne-as num todo, e as transforma de acordo com o movimento de um grande círculo ou de uma espiral orgânica; de outro, o vazio mediano e a ossatura, a articulação, a juntura, ruga ou traço quebrado que vai de um ser a outro, pegando-os no ápice de sua presença, de acordo com uma linha de universo. Num caso o que conta é a reunião, diástole e sístole, mas no outro é mais a separação em *[255]* acontecimentos autônomos, todos decisivos. Num caso, a presença das coisas está em seu "aparecer" mas, no outro, a presença mesma está num "desaparecer como uma torre cujo cimo se perde no céu, e cuja base é invisível, ou como o dragão que se dissimula por trás das nuvens".[11] É certo que os dois princípios são inseparáveis, e que o primeiro domina: "Convém que os traços sejam interrompidos sem que o sopro o seja, que as formas sejam descontínuas sem que o seja o espírito"; "Toda a arte da execução está nas notações fragmentárias e interrupções, embora o objetivo seja a obtenção de um resultado pleno...". Como pintar o lúcio sem descobrir a linha quebrada que o une à pedra que ele roça no fundo da

tions de structure et d'existence en mathématiques, vol. 1, Paris, Hermann, 1938, caps. I e II. Lautman lhes faz corresponderem duas Ideias platônicas.

[11] Henri Maldiney, *Regard, parole, espace*, Lausanne, L'Âge d'Homme, 1973, pp. 167 ss. E François Cheng, *Vide et plein: le langage pictural chinois*, Paris, Seuil, 1979 (de quem tomamos de empréstimo as duas citações seguintes de pintores chineses, p. 53).

água, e as ervas da margem onde se dissimula? Mas como pintá-lo sem o animar com o sopro cósmico do qual ele é apenas uma parte, um vestígio? Ainda assim, sob esses dois princípios, as coisas não têm o mesmo signo, e os espaços não têm a mesma forma; os synsignos para o sopro ou a espiral, os vetores para as linhas de universo: o "traço único" e o "traço enrugado".

Eisenstein era fascinado pela pintura de paisagem chinesa e japonesa, porque nela via uma prefiguração do cinema.[12] Mas, no próprio cinema japonês, dos dois grandes autores mais próximos de nós, cada um privilegiou um dos dois espaços de ação. A obra de Kurosawa é animada por um sopro que penetra duelos e combates. Esse sopro é representado por um traço único, ao mesmo tempo como synsigno da obra e assinatura pessoal de Kurosawa: imaginemos uma grossa linha vertical que vai de alto a baixo da tela, cruzada por duas linhas horizontais *[256]* mais finas, da direita para a esquerda e da esquerda para a direita. É em *Kagemusha — a sombra de um samurai* [*Kagemusha*, 1980], a belíssima descida do mensageiro constantemente desviado para a esquerda e para a direita. Kurosawa é um dos maiores cineastas da chuva: em *Os sete samurais* [*Shichinin no samurai*, 1954], é a chuva pesada que cai enquanto os bandidos apanhados na armadilha vão e vêm de uma ponta a outra da aldeia, galopando em seus cavalos. O ângulo da tomada constitui muitas vezes uma imagem achatada, que proporciona movimentos laterais incessantes. Dilatado ou contraído, esse grande espaço-sopro torna-se mais compreensível se nos reportarmos a uma topologia japonesa: não se começa pelo indivíduo para indicar o número, a rua, o bairro, a cidade; come-

[12] Cf. especialmente Serguei Eisenstein, *La Non-indifférente Nature*, vol. II, Paris, Union Générale d'Éditions, 1978, pp. 71-107. Entretanto, Eisenstein se interessa menos pelos diferentes espaços do que pela forma da "pintura em rolo", que ele assimila a uma panorâmica. Mas observa que as primeiras pinturas em rolo constituem um espaço linear e evoluem no sentido de uma organização tonal das superfícies, animada por uma respiração. Existe mesmo uma forma em que não é mais a superfície que se enrola, mas a imagem que se enrola sobre a superfície de modo a constituir um todo. Reencontramos, assim, os dois espaços. E Eisenstein apresenta o cinema como a síntese das duas formas.

ça-se, ao contrário, do contorno, da cidade, e designa-se o grande bloco, depois o bairro, enfim a área onde procurar a incógnita.[13] Não se vai de uma incógnita aos dados capazes de a determinar, parte-se de todos os dados e se vem descendo para marcar os limites entre os quais se encontra a incógnita. Ao que parece, trata-se de uma fórmula SA muito pura: é preciso conhecer todos os dados antes de agir e para agir. Kurosawa afirma que para ele o mais difícil é "antes que a personagem comece a agir: para chegar nesse ponto, preciso pensar durante meses".[14] Mas, justamente, isto só é difícil porque é válido para a própria personagem: ela precisa primeiro de todos os dados. Por isso os filmes de Kurosawa têm muitas vezes duas partes bem distintas, uma que consiste numa longa exposição, e a outra onde se começa a agir intensamente, brutalmente (*Cão danado* [*Nora inu*, 1949], *Céu e inferno* [*Tengoku to jigoku*, 1963]). É também por isso que o espaço de Kurosawa pode ser um espaço teatral contraído, onde o herói tem todos os dados sob os olhos, e não os perde de vista para agir (*Yojimbo — o guarda-costas* [*Yojimbo*, 1961]).[15] É por isso, *[257]* enfim, que o espaço se dilata, e constitui um grande círculo que liga o mundo dos ricos e o mundo dos pobres, o alto e o baixo, o céu e o inferno; é necessário uma exploração do *bas-fond*, e, ao mesmo tempo, uma exposição dos meios sociais mais elevados para desenhar o círculo da grande forma, lateralmente atravessado por um diâmetro onde se encontra e se move o herói (*Céu e inferno*).

[13] Akira Mizubayashi, "Autour du bain", *Critique*, nº 418, jan. 1983, p. 5.

[14] Akira Kurosawa, "Entretien avec Shimizu", *Akira Kurosawa*, col. Études Cinématographiques, nº 16, 1964, p. 7.

[15] Luigi Martinelli, *Akira Kurosawa*, col. Études Cinématographiques, nº 16, 1964, p. 112: "Todos os episódios são colocados sob os olhos da personagem principal [...] (Kurosawa) procurou dar a primazia aos ângulos de filmagem que contribuem para achatar a imagem e, na ausência de profundidade de campo, para provocar a impressão de movimento transversal. Esses procedimentos técnicos desempenham um papel capital na medida em que tendem a representar um julgamento crítico, o do herói que segue a história com um olhar ao qual identificamos o nosso".

Mas se houvesse apenas isso, Kurosawa não passaria de um autor eminente que teria desenvolvido a grande forma, que poderia ser entendido segundo critérios ocidentais que se tornaram clássicos. Sua exploração do *bas-fond* corresponderia efetivamente ao filme de gângster ou miserabilista; seu grande círculo do mundo dos pobres e do mundo dos ricos remeteria à concepção humanista liberal que Griffith soubera impor, ao mesmo tempo como dado do Universo e como base da montagem (e, de fato, essa visão griffithiana existe em Kurosawa: há ricos e pobres, e eles deveriam se compreender, se entender...). Em suma, a exigência de uma exposição antes da ação corresponderia inteiramente à fórmula SA: da situação à ação. No entanto, no âmbito dessa grande forma, vários aspectos atestam uma originalidade profunda, que podemos vincular sem dúvida às tradições japonesas, mas que também são tributários do gênio específico de Kurosawa. Em primeiro lugar, os dados cuja exposição deve ser feita por completo não são simplesmente os da situação. São os *dados de uma questão* que está escondida na situação, envolvida na situação e que o herói deve extrair para poder agir, para poder responder à situação. A "resposta" não é, portanto, somente a da ação à situação mas, mais profundamente, uma resposta à questão ou ao problema que a situação não bastava para desvendar. Se há uma afinidade entre Kurosawa e Dostoiévski, ela diz respeito a este ponto preciso: em Dostoiévski a urgência de uma situação, por maior que seja, é deliberadamente negligenciada pelo herói, que primeiro quer descobrir qual é a questão ainda mais premente. É o que Kurosawa aprecia na literatura russa, a junção que ele estabelece entre a Rússia e o Japão. É preciso arrancar de uma situação a questão que ela contém, descobrir os dados da questão secreta, os únicos que permitem responder a ela, e sem os quais a própria ação não seria uma *[258]* resposta. Kurosawa é, portanto, metafísico a seu modo, e inventa uma ampliação da grande forma: ele ultrapassa a situação rumo a uma questão, e eleva os dados à categoria de dados da questão e não mais da situação. Por conseguinte, pouco importa que a questão às vezes nos pareça decepcionante, burguesa, nascida de um humanismo vazio. O que conta é essa forma de extrair uma questão qualquer, é sua intensidade mais que seu conteúdo, seus dados mais que seu objeto que, de qualquer modo, fazem dela uma questão de Esfinge, uma pergunta de Bruxa.

Quem não compreende, quem se apressa em agir porque acredita deter os dados da situação e com eles se contenta, morrerá uma morte miserável: em *Trono manchado de sangue* [*Kumonosu-jô*, 1957], o espaço-sopro se transforma em teia de aranha que apanha Macbeth na armadilha, pois este não compreendeu a questão cujo segredo só a bruxa detinha. Segundo caso: uma personagem acha suficiente colher os dados de uma situação, vai até tirar deles todas as consequências, mas percebe que existe uma questão escondida, e que ela de repente compreende, que muda sua decisão. Assim, o ajudante de *O Barba-Ruiva* [*Akahige*, 1965] compreende cientificamente a situação dos doentes e os dados da loucura; e está prestes a abandonar seu senhor, cujas práticas lhe parecem autoritárias, arcaicas, pouco científicas. Mas encontra uma louca, e capta em sua queixa o que estava no entanto já presente em todas as outras loucas, o eco de uma questão demente, insondável, que extravasa infinitamente qualquer situação objetiva ou objetivável. Ele compreende imediatamente que o senhor "ouvia" a questão, e que suas práticas exploravam o fundo dela: por isso ficará com Barba-Ruiva (de qualquer maneira não há fuga possível no espaço de Kurosawa). O que se torna particularmente evidente aqui é que os dados da questão implicam em si mesmos os sonhos e os pesadelos, as ideias e as visões, os impulsos e as ações dos sujeitos em questão, enquanto os dados da situação retinham apenas causas e efeitos, contra os quais só se podia lutar extinguindo o grande sopro que portava a um só tempo a questão e sua resposta. Na verdade, não haverá resposta se a questão não for conservada e respeitada, até nas imagens terríveis, insensatas e pueris em que se exprime. Donde o onirismo de *[259]* Kurosawa, de modo tal que as visões alucinatórias não são simplesmente imagens subjetivas, mas antes figuras do pensamento que descobre os dados de uma questão transcendente, na medida em que tais figuras pertencem ao mundo, ao mais íntimo do mundo (*O idiota* [*Hakuchi*, 1951]). Nos filmes de Kurosawa, a respiração não consiste apenas nas alternâncias entre cenas épicas e íntimas, entre intensidade e repouso, *travelling* e primeiro plano, sequências realistas e irrealistas, mas, sobretudo, no modo como nos elevamos de uma situação real aos dados necessariamente irreais de uma questão que assombra a situação.[16]

Terceiro caso: evidentemente é preciso que a personagem se impregne de todos os dados. Mas já que ela remete mais a uma questão que a uma situação, tal impregnação-respiração difere profundamente da do Actors Studio. Em vez de se impregnar de uma situação para produzir uma resposta que não passa de uma ação explosiva, é preciso se impregnar de uma questão para produzir uma ação que seja realmente uma resposta pensada. O signo da marca distintiva conhece doravante um desenvolvimento sem precedentes. Em *Kagemusha*, o duplo deve se impregnar de tudo o que rodeava o senhor, ele deve, ele próprio, tornar-se sinal, e transpor as diferentes situações (as mulheres, o menino e, principalmente, o cavalo). Objetar-se-á que filmes ocidentais abordaram o mesmo tema. Mas, desta feita, o que deve ser impregnado pelo duplo são todos os dados da questão que só o senhor conhece, "rápido como o vento, silencioso como a floresta, terrível como o fogo, imóvel como a montanha". Não se trata de uma descrição do senhor, é o enigma cuja resposta ele possui e leva consigo. Em vez de facilitar a imitação, é isso que a torna sobre-humana, ou lhe garante um alcance cósmico. Parece que esbarramos aqui num novo limite: quem se impregna de todos os dados não passará de um duplo, uma sombra submissa ao senhor, ao Mundo. O próprio *Dersu Uzala* [1975], senhor dos sinais na floresta, também passa para o estado de sombra quando sua vista enfraquece, e não pode mais ouvir *[260]* a questão sublime que a floresta lança aos homens. E morrerá, embora lhe tenham arranjado uma "situação" confortável. E *Os sete samurais*: se eles se informam por tanto tempo sobre a situação, se não se impregnam apenas dos dados físicos da aldeia, mas também dos dados psicológicos dos habitantes, é

[16] Cf. Michel Esteve (*Akira Kurosawa*, col. Études Cinématographiques, nº 16, 1964, pp. 52-3) e Alain Jourdat (*Cinématographe*, nº 67, maio 1981) analisam a este respeito algumas grandes cenas de *O idiota*: a neve, o carnaval dos patinadores, os olhos e o gelo, onde o onirismo não se alterna, mas emerge do realismo da situação.

porque há uma questão mais elevada que só poderá ser extraída pouco a pouco de todas as situações. Essa questão não é: é possível defender a aldeia?, e sim: o que é um samurai hoje, neste exato momento da História? E a resposta, que virá quando a questão for finalmente alcançada, será que os samurais tornaram-se sombras que não têm mais lugar nem junto aos senhores, nem junto aos pobres (os camponeses foram os verdadeiros vencedores).

Mas há nesses mortos algo pacificado, que permite pressagiar uma resposta mais completa. Com efeito, um quarto caso permite a recapitulação do conjunto. *Viver* [*Ikiru*, 1952] é um dos mais belos filmes de Kurosawa que coloca a questão: o que fazer se se é um homem que se sabe condenado a viver só mais alguns meses? Contudo, seria esta a verdadeira questão? Tudo depende dos dados. Deve ela ser entendida como o que fazer para conhecer, enfim, o prazer? E o homem espantado, desastrado, faz a ronda dos bordéis, bares e strip-teases. Serão esses os dados verdadeiros para uma questão? Não será, antes, uma agitação que a encobre e esconde? Ao experimentar uma grande afeição por uma jovem, o homem aprenderá com ela que a questão também não é a de um amor tardio. Ela cita seu próprio exemplo, explica-lhe que fabrica coelhinhos mecânicos em série, e que fica feliz em saber que eles chegarão às mãos de crianças desconhecidas, que circularão assim pela cidade inteira. E o homem compreende: os dados da questão "O que fazer?" são aqueles de uma tarefa útil a ser cumprida. Ele retoma, portanto, seu projeto de um parque público e vence, antes de morrer, todos os obstáculos que se opunham. Ainda aí, poder-se-á objetar que Kurosawa nos traz uma mensagem humanista bastante banal. Mas o filme não é nada disto: é a busca obstinada da questão e de seus dados, por meio das situações. E a descoberta da resposta à medida que a busca avança. A única resposta consiste em fornecer novamente dados, em reabastecer o mundo com dados, em fazer circular alguma coisa, na medida do possível e por menor que seja, de tal modo que, *[261]* através desses dados novos ou renovados, surjam e se propaguem questões menos cruéis, mais alegres, mais próximas da Natureza e da vida. É o que fazia Dersu Uzala quando queria que a cabana fosse consertada, que se deixasse um pouco de comida para que os próximos viajantes pudessem sobreviver e circular. Então se pode ser uma sombra, se pode morrer: teremos insuflado novamente o espaço, teremos reencontrado o espaço-sopro, teremos nos tornado parque ou floresta, ou coelho mecânico, no sentido em que Henry Miller dizia que se tivesse de renascer, renasceria como parque.

O paralelo Kurosawa-Mizoguchi é tão comum quanto o de Corneille e Racine (com a ordem cronológica invertida). O mundo quase exclusivamente masculino de Kurosawa se opõe ao universo feminino de Mizoguchi. A obra de Mizoguchi pertence à pequena forma, tanto quanto a de Kurosawa à grande. A assinatura de Mizoguchi não é o traço único, mas o traço enrugado, como sobre o lago de *Contos da lua vaga* [*Ugetsu monogatari*, 1953], onde as rugas da água ocupam toda a imagem. Os dois autores testemunham mais a favor de uma clara distinção entre as duas formas, do que de uma complementaridade que converteria uma na outra. Mas assim como, por sua técnica e metafísica, Kurosawa submete a grande forma a uma ampliação que equivale a uma transformação *sur place*, Mizoguchi submete a pequena forma a um alongamento, a um estiramento que a transforma em si mesma. Que Mizoguchi parte do segundo princípio, não mais o sopro e sim a ossatura, o pedacinho de espaço que deve ser conectado ao pedaço seguinte, é evidente de vários pontos de vista. Tudo parte do "fundo", isto é, do pedaço de espaço reservado às mulheres, "bem no fundo da casa", com sua frágil estrutura e seus véus. Em *Os amantes crucificados* [*Chikamatsu monogatari*, 1954] há todo um jogo nos quartos femininos inaugurando a ação, isto é, a fuga da esposa. E, evidentemente, já na casa se exerce todo um sistema de concatenações graças às paredes corrediças, amovíveis. Mas é em correspondência com a rua que se estabelece primeiro o problema da junção de um pedaço do espaço a um outro; e, mais geralmente, entre dois pedaços de espaço, intervêm muitos vazios medianos, tendo uma personagem deixado o quadro, ou tendo a câmera abandonado a personagem. Um plano define uma área restrita, como a porção *[262]* visível do lago invadido pela bruma em *Contos da lua vaga*; ou então uma colina barra o horizonte, e a paisagem de um plano a outro exclui a fusão, afirma uma contiguidade que se opõe à continuidade. Não se trata de falar, contudo, de um espaço fracionado, embora se trate de uma separação constante. Mas cada cena, cada plano deve levar uma personagem ou um acontecimento ao ápice de sua autonomia, de sua presença intensiva. Essa intensidade deve ser mantida, prolongada até na sua queda = 0, que lhe pertence por direito, e não a confunde com nenhuma outra, de modo tal que o vazio é um constituinte de cada intensidade, assim como o "desaparecer" é um modo imanente de cada presença (como veremos, é muito diferente do que ocorre em Ozu).[17] O espaço é tanto menos um espaço fracionado quanto as frações assim definidas são o seu processo de constituição: o espaço não se constitui por visão, mas pelo caminhar, sendo a área ou o pedaço a unidade do caminhar. Ao contrário de Kurosawa — onde o movimento lateral devia toda a sua importância ao fato de encontrar, em ambos os sentidos, os limites de um círculo maior ou menor, do qual ele era apenas o diâmetro —, o movimento lateral de Mizoguchi avança pouco a pouco, num sentido determinado, mas ilimitado, que cria o espaço em vez de supô-lo. E o sentido determinado não implica, de modo algum, uma unidade de direção, sendo que esta varia com cada fração, estando um vetor ligado a cada uma delas (a variação das direções atinge seu ponto culminante em *A nova saga do clã Taira* [*Shin heike monogatari*, 1955]. Não se trata de uma simples mudança de lugar, mas do paradoxo de um espaço sucessivo enquanto espaço, em que o tempo se afirma plenamente, embora sob a forma de uma função das variáveis desse espaço: assim, em *Contos da lua vaga*, vimos o herói se banhando com a fada, em seguida o derramar de água que forma riacho pelos campos, depois, os campos, uma planície, e enfim um jardim onde reencontramos o casal jantando "alguns meses mais tarde".[18]

Em última análise o problema é, para além da ligação que se faz pouco a pouco, o de uma conexão generalizada *[263]* das fra-

[17] Sobre a intensidade e seu prolongamento até o vazio em Mizoguchi, cf. Hélène Bokanowski, "L'Espace de Mizoguchi", *Cinématographe*, nº 41, nov. 1978.

[18] Cf. a análise desta sequência por Godard, em *Jean-Luc Godard par Jean-Luc Godard*, Paris, Belfond, 1968, pp. 113-4.

ções de espaço. Quatro procedimentos contribuem para isso, procedimentos que, de novo, definem tanto uma metafísica quanto uma técnica: a posição relativamente elevada da câmera, que produz um efeito de *plongée* em perspectiva, garantindo o desenrolar de uma cena numa área restrita; a manutenção de um mesmo ângulo para planos contíguos, produzindo um efeito de deslizamento que recobre os cortes; o princípio de distância, que se proíbe ultrapassar o plano médio e permite movimentos circulares da câmera, não neutralizando uma cena mas, ao contrário, sustentando e prolongando a intensidade até o fim no espaço (por exemplo, a agonia da mulher em *Crisântemos tardios* [*Zangiku monogatari*, 1939]); enfim, e sobretudo, o plano-sequência tal como foi analisado por Noël Burch, na função particular que adquire em Mizoguchi, verdadeiro "plano-rolo" que desenrola as frações de espaço sucessivos, aos quais, contudo, estão ligados vetores de direção diferente (segundo Burch, os mais belos exemplos encontram-se em *As irmãs de Gion* [*Gion no shimai*, 1936], e *Crisântemos tardios*).[19] E é isto que nos parece essencial no que já foi designado como os extravagantes movimentos de câmera de Mizoguchi: o plano-sequência assegura uma espécie de paralelismo de vetores orientados diferentemente, e constitui assim uma conexão entre frações de espaço heterogêneos, conferindo uma homogeneidade muito especial ao espaço assim constituído. Nesse alongamento ou nesse estiramento ilimitado chegamos então à natureza última do espaço da pequena forma — que, com certeza, não é menor que o da grande forma. Ele é "pequeno" por seu processo: sua imensidão decorre da conexão dos pedaços que o compõem, do para-

[19] Noël Burch (*Pour un observateur lointain*, Paris, Cahiers du Cinéma-Gallimard, pp. 223-50) analisa todos esses aspectos, e mostra como o "plano-rolo" os integra a todos. Burch insiste sobre a especificidade deste plano-sequência. E, de fato, há várias espécies de planos-sequência irredutíveis, em autores diferentes. Na seleção muito rigorosa dos filmes de Mizoguchi, Burch estima que após a guerra, por volta de 1948, a obra começa a declinar e atinge um "código clássico" e um "plano-sequência *à la* Wyler" (p. 249). Parece-nos, no entanto, que o plano-sequência de Mizoguchi não deixará de ter a função específica de traçar linhas de universo: só se encontrará um eco, e ainda que longínquo, em certos casos do *neowestern* americano.

lelismo dos vetores diferentes (e que mantêm suas diferenças), da homogeneidade que só se *[264]* forma aos poucos. Donde o interesse que Mizoguchi sentia no fim da vida pelo cinemascope, seu pressentimento de que poderia tirar dele novos recursos em função de sua concepção do espaço. Tal concepção é, portanto, a do "traço enrugado", ou do traço quebrado. E o traço enrugado ou quebrado é o sinal de uma ou várias *linhas de universo*, natureza última desta vertente do espaço. Foi Mizoguchi quem atingiu as linhas de universo, as fibras de universo, e não parou de traçá-las em todos os seus filmes — conferindo, assim, à pequena forma uma amplitude inigualável.

Não é a linha que reúne num todo, mas que conecta ou junta os heterogêneos, mantendo-os como heterogêneos. A linha de universo junta os aposentos do fundo à rua, a rua ao lago, à montanha, à floresta. Ela junta o homem e a mulher, e o cosmos. Ela conecta os desejos, os sofrimentos, os descaminhos, as provações, os triunfos, as pacificações. Ela conecta os momentos de intensidade como tantos outros pontos pelos quais passa. Ela conecta os vivos e os mortos: como a linha de universo visual e sonora que prende o velho imperador à imperatriz assassinada em *A imperatriz Yang Kwei Fei* [*Yokihi*, 1955]. Como a linha de universo do oleiro, em *Contos da lua vaga*, que passa pela fada sedutora para reencontrar a esposa morta — cujo "desaparecer" tornou-se pura intensidade de presença: o herói explora todos os cômodos da casa, sai e volta ao lar onde o fantasma, nesse meio-tempo, se encarnou. Cada um de nós tem de descobrir a sua linha de universo, mas só a descobrimos traçando-a, fazendo seu traçado enrugado. As linhas de universo têm, a um só tempo, uma física que culmina com o plano-sequência e o *travelling*, e uma metafísica constituída pelos temas de Mizoguchi. Mas é nesse ponto que esbarramos no maior obstáculo: no ponto preciso em que a metafísica se confronta com a sociologia. Tal confronto não é teórico: ele tem lugar na casa japonesa, onde os aposentos do fundo se submetem à hierarquia da frente, no espaço japonês em que a conexão das frações deve ser determinada segundo as exigências do sistema hierárquico. O pensamento sociológico de Mizoguchi a esse respeito é ao mesmo tempo simples, e de uma grande potência: para ele não há linha de universo que não passe pelas mulheres, ou mesmo que não emane delas e, no entanto, o sistema *[265]* social reduz as mulheres ao estado de opressão, muitas vezes de prostituição disfarçada ou manifesta. As linhas de universo são femininas, mas o estado social é prostituidor. Essencialmente ameaçadas, como poderiam elas sobreviver a si próprias, como poderiam prosseguir ou mesmo se libertar? Em *Crisântemos tardios* é justamente a mulher que conduz o homem para uma linha de universo, e que transforma o ator execrável em um grande mestre; mas ela sabe que o próprio êxito romperá a linha, e propiciará a ela apenas uma morte solitária. Em *Os amantes crucificados*, o casal que ignora seu próprio amor só o descobre quando ambos têm de fugir, já não sendo então sua linha de universo mais que uma linha de fuga, necessariamente votada ao fracasso. Esplendor dessas imagens onde se assiste ao nascimento de uma linha, obcecada a cada instante pelo seu próprio término brutal. É pior ainda em *Oharu, a vida de uma cortesã* [*Saikaku Ichidai Onna*, 1952], onde a linha de universo que vai da mãe ao filho se encontra irremediavelmente barrada pelos guardas, que rechaçam várias vezes a infeliz para longe do príncipe que ela outrora trouxe ao mundo. E se os filmes de gueixa de Mizoguchi não param de evocar as linhas de universo, não é mais nem mesmo através de um desaparecer que seria ainda um modo de sua presença, mas num bloqueio na fonte que só as deixa subsistir no desespero antigo, ou mesmo na dureza moderna de uma prostituta enquanto último refúgio. Mizoguchi atinge assim um limite extremo da imagem-ação: quando um mundo de miséria desfaz todas as linhas de universo, e faz surgir uma realidade que só pode ser desorientada, desconectada. É verdade que Kurosawa afrontava, de sua parte, o limite extremo do outro aspecto da imagem-ação: quando o mundo da miséria subia tanto que fazia rachar o grande círculo, e revelava uma realidade caótica, agora apenas dispersiva (*Dodeskaden* [1970]) com sua favela e, como única unidade, o movimento lateral do idiota que a atravessa se tomando por um *tramway*).

Capítulo 12
A CRISE DA IMAGEM-AÇÃO
[266]

1

Após ter distinguido a afecção e a ação, que denominava respectivamente como primeiridade e secundidade, Peirce, acrescentava uma terceira espécie de imagem: o "mental", ou a terceiridade. O conjunto da terceiridade era um termo que remetia a um segundo termo, por intermédio de um outro ou de outros termos. Esta terceira instância aparecia na significação, na lei ou na relação. Sem dúvida, tudo isso parece já estar compreendido na ação, mas não é verdade: uma ação, isto é, um duelo ou um par de forças obedece a leis que a tornam possível, mas nunca é a sua lei que a faz fazer; uma ação tem efetivamente uma significação, mas não é esta que constitui seu objetivo, o objetivo e os meios não compreendem a significação; uma ação põe dois termos em conexão, mas tal conexão espaçotemporal (por exemplo, a oposição) não deve ser confundida com uma relação lógica. De um lado, segundo Peirce, não há nada para além da terceiridade: para além, tudo se reduz à combinação entre 1, 2 e 3. De outro, a terceiridade, aquilo que é três por si mesmo se deixa reduzir a dualidades: por exemplo, se A "dá" B a C, não é como se A jogasse B (primeiro par) e C apanhasse B (segundo par); se A e B fazem uma "troca", não é como se A e B se separassem respectivamente de a e b, e se apropriassem respectivamente de *b* e *a*.[1] Além disso, a terceiridade inspira *[267]* não ações, e sim "atos" que compreendem necessariamente o elemento simbólico de uma lei (dar, trocar); não per-

[1] Cf. Charles S. Peirce, *Écrits sur le signe*, Paris, Seuil, 1978. Peirce considerava a "terceiridade" uma de suas principais descobertas.

cepções, mas interpretações que remetem ao elemento do sentido; não afecções, mas sentimentos intelectuais de relações, como os sentimentos que acompanham o uso das conjunções lógicas "porque", "apesar de", "a fim de que", "portanto", "ora" etc.

É talvez na relação que a terceiridade encontra sua representação mais adequada; pois a relação é sempre terceira, sendo necessariamente exterior a seus termos. E a tradição filosófica distingue duas espécies de relações, relações naturais e relações abstratas, estando a significação mais do lado das primeiras e a lei, ou o sentido, mais do lado das segundas. Pelas primeiras, passa-se naturalmente e facilmente de uma imagem a outra: por exemplo, de um retrato ao seu modelo, em seguida às circunstâncias em que o retrato foi feito, depois ao lugar onde o modelo está agora etc. Há, portanto, formação de uma sequência ou série habitual de imagens, que, todavia, não é ilimitada pois as relações naturais esgotam bem rapidamente seu efeito. A segunda espécie de relações, a relação abstrata designa, ao contrário, uma circunstância pela qual se comparam duas imagens que não estão naturalmente unidas no espírito (como duas figuras muito diferentes, que, entretanto, têm como circunstância comum o fato de serem seções cônicas). Há aí constituição de um todo e não mais formação de uma série.[2]

Peirce insiste no seguinte: se a primeiridade é "um" por si mesmo, a secundidade dois, e a terceiridade três, é inevitável que no dois o primeiro termo "retome" a seu modo a primeiridade, enquanto o segundo afirma a secundidade. E, no três, haverá um representante da primeiridade, um da secundidade, enquanto o terceiro afirma a terceiridade. Há, portanto, não só 1, 2 e 3, mas 1, 2 em 2, e 1, 2, 3 em 3. Pode-se ver aí uma espécie de dialética; mas não é certo que a dialética compreenda o conjunto desses movimentos; dir-se-ia antes que ela é uma interpretação dele, e uma interpretação muito insuficiente. *[268]*

[2] Peirce não se refere explicitamente a estas duas espécies de relações, cuja distinção remonta a Hume. Mas sua teoria do "interpretante" e sua própria distinção de um "interpretante dinâmico" e de um "interpretante final" corroboram em grande parte os dois tipos de relações.

Sem dúvida, a imagem-afecção já comportava o mental (uma pura consciência). E a imagem-ação também o implicava no objetivo da ação (concepção), na escolha dos meios (juízo), no conjunto das implicações (raciocínio). Com mais razão ainda, as "figuras" introduziam o mental na imagem. Mas fazer do mental o objeto próprio de uma imagem, uma imagem específica, explícita, com suas próprias figuras, é completamente diferente. Será que essa imagem deverá representar para nós o pensamento de alguém, ou até um pensamento puro e um puro pensador? Evidentemente que não, embora tenham sido feitas tentativas nesse sentido. Mas, por um lado, a imagem se tornaria realmente abstrata demais, ou ridícula. E, por outro, a imagem-afecção e a imagem-ação efetivamente continham já bastante pensamento (por exemplo, os raciocínios na imagem de Lubitsch). Quando falamos de imagem mental queremos dizer outra coisa: é uma imagem que toma por objetos *de* pensamento, objetos que têm uma existência própria fora do pensamento, como os objetos de percepção têm uma existência própria fora da percepção. *É uma imagem que toma por objeto relações*, atos simbólicos, sentimentos intelectuais. Ela pode ser, mas não é necessariamente, mais difícil que as outras imagens. Ela terá necessariamente com o pensamento um novo nexo, direto, inteiramente distinto daquela das outras imagens.

O que é que tudo isso tem a ver com o cinema? Quando Godard diz 1, 2, 3..., não se trata apenas de acrescentar imagens umas às outras, mas de classificar tipos de imagens, e de circular através desses tipos. Tomemos o exemplo do burlesco. Se deixamos de lado Chaplin e Keaton, que levavam as duas formas fundamentais da percepção burlesca à perfeição, podemos dizer: 1, é Langdon, 2, o Gordo e o Magro, 3, os irmãos Marx. De fato, Langdon é a imagem-afecção tão pura que não precisa se atualizar em nenhuma matéria ou meio, tanto que inspira ao seu portador um sono irresistível. Mas o Gordo e o Magro são a imagem-ação, o duelo perpétuo com a matéria, o meio, as mulheres, os outros e um com o outro; eles conseguiram decompor o duelo quebrando toda a simultaneidade no espaço, para substituí-la por uma sucessão no tempo, um golpe para um e depois outro para o outro, de modo tal que o duelo se propaga ao infinito, e que seus efeitos aumentam por acréscimo, *[269]* em vez de se atenuarem por fadiga. Em todo caso, o Magro é como o 1 do par, o representante afetivo, o que enlouquece e desencadeia a catástrofe prática, mas é dotado de uma inspiração que lhe permite passar através das armadilhas da matéria e do meio; enquanto o Gordo, o 2, o homem de ação, é tão desprovido de recursos intuitivos, tão entregue à matéria bruta que cai em todas as armadilhas das ações cuja responsabilidade assume, e em todas as catástrofes que o Magro desencadeia, sem cair nelas. Os irmãos Marx, enfim, é 3. Os três irmãos estão repartidos de tal modo que, na maioria das vezes, Harpo e Chico encontram-se agrupados, enquanto Groucho surge, por sua vez, para entrar numa espécie de aliança com os dois outros. Tomados no conjunto indissolúvel dos três, Harpo é o 1, o representante dos afetos celestes, mas já, também, das pulsões infernais, voracidade, sexualidade, destruição. Chico é o 2, é ele que assume a ação, a iniciativa, o duelo com o meio, a estratégia do esforço e da resistência. Harpo esconde em sua imensa capa de chuva os mais diversos objetos, peças e pedaços que podem servir para uma ação qualquer; mas ele próprio só faz deles um uso afetivo ou fetichista, e é Chico que deles extrai os meios de uma ação organizada. Enfim, Groucho é o 3, o homem das interpretações, dos atos simbólicos e das relações abstratas. Mesmo assim, cada um dos três pertence igualmente à terceiridade, que juntos compõem. Harpo e Chico já têm um nexo tal que Chico lança uma *palavra* para Harpo e este deve fornecer o objeto correspondente, numa série que não para de se desnaturar (como a série *flash-fish flesh flash flush*... em *Os galhofeiros* [*Animal Crackers*, Victor Heerman, 1930]); em contrapartida, Harpo propõe a Chico o enigma de uma linguagem gestual, numa série de mímicas que Chico tem permanentemente de adivinhar, para dela extrair uma *proposição*. Mas Groucho leva a arte da interpretação ao grau extremo porque é o mestre do *raciocínio*, dos argumentos e silogismos que vão encontrar no *nonsense* uma expressão pura: "ou este homem está morto ou meu relógio parou" (diz ele tomando o pulso de Harpo, em *Um dia nas corridas* [*A Day at the Races*, Sam Wood, 1937]). Em todos esses sentidos, a grandeza dos irmãos Marx é ter introduzido a imagem-mental no burlesco.

Introduzir a imagem mental no cinema e fazer dela o acabamento, a consumação de todas as outras imagens, *[270]* foi também a missão de Hitchcock. Como afirmam Rohmer e Chabrol a propósito de *Disque M para matar* [*Dial M for Murder*, Alfred Hitchcock, 1954], "todo o final do filme não passa da exposição de um raciocínio, e no entanto a atenção nunca chega a se cansar".[3] E não é apenas no final, é desde o início: com seu célebre *flashback* enganador, *Pavor nos bastidores* [*Stage Fright*, Alfred Hitchcock, 1950] começa por uma interpretação que se apresenta como uma lembrança recente, ou até como uma percepção. Em Hitchcock, as ações, as afecções, as percepções, tudo é interpretação do começo ao fim.[4] *Festim diabólico* [*Rope*, Alfred Hitchcock, 1948] é feito de um único plano, uma vez que as imagens não passam de meandros de um único e mesmo raciocínio. A razão disto é simples: nos filmes de Hitchcock, uma vez dada (no presente, futuro ou passado), uma ação vai ser literalmente cercada por um conjunto de relações que fazem variar o seu tema, a sua natureza, o seu objetivo etc. O que conta não é o autor da ação, o que Hitchcock desdenhosamente chama de *whodunit*,* mas também não é a ação propriamente dita: é o conjunto das relações nas quais a ação e seu autor são apanhados. Donde o sentido muito especial do quadro: os desenhos prévios do enquadramento, a rigorosa delimitação do quadro, a aparente eliminação do fora de quadro se explicam pela referência constante que Hitchcock faz, não à pintura ou ao teatro, mas à tapeçaria, isto é, à tecelagem. O quadro é como os suportes verticais que sustentam a cadeia das relações, enquanto a ação constitui apenas a trama móvel que passa por cima e por baixo. Compreende-se, então, que Hitchcock proceda habitualmente através de planos curtos, tantos planos quantos forem os quadros, cada plano mostrando uma relação ou

[3] Éric Rohmer e Claude Chabrol, *Hitchcock*, Paris, Éditions D'Aujourd'hui, 1975, p. 124.

[4] Cf. Jean Narboni, "Visages d'Hitchcock", em *Alfred Hitchcock*, hors série, nº 8, Paris, Cahiers du Cinéma, 1980.

* *Whodunit*: quem fez a ação, em inglês no original. (N. da T.)

uma variação da relação. Mas o plano teoricamente único de *Festim diabólico* não é, de modo algum, uma exceção a esta regra: muito diferente do plano-sequência de Welles, ou de Dreyer, que tende de duas maneiras a subordinar o quadro a um todo, o plano único de Hitchcock subordina o todo (relações) ao quadro, contentando-se em abrir o quadro no comprimento, desde que o mantenha fechado na largura, exatamente como numa tecelagem que fabricaria um tapete infinitamente *[271]* longo. De qualquer modo, o essencial é que a ação, e também a percepção e a afecção estejam enquadradas num tecido de relações. É essa cadeia das relações que constitui a imagem mental, por oposição à trama das ações, percepções e afecções.

Hitchcock tomará, portanto, emprestado do filme policial ou do filme de espionagem, uma ação particularmente chocante, do tipo "matar", "roubar". Como ela está implicada num conjunto de relações que as personagens ignoram (mas que o espectador já conhece ou descobrirá primeiro), a ação tem só a aparência de um duelo que rege toda a ação: na verdade ela já é outra coisa, pois a relação constitui a terceiridade que a eleva ao estado de imagem mental. Portanto, não basta definir o esquema de Hitchcock dizendo que um inocente é acusado de um crime que não cometeu; isso não passaria de um erro de "acoplamento", de uma falsa identificação do "segundo", o que chamávamos de índice de equivocidade. Ao contrário, Rohmer e Chabrol analisaram perfeitamente o esquema de Hitchcock: o criminoso sempre cometeu seu crime *para* um outro, o verdadeiro criminoso cometeu seu crime para o inocente que, mal ou bem, já não o é mais. Em suma, o crime não é separável da operação por meio da qual o criminoso "trocou" seu crime, como em *Pacto sinistro* [*Strangers on a Train*, 1951], ou até mesmo "doou" e "devolveu" seu crime ao inocente, como em *A tortura do silêncio* [*I Confess*, 1953]. Não se comete um crime em Hitchcock, ele é devolvido, é dado ou é trocado. Parece-nos que esse é o ponto mais forte do livro de Rohmer e Chabrol. A relação (a troca, a dádiva, a entrega) não se limita a cercar a ação, ela a penetra de antemão e por todas as partes, e a transforma em ato necessariamente simbólico. Não há só o actante e a ação, o assassino e a vítima, há sempre um terceiro, e não um terceiro acidental ou aparente, como o seria simplesmente um inocente de quem se suspeita, mas um terceiro fundamental constituído pela própria relação, relação do assassino, da vítima ou da ação com o terceiro aparente. Esta triplificação perpétua apodera-se também dos objetos, das percepções, das afecções. Cada imagem no seu quadro, pelo seu quadro, que deve ser a exposição de uma relação mental. As personagens podem agir, perceber, suportar, mas não podem dar testemunho pelas relações que os determinam. *[272]* Só os movimentos de câmera e seus movimentos em direção à câmera o podem. Donde a oposição de Hitchcock ao Actors Studio, sua exigência de que o ator aja o mais simplesmente possível, de que, no limite, seja neutro, encarregando-se a câmera do resto. Esse resto é o essencial ou a relação mental. É a câmera, e não um diálogo, que *explica* por que o herói de *Janela indiscreta* está com a perna quebrada (fotos de carros de corrida no seu quarto, a máquina fotográfica despedaçada). Em *O marido era o culpado* [*Sabotage*, 1936] é a câmera que faz com que a mulher, o homem e a faca não se limitem simplesmente a entrar numa sucessão de pares, mas numa verdadeira relação (terceiridade), que faz com que a mulher entregue seu crime ao homem.[5] Em Hitchcock, nunca há duelo ou duplo: mesmo em *A sombra de uma dúvida* [*The Shadow of a Doubt*, 1943], os dois Charlie, o tio e a sobrinha, o assassino e a jovem, invocam o testemunho de um mesmo estado do mundo, que para um justifica seus crimes, e para o outro não pode justificar a produção de tal criminoso.[6] E na história do cinema, Hitchcock surge como aquele que não concebe mais a constituição de

[5] Sobre estes dois exemplos, cf. Truffaut, *Le Cinéma selon Hitchcock*, Paris, Laffont, 1966, pp. 165 e 79-82 [ed. bras.: *Hitchcock/Truffaut: entrevistas*, tradução de Rosa Freire de Aguiar, São Paulo, Companhia das Letras, 2004]. E p. 15: "Hitchcock é o único cineasta que pode filmar e tornar perceptíveis para nós os pensamentos de uma ou de várias personagens, sem recorrer ao diálogo".

[6] A esse respeito, Rohmer e Chabrol (*Hitchcock*, pp. 76-8) completam Truffaut, que insistira apenas sobre a importância do número 2 em *A sombra de uma dúvida*. Eles mostram que, mesmo aí, há relação de troca.

um filme em função de dois termos, o diretor e o filme a ser feito, mas em função de três termos: o diretor, o filme e o público que deve entrar no filme, ou cujas reações devem ser parte integrante do filme (esse é o sentido explícito do *suspense*, desde que o espectador é o primeiro a "saber" das relações).[7]

Entre muitos comentários excelentes (pois nenhum outro autor cinematográfico foi objeto de tantos comentários), *[273]* não faz sentido optar entre os que veem em Hitchcock um profundo pensador, ou os que o veem apenas como um grande *entertainer*. Não é necessário, contudo, fazer dele um metafísico, platônico e católico, como Rohmer e Chabrol, ou num psicólogo das profundezas, como Douchet. Hitchcock tem antes uma concepção muito segura das relações, tanto teórica quanto prática. Não foi só Lewis Carroll, foi todo o pensamento inglês que mostrou que a teoria das relações era a peça-chave da lógica, e podia ser ao mesmo tempo o que há de mais profundo e mais divertido. Se há temas cristãos em Hitchcock, começando pelo pecado original, é porque tais temas colocaram desde o início o problema da relação, como bem sabem os lógicos ingleses. As relações, a imagem mental, é disso que por sua vez parte Hitchcock, é o que ele chama de postulado; e é a partir desse postulado básico que o filme se desenvolve com necessidade matemática ou absoluta, apesar das inverossimilhanças da intriga e da ação. Ora, se partimos das relações, o que acontece, em virtude mesmo de sua exterioridade? Pode acontecer que a relação desvaneça, desapareça de repente sem que as personagens

[7] Truffaut, *Le Cinéma selon Hitchcock*, p. 14: "A arte de criar o suspense é ao mesmo tempo a arte de colocar o público no jogo, fazendo-o participar do filme. No campo do espetáculo, fazer um filme não é mais um jogo que se joga a dois (o diretor + seu filme), mas a três (o diretor + seu filme + o público)". Jean Douchet insistiu particularmente nessa inclusão do espectador no filme: *Alfred Hitchcock*, Paris, L'Herne, 1967. E Douchet descobre, muitas vezes, uma estrutura ternária no próprio conteúdo dos filmes de Hitchcock (p. 49); por exemplo, com *Intriga internacional*, 1, 2, 3, em condições tais que o primeiro é, ele próprio, um (o chefe do FBI), o segundo, dois (o casal), o terceiro, três (o trio de espiões). É inteiramente conforme a terceiridade de Peirce.

mudem, mas deixando-os no vazio: se a comédia *Um casal do barulho* [*Mr. and Mrs. Smith*, 1953] pertence à obra de Hitchcock é precisamente porque o casal se dá conta de repente de que, não sendo seu casamento legal, nunca foram casados. Pode ocorrer, ao contrário, que a relação prolifere e se multiplique de acordo com os termos considerados e com os terceiros aparentes que a ela vêm se somar, subdividindo-a ou orientando-a em novas direções (*O terceiro tiro* [*The Trouble with Harry*, 1955]). Finalmente pode acontecer que a própria relação passe por variações de acordo com variáveis que a efetivam, acarretando mudanças em uma ou várias personagens: é nesse sentido que as personagens de Hitchcock não são certamente intelectuais, mas têm sentimentos que poderíamos chamar de intelectuais, mais do que de afetos, na medida em que se modelam num jogo variado de conjunções vividas, porque... embora... desde que, se... ainda que... (*Agente secreto* [*The Secret Agent*, 1936], *Interlúdio* [*Notorious*, 1946], *Suspeita* [*Suspicion*, 1941]. O que se revela em todos esses casos é que a relação introduz uma instabilidade essencial entre as personagens, os papéis, as ações, o cenário. O modelo dessa instabilidade será o do culpado e do inocente. Mas também a vida autônoma *[274]* da relação vai fazê-la tender para uma espécie de equilíbrio, mesmo que ele seja desolador, desesperado, triste ou até monstruoso: o equilíbrio inocente-culpado, a restituição a cada um de seu papel, a retribuição a cada um de sua ação serão alcançados, mas ao preço de um limite que ameaça corroer e até apagar o conjunto.[8] É o caso do rosto indiferente da esposa que enlouqueceu em *O homem errado* [*The Wrong Man*, 1956]. É nesse ponto que Hitchcock é um autor trágico: nele, o plano, como sempre no cinema, tem realmente duas faces, uma voltada para as personagens, os objetos e as ações em movimento, e a outra voltada para um todo que muda à medida que o filme se desenrola. Mas, em Hitchcock, o todo que muda é a evolução das relações, que vão do desequilíbrio que in-

[8] É por isso que se encontram tanto comentários sobre uma "instabilidade essencial da imagem" em Hitchcock (Bazin), quanto sobre "um estranho equilíbrio", como em limite, "e que define o vício constitutivo" da natureza humana (Rohmer e Chabrol, *Hitchcock*, p. 117).

troduzem entre personagens ao terrível equilíbrio que conquistam em si mesmas.

Hitchcock introduz a imagem mental no cinema. Isto é: ele faz da relação o objeto de uma imagem, que não só se acrescenta às imagens-percepção, ação e afecção, como as enquadra e transforma. Com Hitchcock aparece uma nova espécie de "figuras", que são figuras de pensamentos. Com efeito, a própria imagem mental exige por si mesma signos particulares, que não se confundem com os da imagem-ação. Já foi muitas vezes salientado que o detetive tinha apenas um papel medíocre e secundário (salvo quando entra plenamente na relação, como em *Chantagem e confissão* [*Blackmail*, 1929]; e que os indícios tinham pouca importância. Em contrapartida, Hitchcock suscita signos originais segundo os dois tipos de relações, naturais e abstratas. Segundo a relação natural, um termo remete a outros numa série costumeira tal que cada termo pode ser "interpretado" pelos outros: são *marcas*; mas sempre é possível que um desses termos salte para fora da trama, e surja em condições que o extraiam de sua série ou o coloquem em contradição com ela — nesse caso, falar-se-á de *des-marca*. Portanto, é importantíssimo que os termos sejam inteiramente comuns para que um deles possa, primeiro, destacar-se da série: como afirma Hitchcock, *Os pássaros* devem *[275]* ser pássaros ordinários. Certas des-marcas de Hitchcock são célebres, como o moinho de *Correspondente estrangeiro* [*Foreign Correspondent*, 1940], cujas pás giram em sentido inverso ao do vento, ou o avião-sulfatador de *Intriga internacional*, que aparece onde não existe plantação para ser sulfatada. Do mesmo modo o copo de leite, cuja luminosidade interior torna suspeito em *Suspeita*, ou a chave que não entra na fechadura em *Disque M. para matar*. Às vezes a des-marca se constitui muito lentamente, como em *Chantagem e confissão*, onde não se sabe se o comprador de charuto está normalmente inserido na série cliente-escolha-preparativos-acender, ou se se trata de um chantagista que já se serve do charuto e de seu ritual para provocar o jovem casal. Por outro lado e em conformidade com a relação abstrata, chamaremos de *símbolo* não uma abstração, mas um objeto concreto portador de diversas relações, ou das variações de uma mesma relação, de uma personagem com a outra e consigo mesmo.[9] O bracelete é um símbolo desses desde *O ringue* [*The Ring*, 1927], assim como as algemas de *39 degraus* [*The 39 Steps*, 1935] ou a aliança de *Janela indiscreta*. As des-marcas e os símbolos podem convergir, particularmente em *Interlúdio*: a garrafa provoca tamanha emoção em um dos espiões que salta por isso mesmo fora da série natural vinho-adega-jantar; e a chave da adega, que a heroína segura em sua mão fechada, carrega o conjunto das relações que esta mantém com seu marido, de quem ela a roubou, com seu amante a quem vai dá-la, com sua missão que consiste em descobrir o que há na adega. Nota-se que um mesmo objeto, uma chave por exemplo, de acordo com as imagens em que é captado, pode funcionar como um símbolo (*Interlúdio*), ou como uma des-marca (*Disque M para matar*). Em *Os pássaros*, a primeira gaivota que atinge a heroína é uma des-marca, pois ela deixa violentamente a série costumeira que a une a sua espécie, ao homem e a Natureza. Mas os milhares de pássaros, todas as espécies reunidas, quando captadas em seus preparativos, em seus ataques, em suas tréguas — são um símbolo: não são *[276]* abstrações ou metáforas, são verdadeiros pássaros, literalmente, mas que apresentam a imagem invertida das conexões dos homens com a Natureza, e a imagem naturalizada das conexões dos homens entre si. As des-marcas e os símbolos podem se assemelhar superficialmente a indícios, mas são inteiramente diferentes destes, e constituem os dois grandes signos da imagem mental. As des-marcas são choques de relações naturais (série), e os símbolos, nós de relações abstratas (conjunto).

Ao inventar a imagem mental ou a imagem-relação, Hitchcock dela se serve para rematar o conjunto das imagens-ações, e também o das imagens-percepção e afecção. Daí sua concepção do quadro. E a imagem não só enquadra as outras, como as transforma ao penetrá-las. Assim, poderíamos afirmar que Hitchcock põe

[9] A marca ou des-marca não aparece na classificação dos signos de Peirce. Em contrapartida, o símbolo aparece, mas sob uma acepção completamente diferente da que propomos: para Peirce ele é um signo que remete a seu objeto em virtude de uma lei, seja ela associativa e habitual, seja convencional (a marca seria, assim, apenas um caso de símbolo).

termo, consuma todo o cinema ao levar a imagem-movimento até o seu limite. Ao incluir o espectador no filme e o filme na imagem mental, Hitchcock consuma o cinema. No entanto, alguns dos mais belos filmes de Hitchcock deixam transparecer o pressentimento de uma questão importante: *Um corpo que cai* nos infunde uma verdadeira vertigem; e evidentemente o que é vertiginoso é, no âmago da heroína, a relação da Mesma com a Mesma que passa por todas as variações de suas conexões com os outros (a mulher morta, o marido, o detetive). Mas não podemos esquecer a outra vertigem, mais comum, a do detetive incapaz de subir a escada do campanário, vivendo num estranho estado de contemplação que é comunicado ao filme todo, e que é raro em Hitchcock. E *Trama macabra* [*Family Plot*, 1976]: a descoberta das relações remete, mesmo para rir, a uma função de vidência. De maneira ainda mais direta, o herói de *Janela indiscreta* acede à imagem mental não só porque é fotógrafo, mas porque se encontra num estado de impotência motora: de certo modo, ele se encontra reduzido a uma situação óptica pura. Se é verdade que uma das novidades de Hitchcock consistia em implicar o espectador no filme, não era necessário que as próprias personagens, de modo mais ou menos evidente, fossem assimiláveis a espectadores? Mas, então, pode ser que uma consequência se revele inevitável: a imagem mental não seria tanto uma consumação da imagem-ação e das outras imagens, mas um novo questionamento de sua *[277]* natureza e de seu estatuto. Mais ainda, toda a imagem-movimento é que seria posta em questão, através da ruptura dos liames sensório-motores nesta ou naquela personagem. O que Hitchcock desejara evitar, uma crise da imagem tradicional no cinema, adviria, entretanto, após Hitchcock, e em parte por meio de suas inovações.

2

Mas pode uma crise da imagem-ação ser apresentada como algo novo? Não foi este o estado constante do cinema? Desde sempre os mais puros filmes de ação valeram pelos episódios fora da ação, ou pelos tempos mortos entre ações, por todo um conjunto de extra-ações e de infra-ações, que não se podia cortar na montagem sem desfigurar o filme (donde o temível poder dos produtores). Desde sempre, também, as possibilidades do cinema, sua vocação para as mudanças de lugar, inspiravam nos autores o desejo de limitar, ou até de suprimir a unidade da ação, de desfazer a ação, o drama, a intriga ou a história, e de levar mais longe uma ambição que já atravessava a literatura. Por um lado, é a estrutura SAS que se via posta em questão: não havia situação globalizante que pudesse se concentrar numa ação decisiva, mas a ação ou a intriga deviam ser apenas um componente num conjunto dispersivo, numa totalidade aberta. Nesse sentido, Jean Mitry tem razão de mostrar que Delluc, roteirista de *A festa espanhola* [*La Fête espagnole*, 1961], de Germaine Dulac, já pretendia mergulhar o drama numa "poeira de fatos" dos quais nenhuma personagem seria principal ou secundária, de tal modo que ela só poderia ser reconstituída seguindo uma linha quebrada, extraída dentre todos os pontos e todas as linhas do conjunto da festa.[10] Por outro lado, era a estrutura ASA que sofria uma crítica análoga: assim como não havia história prévia, também não havia ação pré-formada cujas consequências sobre uma ação pudessem ser previstas, e o cinema não podia transcrever acontecimentos já ocorridos, mas devia, antes, atingir o acontecimento *[278]* enquanto se dá, seja cruzando com uma atualidade, seja provocando-a ou a produzindo. É o que Comolli mostrou muito bem: por mais que o trabalho de preparação se estenda em muitos autores, o cinema não pode se esquivar do "desvio (*détour*) pelo direto". Há sempre um momento em que o cinema se depara com o imprevisível ou a improvisação, com a irredutibilidade de um presente vivo sob o presente da narração, e a câmera não pode nem mesmo iniciar seu trabalho sem gerar suas próprias improvisações, ao mesmo tempo como obstáculos e como meios indispensáveis.[11] Estes dois temas,

[10] Jean Mitry, *Esthétique et psychologie du cinéma*, vol. II, Paris, Éditions Universitaires, 1965, p. 397.

[11] Jean-Louis Comolli, "Le Détour par le direct", *Cahiers du Cinéma*, nº 209 e nº 211, fev. e abr. 1969. Marcel L'Herbier é um dos que melhor discorreram sobre a parte de improvisação no *plateau*, inevitável e "admirá-

a totalidade aberta e o acontecimento, ao se darem, pertencem ao bergsonismo profundo do cinema em geral.

No entanto, a crise que abalou a imagem-ação dependeu de muitas razões que só atuaram plenamente após a guerra e dentre as quais algumas eram sociais, econômicas, políticas, morais, enquanto outras eram mais internas à arte, à literatura e ao cinema em particular. Para apenas citar, sem intuito de ordem: a guerra e seus desdobramentos, a vacilação do "sonho americano" sob todos os seus aspectos, a nova consciência das minorias, a escalada e a inflação das imagens tanto no mundo exterior como na mente das pessoas, a influência sobre o cinema dos novos modos de narrativa experimentados pela literatura, a crise de Hollywood e dos gêneros antigos... Evidentemente, continuou-se a fazer filmes SAS e ASA: os maiores sucessos comerciais sempre passam por aí, mas por aí não passa mais a alma do cinema. A alma do cinema exige cada vez mais pensamento, mesmo se o pensamento começa por desfazer os sistemas das ações, das percepções e afecções dos quais o cinema se alimentara até então. Não acreditamos mais que uma situação global possa dar lugar a uma ação capaz de modificá-la. Também não acreditamos que uma ação possa forçar uma situação a se desvendar, mesmo que parcialmente. Desmoronam as ilusões mais "sadias". *[279]* Em toda parte, o que fica logo comprometido são os encadeamentos situação-ação, ação-reação, excitação-resposta, em suma, os liames sensório-motores que constituíam a imagem-ação. O realismo, apesar de toda a sua violência, ou melhor, com toda a sua violência que continua sendo sensório-motora não dá conta deste novo estado de coisas em que os synsignos se dispersam e os índices se confundem. Precisamos de novos signos. Nasce uma nova espécie de imagem, que podemos tentar identificar no cinema americano do pós-guerra, fora de Hollywood.

vel", sobre a presença de um documentário em todo filme, e sobre o encontro com as atualidades: "Em *El Dorado* servi-me efetivamente da procissão, que não organizei, para enriquecer o drama. Soltei nela meus atores..." (cf. Noël Burch, *Marcel L'Herbier*, Paris, Seghers, 1973, p. 76).

Em primeiro lugar, a imagem não remete mais para uma situação globalizante ou sintética, mas para uma situação dispersiva. As personagens são múltiplas, com interferências fracas, e tanto se tornam principais quanto voltam a ser secundárias. No entanto, não se trata de uma série de *sketches* ou de uma sucessão de episódios, pois todos eles são tirados da mesma realidade que os dispersa. Robert Altman explora esta direção em *Cerimônia de casamento* [*A Wedding*, 1978] e sobretudo em *Nashville* [1975], com pistas sonoras múltiplas e tela anamórfica, que permite várias *mises-en-scènes* simultâneas. A cidade e a multidão perdem seu caráter coletivo e unanimista, *à la* King Vidor; ao mesmo tempo, a cidade deixa de ser a cidade em altura, a cidade em pé, com arranha-céus e contra-*plongées*, para tornar-se a cidade deitada, a cidade horizontal ou na altura do homem, onde cada um leva a vida do seu jeito, por sua conta e risco.

Em segundo lugar, o que se rompeu foi a linha ou a fibra de universo que prolongava os acontecimentos uns nos outros, ou assegurava a junção das porções de espaço. A pequena forma ASA não está menos comprometida que a grande forma SAS. A elipse deixa de ser um modo da narrativa, uma maneira pela qual se vai de uma ação a uma situação parcialmente desvendada: ela pertence à própria situação, e a realidade é lacunar, tanto como dispersiva. Os encadeamentos, as junções ou as ligações são deliberadamente fracos. O acaso torna-se o único fio condutor, como no *Quinteto* [*Quintet*, 1979], de Altman. Ora o acontecimento tarda e se perde nos tempos mortos, ora chega rápido demais, mas não pertence àquele a quem acontece (até a morte...). E há íntimas conexões entre estes aspectos do acontecimento: o dispersivo, o direto ao se dar, e o não pertencente. Cassavetes joga com esses três aspectos em *A morte de um bookmaker chinês* e em *A canção da esperança*. É como se fossem acontecimentos *[280]* brancos que não chegam a concernir realmente quem os provoca ou sofre, mesmo quando eles os atingem na sua própria carne: acontecimentos dos quais o portador, um homem interiormente morto — como diz Lumet — tem pressa de se livrar. Em *Taxi Driver* [1976], de Scorsese, o motorista hesita entre matar e cometer um assassinato político, e, ao substituir tais projetos pela matança final, ele próprio espanta-se com isto, como se a efetivação não lhe dissesse mais respeito do que as veleidades precedentes. A atualidade da imagem-ação, a virtualidade da imagem-afecção podem se trocar tanto mais uma pela outra quanto caíram na mesma indiferença.

Em terceiro lugar, o que substituiu a ação, ou a situação sensório-motora foi o passeio, a errância, o contínuo ir e vir. A errância tinha encontrado na América as condições formais e materiais de uma renovação. Ela se dá por necessidade, interior ou exterior, por necessidade de fuga. Mas agora perde o aspecto iniciático que tinha na viagem alemã (ainda nos filmes de Wenders) e que conservava, apesar de tudo, na viagem *beat* (*Easy Rider* [1969]), de Dennis Hopper e Peter Fonda. Tornou-se errância urbana e desligou-se da estrutura ativa e afetiva que a sustentava, orientava, lhe atribuía direções, ainda que vagas. Como poderia haver uma fibra nervosa ou uma estrutura sensório-motora entre o motorista de *Taxi Driver*, e o que ele vê na calçada através de um retrovisor? E, em Lumet, tudo se passa em corridas contínuas e em idas e vindas, rente ao chão, em movimentos sem objetivo, nos quais as personagens se comportam como limpadores de para-brisa (*Um dia de cão* [*Dog Day Afternoon*, 1975], *Serpico* [1973]). Com efeito, isso é o que há de mais notório na errância moderna, o fato de ela se dar num espaço qualquer, estação de triagem, armazém abandonado, tecido desdiferenciado da cidade, em oposição à ação que, no mais das vezes, se desenrolava nos espaços-tempos qualificados do antigo realismo. Como afirma Cassavetes, trata-se tanto de desfazer o espaço quanto a história, a intriga ou a ação.[12] *[281]*

Em quarto lugar, perguntamo-nos o que mantém um conjunto neste mundo sem totalidade nem encadeamento. A resposta é simples: o que faz o conjunto são os clichês, e nada mais. Apenas clichês, clichês por todo lado... O problema já se tinha colocado com Dos Passos, e as novas técnicas por ele instauradas no roman-

[12] A respeito de todos esses pontos veja-se particularmente *Cinématographe*: sobre Altman, nº 45, mar. 1979 (artigo de Maraval), e nº 54, jan. 1980 (Fieschi, Carcassonne); sobre Lumet, nº 74, jan. 1982 (Riniere, Cèbe, Fieschi); sobre Cassavetes, nº 38, maio 1978 (Lara) e nº 77, abr. 1982 (Sylvie Trosa, Prades); sobre Scorsese, nº 45 (Cuel).

ce, antes que o cinema tivesse pensado nisto: a realidade dispersiva e lacunar, a profusão de personagens com interferência fraca, sua capacidade de se tornarem principais e voltarem a ser secundários, os acontecimentos que pousam sobre as personagens e que não pertencem àqueles que os sofrem ou provocam. Ora, o que cimenta tudo isso são os clichês corriqueiros de uma época ou de um momento, *slogans* sonoros e visuais que Dos Passos chama, com nomes emprestados do cinema, de "atualidades" e "olho da câmera" (as atualidades são notícias entremeadas de acontecimentos políticos ou sociais, de *fait-divers*, de entrevistas e cançonetas, e o olho da câmera é o monólogo interior de um terceiro qualquer, que não é identificado entre as personagens). São estas imagens flutuantes, estes clichês anônimos que circulam no mundo exterior, mas também que penetram em cada um, e constituem seu mundo interior, de modo tal que cada um só possui clichês psíquicos dentro de si, através dos quais pensa e sente, se pensa e se sente, sendo ele próprio um clichê entre os outros no mundo que o cerca.[13] Clichês físicos, ópticos e sonoros, e clichês psíquicos se alimentam mutuamente. Para que as pessoas se suportem, a si mesmas e ao mundo, é preciso que a miséria tenha tomado o interior das consciências, e que o interior seja como o exterior. É essa visão romântica e pessimista que reencontramos em Altman ou em Lumet. Em *Nashville*, os lugares da cidade são duplicados pelas imagens que inspiram, fotos, gravações, televisão; e é numa canção batida que as personagens finalmente se reúnem. Esse poder do clichê sonoro, da canção ligeira se afirma em *Um casal perfeito* [*A Perfect Couple*, 1979], de Altman: a balada/errância* assume aí seu segundo sentido, *[282]* poema cantado e dançado. Em *Grotesca despedida* [*Bye Bye Braverman*, 1968], de Lumet, que conta o pas-

[13] Claude-Edmonde Magny analisou todos esses pontos em John Dos Passos: *L'Âge du roman américain*, Paris, Seuil, 1948, pp. 125-37. Os romances de John Dos Passos exerceram sua influência sobre o neorrealismo italiano; inversamente, ele próprio sofreu uma certa influência do "cine-olho" de Dziga Viértov.

* O autor usa aqui *bal(l)lade*, fusão entre os termos *ballade* (poema dançado e cantado) e *balade* (passeio, errância, perambulação). (N. da T.)

seio pela cidade de quatro intelectuais judeus a caminho do enterro de um amigo, um deles vagueia entre os túmulos lendo para os mortos as notícias recentes dos jornais. Em *Taxi Driver*, Scorsese faz o catálogo de todos os clichês psíquicos que se agitam na cabeça do motorista, mas, ao mesmo tempo, dos clichês ópticos e sonoros da cidade-neon que este vê desfilar ao longo das ruas: ele mesmo, após sua matança, será herói nacional por um dia, acedendo ao estado de clichê, sem que o acontecimento nem por isso lhe pertença. Enfim, nem se pode mais distinguir o que é físico e psíquico no clichê universal de *O rei da comédia* [*King of Comedy*, Martin Scorsese, 1982], que aspira num mesmo vácuo as personagens intercambiáveis.

A ideia de uma única e mesma miséria, interior e exterior, no mundo e na consciência, já era a ideia do romantismo inglês sob a sua forma mais negra, especialmente em Blake ou em Colleridge: as pessoas não aceitariam o intolerável se as mesmas "razões" que a elas o impunham de fora, nelas não se insinuassem para as fazer a ele aderir de dentro. Segundo Blake, havia aí toda uma *organização da miséria*, da qual a revolução americana talvez pudesse nos salvar.[14] Mas eis que, pelo contrário, a América ia relançar a questão romântica dando-lhe uma forma ainda mais radical, ainda mais urgente, mais técnica ainda: o reino dos clichês, tanto no interior como no exterior. Como não acreditar numa poderosa organização concertada, numa grande e poderosa conspiração, que encontrou o modo de fazer os clichês circularem de fora para dentro e de dentro para fora? A conspiração criminosa como organização do Poder vai adquirir no mundo moderno uma estatura nova, que o cinema tentará acompanhar e mostrar. Não se trata mais, como no filme *noir* do realismo americano, de uma organização que remeteria a um meio distinto, a ações distinguíveis, por meio das quais os criminosos se individualizariam (embora se continue fazendo filmes desse tipo com grande sucesso, como *O poderoso chefão* [*The Godfather*, 1972]). Não há nem mesmo centro mágico de onde poderiam partir *[283]* ações hipnóticas propagando-se

[14] A propósito da importância desse tema no romantismo inglês, cf. Paul Rosemberg, *Le Romantisme anglais*, Paris, Larousse, 1973.

por toda parte, como nos dois primeiros *Mabuse*, de Lang. É verdade que, a esse respeito, assistia-se a uma evolução de Lang: *O testamento do dr. Mabuse* não passa mais por uma produção de ações secretas, mas antes por um monopólio da reprodução. O poder oculto se confunde com seus efeitos, seus suportes, seus *media*, seus rádios, suas televisões, seus microfones: ele só passa a operar através da "reprodução mecânica das imagens e dos sons".[15] E esta é a quinta característica da nova imagem, é isto que vai inspirar o cinema americano do pós-guerra. Em Lumet, a conspiração é o sistema de escuta, de vigilância e de emissão de *O golpe de John Anderson* [*The Anderson Tapes*, 1971]; do mesmo modo, *Rede de intrigas* [*Network*, 1976] também duplica a cidade com todas as emissões e escutas que ela não para de produzir, enquanto *O príncipe da cidade* [*Prince of the City*, Sidney Lumet, 1981] grava a cidade inteira em fita magnética. E *Nashville*, de Altman, capta plenamente esta operação que duplica a cidade com todos os clichês que ela produz e duplica os próprios clichês, de fora e de dentro, clichês ópticos ou sonoros e clichês psíquicos.

Estas são as cinco características aparentes da nova imagem: a situação dispersiva, as ligações deliberadamente frágeis, a forma-errância, a tomada de consciência dos clichês, a denúncia da conspiração. É a crise, a uma só vez, da imagem-ação e do sonho americano. Em toda parte o esquema sensório-motor é reposto em questão; e o Actors Studio torna-se objeto de críticas severas, ao mesmo tempo que sofre uma evolução e rupturas internas. Mas como pode o cinema denunciar a sinistra organização de clichês, se participa de sua fabricação e propagação, tanto quanto as revistas ou as televisões? Talvez as condições especiais sob as quais ele produz e reproduz os clichês permitam a certos autores chegar a uma reflexão crítica, da qual não poderiam dispor fora do cinema. É a organização do cinema que faz com que o criador, por maiores que sejam os controles que pesam sobre ele, disponha ao menos de um certo tempo para "cometer" o irreversível. Ele tem a oportunidade de extrair uma Imagem de todos os clichês, e de

[15] Cf. Pascal Kané, "Mabuse et le pouvoir", *Cahiers du Cinéma*, nº 309, mar. 1980.

erigi-la contra estes. Desde que haja, porém, um projeto estético *[284]* e político capaz de constituir um empreendimento positivo. Ora, é aqui que o cinema americano encontra seus limites. Todas as qualidades estéticas e até políticas que ele pode ter continuam sendo críticas estreitas, e por isso mesmo menos "perigosas" do que se se exercessem num projeto de criação positivo. Assim, ou bem a crítica se esgota rapidamente, e se limita a denunciar um mau uso dos aparelhos e das instituições, esforçando-se para salvar os restos do sonho americano, como em Lumet; ou então ela se prolonga, mas gira em falso e passa a ranger, como em Altman, contentando-se em parodiar o clichê em vez de fazer nascer uma nova imagem. Lawrence já afirmava a propósito da pintura: o furor contra os clichês não leva a grande coisa enquanto se contentar em fazer deles uma paródia; maltratado, mutilado, destruído, um clichê não tarda a renascer das cinzas.[16] Na verdade, aquilo que constituirá a vantagem no cinema americano, ter nascido sem tradição prévia que o sufocasse, volta-se agora contra ele. Pois esse mesmo cinema da imagem-ação gerou uma tradição da qual só pode se livrar, na maior parte dos casos, negativamente. Os grandes gêneros desse cinema, o filme psicossocial, o filme *noir*, o *western*, a comédia americana desmoronam e, no entanto, mantêm seu quadro vazio. Para os grandes criadores, o caminho da emigração, portanto, se inverte por razões que não se atêm apenas ao macarthismo. Com efeito, nesse aspecto a Europa tinha mais liberdade; e foi primeiro na Itália que se deu a grande crise da imagem-ação. A periodicidade é aproximadamente a seguinte: por volta de 1948, a Itália; de 1958, a França; de 1968, a Alemanha.

3

Por que a Itália primeiro, antes da França e da Alemanha? Talvez por uma razão essencial, embora exterior ao cinema. Sob

[16] D. H. Lawrence, *Eros et les chiens*, Paris, Bourgois, 1969, pp. 253-7.

o impulso de De Gaulle, a França tinha, ao final da guerra, a ambição histórica e política de se inserir plenamente entre os vencedores: portanto, era preciso que a Resistência, *[285]* ainda que subterrânea, aparecesse como o destacamento de um exército regular perfeitamente organizado; e que a vida dos franceses, mesmo permeada de conflitos e ambiguidades, surgisse como uma contribuição para a vitória. Tais condições não eram favoráveis a uma renovação da imagem cinematográfica, que continuava preservada no âmbito de uma imagem-ação tradicional, a serviço de um "sonho" propriamente francês. Tanto assim que o cinema na França só poderá romper com sua tradição bem tardiamente, e através de um desvio (*détour*) reflexivo ou intelectual, que foi o da *nouvelle vague*. A situação na Itália era totalmente diferente: é evidente que esta não podia pretender a condição de vencedor. Mas, ao contrário da Alemanha, de um lado ela dispunha de uma instituição cinematográfica que escapava relativamente do fascismo; de outro, a Itália podia invocar uma resistência e uma vida popular subjacentes à opressão, embora desprovidas de ilusão. Para captá-las bastava um novo tipo de "narração" capaz de compreender o elíptico e o não organizado, como se o cinema tivesse de recomeçar do zero, colocando novamente em questão todos os créditos da tradição americana. Os italianos podiam, portanto, ter uma consciência intuitiva da nova imagem que estava nascendo. Com isso não explicamos o gênio dos primeiros filmes de Rossellini. Explicamos ao menos a reação de certos críticos americanos que neles viram a pretensão desmedida de um país vencido, uma chantagem odiosa, uma maneira de cobrir os vencedores de vergonha.[17] E, sobretudo, é esta situação muito particular da Itália que tornou possível o empreendimento do neorrealismo.

[17] Cf. o texto violento de R. S. Warshow reproduzido em *Le Néo-realisme italien*, col. Études Cinématographiques, vol. 17, nº 32-35, Paris, Minard, 1964, pp. 140-2. Oriundo de uma parte da América, haverá sempre um rancor contra o neorrealismo italiano que "ousa" instaurar uma outra concepção do cinema. O escândalo de Ingrid Bergman apresenta também esse aspecto: transformada em filha adotiva da América, ela não abandona simplesmente sua família por Rosselini, ela abandona o cinema dos vencedores.

Foi o neorrealismo italiano que forjou as cinco características precedentes. Na situação do final da guerra, Rossellini descobre uma realidade dispersiva e lacunar, já em *Roma, cidade aberta* [*Roma, città aperta*, 1945], mas principalmente em *Paisà* [1946]: série de encontros fragmentários, retalhados, que põem em questão a forma SAS da imagem-ação. E é antes a crise econômica *[286]* do pós-guerra que inspira De Sica, e o leva a romper a forma ASA: não há mais vetor ou linha de universo que prolongue e junte os acontecimentos de *Ladrões de bicicletas* [*Ladri di biciclette*, Vittorio De Sica, 1948]; a chuva sempre pode interromper ou desviar a procura ao acaso, a errância do homem e do menino. A chuva italiana torna-se o signo do tempo morto e da interrupção possível. E mesmo o roubo de bicicleta, ou ainda os acontecimentos insignificantes de *Umberto D.* [Vittorio De Sica, 1952] têm uma importância vital para os protagonistas. No entanto, *Os boas-vidas* [*I Vitelloni*, 1953], de Fellini, não atestam apenas a insignificância dos acontecimentos, mas também a incerteza de seu encadeamento, e o fato de não pertencerem àqueles que os sofrem, sob essa nova forma de deambulação. Na cidade em demolição ou em reconstrução, o neorrealismo faz proliferar os espaços quaisquer, câncer urbano, tecido desdiferenciado, terrenos baldios que se opõem aos espaços determinados do antigo realismo.[18] E o que se eleva no horizonte, o que se perfila nesse mundo, o que vai se impor num terceiro momento não é nem mesmo a realidade crua, mas o seu forro, o reino dos clichês, tanto no interior quanto no exterior, tanto na cabeça e no coração das pessoas como no espaço inteiro. O que *Paisà* propunha não eram já todos os clichês possíveis do encontro América-Itália? E, em *Viagem à Itália* [*Viaggio in Italia*, 1954], Rossellini faz o inventário dos clichês da pura italianidade, tal como é vista pela burguesia em férias: vulcão, estátuas de museu, santuário dos cristãos... Em *De crápula a herói* [*Il Generale della Rovere*, Roberto Rossellini, 1959] ele tira o clichê da fabricação de um herói. De um modo muito especial, foi Felli-

[18] Cf. os dois números de *Cinématographe* sobre o neorrealismo, 42 e 43, dez. 1978 e jan. 1979, particularmente os artigos de Sylvie Trosa e Michel Devillers.

ni quem colocou seus primeiros filmes sob o signo da fabricação, da detecção e da proliferação dos clichês exteriores e interiores: a fotonovela de *Abismo de um sonho* [*Lo Sceicco bianco*, 1952], a enquete fotográfica de *Agência de casamento* [*Agenzia matrimoniale*, 1953],* as boates, *music-halls* e circos, e em seguida todos os estribilhos que consolam ou desesperam. Era necessário atribuir a grande conspiração que organizava esta miséria, e para o qual a Itália tinha um nome pronto — a Máfia? Francesco Rossi pintava o retrato sem rosto do protagonista de *[287] O bandido Giuliano* [*Salvatore Giuliano*, 1962], recortando a história a partir dos papéis pré-fabricados que lhe eram impostos por um poder sem atribuição, conhecido apenas por seus efeitos.

O neorrealismo já tinha uma apurada concepção técnica das dificuldades que encontrava, e dos meios que inventava; tinha igualmente uma consciência intuitiva segura da nova imagem que estava nascendo. Foi antes pela via de uma consciência intelectual e reflexiva que a *nouvelle vague* soube retomar por conta própria tal mutação. É aí que a forma-errância se libera das coordenadas espaçotemporais que ainda lhe restavam do velho realismo social, e passa a valer por si mesma ou como expressão de uma nova sociedade, de um novo presente puro: a ida e volta Paris-província e província-Paris em Chabrol (*Nas garras do vício* [*Le Beau Serge*, 1958] e *Os primos* [*Les Cousins*, 1959]); as errâncias que se tornam analíticas, instrumentos de uma análise de alma em Rohmer (a série dos *Contos morais*, e em Truffaut (a trilogia *Amor aos Vinte Anos* [*L'Amour à vingt ans*, 1962], *Beijos roubados* [*Baisers volés*, 1968], *Domicílio conjugal* [*Domicile conjugal*, 1970]); a enquete-passeio de Rivette (*Paris nos pertence* [*Paris nous appartient*, 1961]); os passeios-fuga de Truffaut (*Atirem no pianista* [*Tirez sur le pianiste*, 1960]) e principalmente de Godard, *O demônio das onze horas* [*Pierrot le fou*, 1965]. É aí que nasce uma raça de personagens encantadoras, comoventes, que mal se sentem concernidas pelos acontecimentos que lhes advêm, mesmo a traição, mes-

* Episódio de *Amores na cidade* (*L'amore in città*), vários diretores, 1953. (N. da T.)

mo a morte, sofrendo e provocando acontecimentos obscuros, que se ligam tão mal uns aos outros quanto as porções de espaço qualquer que percorrem. Ao título do filme de Rivette responde em eco a fórmula-canção de Péguy "Paris n'appartient à personne" ["Paris não é de ninguém."]. E, em *Amor louco* [*L'Amour fou*, 1969], de Rivette, os comportamentos dão lugar a posturas de hospício, a atos explosivos que rompem tanto as ações das personagens, quanto os encadeamentos da peça que estão ensaiando. O que tende a desaparecer, nessa nova espécie de imagem, são os liames sensório-motores, toda uma continuidade sensório-motora que constituía o essencial da imagem-ação. É não só a célebre cena de *O demônio das onze horas*, "não sei o que fazer", onde a balada-errância torna-se insensivelmente poema cantado e dançado, mas é, também, toda uma ascensão de perturbações sensoriais e motoras, apenas indicadas, caso seja necessário, movimentos que "fazem" falso, "ligeira deformação de perspectiva, retardamento no tempo, alteração dos gestos (*Tempo de guerra* [*Les Carabiniers*, 1963], de Godard, *Atirem no pianista [288]* ou *Paris nos pertence*)".[19] O "fazer falso" torna-se o signo de um novo realismo, por oposição ao "fazer-verdadeiro" do antigo realismo. O corpo a corpo é desajeitado, os socos e tiros mal ajustados — toda uma defasagem da ação e da fala substituem os duelos excessivamente perfeitos do realismo americano. Eustache fará a personagem de *A mãe e a puta* [*La Maman et la putain*, 1973] dizer: "Quanto mais parecemos assim falsos, mais longe vamos; o falso é o que está para além".

Sob a potência do falso, todas as imagens tornam-se clichês, seja porque sua imperícia é mostrada, seja porque sua aparente perfeição é denunciada. Os gestos canhestros dos soldados (*Tempo de guerra*) têm como correlato a série de cartões-postais que trazem da guerra. Os clichês exteriores, ópticos e sonoros, têm como correlato os clichês interiores ou psíquicos. É talvez nas pers-

[19] Claude Ollier, *Souvenirs écran*, Paris, Cahiers du Cinéma/Gallimard, 1981, p. 58. É Alain Robbe-Grillet quem insistirá sobre a importância do detalhe que dá a impressão de falso, vendo nele um sinal da realidade, por oposição ao realismo, ou da verdade por oposição ao verismo: *Pour un nouveau roman*, Paris, Minuit, 1963, p. 140.

pectivas do novo cinema alemão que tal elemento terá pleno desenvolvimento: Daniel Schmid inventa uma lentidão que torna possível o desdobramento das personagens, como se elas estivessem ao lado do que dizem ou fazem, e escolhessem entre os clichês exteriores aquele que vão encarnar de dentro, numa perpétua permutabilidade entre o dentro e o fora (já em *La Paloma* [1973], mas sobretudo em *A sombra dos anjos* [*Schatten der Engel*, 1976] onde "o judeu poderia ser o fascista, a puta poderia ser o proxeneta...", num jogo de baralho que faz com que cada jogador seja ele próprio uma carta, mas uma carta jogada por um outro.[20] Se assim é, como não crer numa conspiração mundial difusa, empresa de sujeição generalizada que se estende a cada lugar do espaço qualquer, e propaga a morte em toda parte? Em Godard, *O pequeno soldado* [*Le Petit soldat*, 1963], *O demônio das onze horas*, *Made in USA* [1966], *Week-end à francesa* [*Week-end*, 1967], com seu *maquis* de resistência final atestam, de modo diverso, uma inextricável *[289]* conspiração. E Rivette, de *Paris nos pertence* a *Um passeio por Paris* [*Le Pont du Nord*, 1981] passando por *A religiosa* [*La Religieuse*, 1966], não para de invocar a conspiração mundial que distribui os papéis e as situações, numa espécie de jogo do ganso maléfico.*

Mas se tudo são clichês e conspirações, para permutá-los e para propagá-los parece não haver outra saída senão um cinema da paródia e do desprezo, como aquele de que Chabrol e Altman foram às vezes acusados. Em contrapartida, que pretendiam dizer os neorrealistas quando falavam do respeito e do amor necessário

[20] Cf. *Dossier Daniel Schmid*, Lausanne, L'Âge d'Homme, 1982, pp. 78-86 (particularmente o que Schmid chama de "os clichês de *papier-mâché*"). Mas Schmid está perfeitamente consciente do perigo que deixaria para o cinema apenas uma função de paródia (p. 78): também os clichês só proliferam para que deles emane algo. Em *L'Ombre des anges*, dois personagens exibem os clichês que os assediam de fora e de dentro — o judeu e a puta — porque souberam preservar o sentimento do "medo".

* Jogo parecido com o jogo da glória, em que cada jogador faz avançar um peão de acordo com o lance de dados sobre um tabuleiro formado de casas numeradas em que, a cada nove casas, estão desenhadas figuras de gansos. (N. da T.)

para o nascimento da nova imagem? Em vez de se ater a uma consciência crítica negativa ou paródica, o cinema engajou-se em sua mais elevada reflexão, e não parou de aprofundá-la e de desenvolvê-la. Encontramos em Godard fórmulas que exprimem o problema: se as imagens tornaram-se clichês tanto no interior quanto no exterior, como extrair de todos esses clichês uma Imagem, "justo uma imagem", uma imagem mental autônoma?* Do conjunto dos clichês *deve* sair uma imagem... Com que política e que consequências? O que é uma imagem que não seria um clichê? Onde acaba o clichê e começa a imagem? Mas se a pergunta não tem resposta imediata, é precisamente porque o conjunto das características precedentes não constitui a nova imagem mental que é buscada. As cinco características formam um invólucro (inclusive os clichês físicos e psíquicos), são uma condição necessária exterior, mas não constituem a imagem, embora a tornem possível. E é nesse ponto que se pode avaliar a semelhança e a diferença de Hitchcock. A *nouvelle vague* podia, de pleno direito, ser denominada hitchcock-marxiana, em vez de hitchcock-hawksiana. Como Hitchcock, ela pretendia chegar às imagens mentais e às figuras de pensamento (terceiridade). Mas enquanto Hitchcock via nisso uma espécie de complemento que devia prolongar e consumar o sistema tradicional "percepção-ação-afecção", a *nouvelle vague*, ao contrário, descobria aí uma exigência suficiente para romper todo o sistema, para cortar a percepção de seu prolongamento motor, para cortar a ação do fio que a unia a uma situação, para cortar a afecção da aderência ou do pertencimento a personagens. A nova imagem não seria, portanto, uma consumação do cinema, mas uma mutação. Aquilo que Hitchcock tinha constantemente recusado, agora, ao contrário, era preciso querer. Era preciso que a imagem mental não se contentasse em *[290]* tecer um conjunto de relações, mas que formasse uma nova substância. Era preciso que ela se tornasse realmente pensamento e pensante, nem que para tanto tivesse de se tornar mais "difícil". *Havia duas condições*. Por

* Referência à célebre frase de Godard: "Não é uma imagem justa, é justo uma imagem". (N. da T.)

um lado, ela exigiria e suporia que fossem postas em crise a imagem-ação e a imagem-percepção e mais a imagem-afecção, mesmo que isso implicasse em descobrir "clichês" por toda parte. Mas, por outro lado, essa crise não valeria por si própria, seria apenas a condição negativa para o surgimento da nova imagem pensante, mesmo que fosse preciso buscá-la para além do movimento.

GLOSSÁRIO
[291]

Imagem-movimento: conjunto acentrado de elementos variáveis que agem e reagem uns sobre os outros.

Centro de imagem: desvio entre um movimento recebido e um movimento executado, uma ação e uma reação (intervalo).

Imagem-percepção: conjunto de elementos que agem sobre um centro e que variam relativamente a ele.

Imagem-ação: reação do centro ao conjunto.

Imagem-afecção: o que ocupa o desvio entre uma ação e uma reação, o que absorve uma ação exterior e reage por dentro.

IMAGEM-PERCEPÇÃO (a coisa)

Dicissigno: termo criado por Peirce para designar sobretudo o signo da proposição em geral. Empregado aqui no que diz respeito ao caso especial do "discurso indireto livre" (Pasolini). É uma percepção no *quadro* de uma outra percepção. É o estatuto da percepção sólida, geométrica e física.

Reuma: não confundir com o "rema" de Peirce (palavra). É a percepção daquilo que atravessa o quadro ou flui. Estatuto líquido da própria percepção.

Grama (*engrama* ou *fotograma*): não confundir com uma fotografia. É o elemento genético da imagem-percepção, inseparável como tal de certos dinamismos (imobilização, vibração, pisca-pisca, *loop*, repetição, aceleração, câmera lenta etc.). Estatuto gasoso de uma percepção molecular.

IMAGEM-AFECÇÃO (a qualidade ou a potência)

Ícone: utilizado por Peirce para designar um signo que remete a seu objeto em virtude de características internas (semelhança).

Empregado aqui para designar o afeto como *exprimido* por um rosto, ou por um equivalente de rosto. *[292]*

Qualissigno (ou *potissigno*): termo criado por Peirce para designar uma qualidade que é um signo. Empregado aqui para designar o afeto enquanto exprimido (ou exposto) num *espaço qualquer*. Um espaço qualquer é ou um espaço esvaziado, ou um espaço cuja junção das partes não é fixa ou fixada.

Dividual: o que não é nem indivisível nem divisível, mas que se divide (ou se junta) mudando de natureza.

IMAGEM-PULSÃO (a energia)

Sintoma: designa as qualidades ou potências reportadas a um *mundo originário* (definido por pulsões).

Fetiche: pedaço arrancado pela pulsão em um meio real, e correspondente ao mundo originário.

IMAGEM-AÇÃO (a força ou o ato)

Synsigno (ou *englobante*): corresponde ao "sinsigno" de Peirce. Conjunto de qualidades e de potências enquanto atualizadas num estado de coisas, constituindo, por conseguinte, um *meio real* em torno de um centro, uma situação relativamente a um sujeito: espiral.

Binômio: todas as formas de duelos que constituem as ações de um de vários sujeitos no *meio real*.

Sinal: liame interior entre a situação e a ação.

Índice: utilizado por Peirce para designar um signo que remete a seu objeto em virtude de um liame de fato. Empregado aqui para designar o liame de uma ação (ou de um efeito de ação) com uma situação que não é dada, mas apenas inferida, ou então que permanece equívoca e passível de ser reversível. Distinguem-se nesse sentido *índices de falta* e *índices de equivocidade*: os dois sentidos da elipse.

Vetor (ou *linha de universo*): linha quebrada que une pontos singulares ou momentos notáveis no ápice de sua intensidade. O espaço vetorial se distingue do espaço englobante.

IMAGEM DE TRANSFORMAÇÃO (a reflexão)

Figura: signo que, em vez de remeter a seu objeto, reflete um outro (*imagem cenográfica* ou *plástica*); ou então reflete seu próprio objeto, mas invertendo-o (*imagem invertida*); ou então que reflete diretamente seu objeto (*imagem discursiva*).

IMAGEM MENTAL (a relação)

Marca: designa as relações naturais, isto é, os aspectos sob os quais imagens são ligadas por um hábito que faz *[293]* passar de umas para as outras. A *des-marca* designa uma imagem arrancada às suas relações naturais.

Símbolo: utilizado por Peirce para designar um signo que remete a seu objeto em virtude de uma lei. Empregado aqui para designar o suporte de *relações abstratas*, isto é, de uma comparação de termos independentemente de suas relações naturais.

Opsigno e *consigno*: imagem óptica e sonora pura que rompe os liames sensório-motores, extravasa as relações e não se deixa mais exprimir em termos de movimento, mas se abre diretamente sobre o tempo.

ÍNDICE DAS MATÉRIAS
[295-298]

Capítulo 4. A imagem-movimento e suas três variedades (segundo comentário a Bergson)

Capítulo 5. A imagem-percepção

Capítulo 6. A imagem-afecção: rosto e primeiro plano

ÍNDICE DOS AUTORES CORRESPONDENTE AOS DOIS VOLUMES
[367-372 de A imagem-tempo]

Não sendo este livro uma história do cinema, faltam muitos cineastas, dentre os maiores. Os que citamos muitas vezes aparecem numa análise bastante parcial, ou mesmo para uma simples alusão, devido a ser ela necessária no contexto, a comportar referências ou a ser fácil de desenvolver. Em compensação, cada vez que o conjunto de uma obra, ou pelo menos uma parte importante sua é analisada, nós o indicaremos através de itálicos.

[As páginas indicadas são as da edição original francesa, inseridas entre colchetes e em itálico ao longo do texto. Os algarismos romanos indicam o volume referido: *A imagem-movimento* (I) e *A imagem-tempo* (II). Nas edições francesas, este índice consta apenas em *A imagem-tempo*.]

BIBLIOGRAFIA DE GILLES DELEUZE

David Hume, sa vie, son oeuvre, avec un exposé de sa philosophie (com André Cresson). Paris: PUF, 1952.

Empirisme et subjectivité: essai sur la nature humaine selon Hume. Paris: PUF, 1953 [ed. bras.: *Empirismo e subjetividade: ensaio sobre a natureza humana segundo Hume*, trad. Luiz B. L. Orlandi, São Paulo: Editora 34, 2001].

Instincts et institutions: textes et documents philosophiques (organização, prefácio e apresentações de Gilles Deleuze). Paris: Hachette, 1953 [ed. bras.: "Instintos e instituições", trad. Fernando J. Ribeiro, em Carlos Henrique Escobar (org.), *Dossier Deleuze*, Rio de Janeiro: Hólon, 1991, pp. 134-7].

Nietzsche et la philosophie. Paris: PUF, 1962 [ed. bras.: *Nietzsche e a filosofia*, trad. Ruth Joffily Dias e Edmundo Fernandes Dias, Rio de Janeiro: Editora Rio, 1976; nova ed. bras.: trad. Mariana de Toledo Barbosa e Ovídio de Abreu Filho, São Paulo: n-1 edições, 2018].

La Philosophie critique de Kant. Paris: PUF, 1963 [ed. bras.: *Para ler Kant*, trad. Sônia Pinto Guimarães, Rio de Janeiro: Francisco Alves, 1976; nova ed. bras.: *A filosofia crítica de Kant*, trad. Fernando Scheibe, Belo Horizonte: Autêntica, 2018].

Proust et les signes. Paris: PUF, 1964; 4ª ed. atualizada, 1976 [ed. bras.: *Proust e os signos*, trad. da 4ª ed. fr. Antonio Piquet e Roberto Machado, Rio de Janeiro: Forense Universitária, 1987].

Nietzsche. Paris: PUF, 1965 [ed. port.: *Nietzsche*, trad. Alberto Campos, Lisboa: Edições 70, 1981].

Le Bergsonisme. Paris: PUF, 1966 [ed. bras.: *Bergsonismo*, trad. Luiz B. L. Orlandi, São Paulo: Editora 34, 1999 (incluindo os textos "A concepção da diferença em Bergson", 1956, trad. Lia Guarino e Fernando Fagundes Ribeiro, e "Bergson", 1956, trad. Lia Guarino)].

Présentation de Sacher-Masoch. Paris: Minuit, 1967 [ed. bras.: *Apresentação de Sacher-Masoch*, trad. Jorge Bastos, Rio de Janeiro: Taurus, 1983; nova ed. bras.: *Sacher-Masoch: o frio e o cruel*, Rio de Janeiro: Zahar, 2009].

Différence et répétition. Paris: PUF, 1968 [ed. bras.: *Diferença e repetição*, trad. Luiz B. L. Orlandi e Roberto Machado, Rio de Janeiro: Graal, 1988; 2ª ed., 2006; 3ª ed., Rio de Janeiro: Paz e Terra, 2018].

Spinoza et le problème de l'expression. Paris: Minuit, 1968 [ed. bras.: *Espinosa e o problema da expressão*, trad. GT Deleuze — 12, coord. Luiz B. L. Orlandi, São Paulo: Editora 34, 2017].

Logique du sens. Paris: Minuit, 1969 [ed. bras.: *Lógica do sentido*, trad. Luiz Roberto Salinas Fortes, São Paulo: Perspectiva, 1982].

Spinoza. Paris: PUF, 1970 [ed. port.: *Espinoza e os signos*, trad. Abílio Ferreira, Porto: Rés-Editora, s.d.].

L'Anti-Œdipe: capitalisme et schizophrénie 1 (com Félix Guattari). Paris: Minuit, 1972 [ed. bras.: *O anti-Édipo: capitalismo e esquizofrenia 1*, trad. Georges Lamazière. Rio de Janeiro: Imago, 1976; ed. port.: trad. Joana M. Varela e Manuel M. Carrilho, Lisboa: Assírio & Alvim, s.d.; nova ed. bras.: trad. Luiz B. L. Orlandi, São Paulo: Editora 34, 2010].

Kafka: pour une littérature mineure (com Félix Guattari). Paris: Minuit, 1975 [ed. bras.: *Kafka: por uma literatura menor*, trad. Júlio Castañon Guimarães, Rio de Janeiro: Imago, 1977; nova ed. bras.: trad. Cíntia Vieira da Silva, Belo Horizonte: Autêntica, 2014].

Rhizome. Paris: Minuit, 1976 (com Félix Guattari) (incorporado em *Mille plateaux*).

Dialogues (com Claire Parnet). Paris: Flammarion, 1977; nova edição, 1996, contendo, em anexo, o texto de Gilles Deleuze "L'Actuel et le virtuel" [ed. bras.: *Diálogos*, trad. Eloisa Araújo Ribeiro, São Paulo: Escuta, 1998; nova ed. bras.: trad. Eduardo Maurício da Silva Bonfim, São Paulo: Lumme, 2017; ed. bras. de "L'Actuel et le virtuel": "O atual e o virtual", trad. Heloisa B. S. Rocha, em Éric Alliez, *Deleuze: filosofia virtual*, São Paulo: Editora 34, 1996].

Superpositions (com Carmelo Bene). Paris: Minuit, 1979.

Mille plateaux: capitalisme et schizophrénie 2 (com Félix Guattari). Paris: Minuit, 1980 [ed. bras. em cinco volumes: *Mil platôs: capitalismo e esquizofrenia 2* — *Mil platôs*: vol. 1, incluindo: "Prefácio à edição italiana", 1988; "Introdução: Rizoma"; "1914: um só ou vários lobos?" e "10.000 a.C.: a geologia da moral (quem a terra pensa que é?)", trad. Aurélio Guerra Neto e Célia Pinto Costa, Rio de Janeiro: Editora 34, 1995 — *Mil platôs*: vol. 2, incluindo: "20 de novembro de 1923: postulados da linguística" e "587 a.C.-70 d.C.: sobre alguns regimes de signos", trad. Ana Lúcia de Oliveira e Lúcia Cláudia Leão, Rio de Janeiro: Editora 34, 1995 — *Mil platôs*, vol. 3, incluindo: "28 de novembro de 1947: como criar para si um Corpo sem Órgãos?"; "Ano zero: rostidade"; "1874: três novelas ou 'O que se passou?'" e "Micropolítica e segmentaridade", trad. Aurélio Guerra Neto, Ana Lúcia de Oliveira, Lúcia Cláudia Leão e Suely Rolnik, São Paulo: Editora 34, 1996 — *Mil platôs*, vol. 4, incluindo: "1730: devir-intenso, devir-animal, devir-imperceptível..." e "1837: acerca do ritornelo", trad. Suely Rolnik, São Paulo: Editora 34, 1997 — *Mil platôs*, vol. 5, incluindo: "1227: tratado de nomadologia: a máquina de guerra"; "7.000 a.C.: aparelho de captura"; "1440: o liso e o estriado" e "Conclusão: Regras concretas e máquinas abstratas", trad. Peter Pál Pelbart e Janice Caiafa, São Paulo: Editora 34, 1997].

Spinoza: philosophie pratique. Paris: Minuit, 1981 [ed. bras.: *Espinosa: filosofia prática*, trad. Daniel Lins e Fabien Pascal Lins, São Paulo: Escuta, 2002].

Francis Bacon: logique de la sensation, vols. 1 e 2. Paris: Éd. de la Différence, 1981, 2ª ed. aumentada, 1984 [ed. bras.: *Francis Bacon: lógica da sensação* (vol. 1), trad. Aurélio Guerra Neto, Bruno Lara Resende, Ovídio de Abreu, Paulo Germano de Albuquerque e Tiago Seixas Themudo, coord. Roberto Machado, Rio de Janeiro: Zahar, 2007].

Cinéma 1 — L'Image-mouvement. Paris: Minuit, 1983 [ed. bras.: *Cinema 1 — A imagem-movimento*, trad. Stella Senra, São Paulo: Brasiliense, 1985; 2ª ed. revista, São Paulo: Editora 34, 2018].

Cinéma 2 — L'Image-temps. Paris: Minuit, 1985 [ed. bras.: *Cinema 2 — A imagem-tempo*, trad. Eloisa Araújo Ribeiro, São Paulo: Brasiliense, 1990; 2ª ed. revista, São Paulo: Editora 34, 2018].

Foucault. Paris: Minuit, 1986 [ed. port.: *Foucault*, trad. José Carlos Rodrigues, Lisboa: Vega, 1987; ed. bras.: trad. Claudia Sant'Anna Martins, São Paulo: Brasiliense, 1988].

Le Pli: Leibniz et le baroque. Paris: Minuit, 1988 [ed. bras.: *A dobra: Leibniz e o barroco*, trad. Luiz B. L. Orlandi, Campinas: Papirus, 1991; 2ª ed. revista, 2000].

Périclès et Verdi: la philosophie de François Châtelet. Paris: Minuit, 1988 [ed. bras.: *Péricles e Verdi: a filosofia de François Châtelet*, trad. Hortência S. Lencastre, Rio de Janeiro: Pazulin, 1999].

Pourparlers (1972-1990). Paris: Minuit, 1990 [ed. bras.: *Conversações (1972-1990)*, trad. Peter Pál Pelbart, Rio de Janeiro: Editora 34, 1992].

Qu'est-ce que la philosophie? (com Félix Guattari). Paris: Minuit, 1991 [ed. bras.: *O que é a filosofia?*, trad. Bento Prado Jr. e Alberto Alonso Muñoz, Rio de Janeiro: Editora 34, 1992].

L'Épuisé, em seguida a *Quad, Trio du Fantôme, ... que nuages..., Nacht und Träume* (de Samuel Beckett). Paris: Minuit, 1992 [ed. bras.: *Sobre o teatro: O esgotado e Um manifesto de menos*, trad. Fátima Saadi, Ovídio de Abreu e Roberto Machado, intr. Roberto Machado, Rio de Janeiro: Zahar, 2010].

Critique et clinique. Paris: Minuit, 1993 [ed. bras.: *Crítica e clínica*, trad. Peter Pál Pelbart, São Paulo: Editora 34, 1997].

L'Abécédaire de Gilles Deleuze, entrevista a Claire Parnet realizada por P. A. Boutang em 1988 e transmitida em série televisiva a partir de novembro de 1995 pela TV-ART, Paris: Vídeo Edition Montparnasse, 1996. Ver também em www.youtube.com: "El abecedario de Gilles Deleuze", com legendas em espanhol.

L'Île déserte et autres textes (textes et entretiens 1953-1974) (org. David Lapoujade). Paris: Minuit, 2002 [ed. bras.: *A ilha deserta e outros textos (textos e entrevistas 1953-1974)*, trad. Cíntia Vieira da Silva (textos 7, 24, 36), Christian Pierre Kasper (textos 33, 37, 39), Daniel Lins (texto 38), Fabien Pascal Lins (textos 17, 29, 31), Francisca Maria Cabrera (textos 10, 11, 32), Guido de Almeida (texto 22), Hélio Rebello Cardoso Júnior (textos 3, 6, 8, 9, 21), Hilton F. Japiassú (texto 23), Lia de Oliveira Guarino (texto 4), Lia de Oliveira Guarino e Fernando Fagundes Ribeiro (texto 5), Luiz B. L. Orlandi (apresentação e textos 1, 2, 12, 14, 15, 19, 20, 27, 28, 35), Milton Nascimento (texto 34), Peter Pál Pelbart (texto 16), Roberto Machado (texto 26), Rogério da Costa Santos (texto 30), Tiago Seixas Themudo (textos 13, 25), Tomaz Tadeu e Sandra Corazza (texto 18), coord. Luiz B. L. Orlandi, São Paulo: Iluminuras, 2006].

Deux régimes de fous (textes et entretiens 1975-1995) (org. David Lapoujade). Paris: Minuit, 2003 [ed. bras.: *Dois regimes de loucos: textos e entrevistas (1975-1995)*, trad. Guilherme Ivo, rev. técnica Luiz B. L. Orlandi, São Paulo: Editora 34, 2016].

Lettres et autres textes (org. David Lapoujade). Paris: Minuit, 2015 [ed. bras.: *Cartas e outros textos*, trad. Luiz B. L. Orlandi, São Paulo: n-1 edições, 2018].

SOBRE O AUTOR

Gilles Deleuze nasceu em 18 de janeiro de 1925, em Paris, numa família de classe média. Perdeu seu único irmão, mais velho do que ele, durante a luta contra a ocupação nazista. Gilles apaixonou-se por literatura, mas descobriu a filosofia nas aulas do professor Vial, no Liceu Carnot, em 1943, o que o levou à Sorbonne no ano seguinte, onde obteve o Diploma de Estudos Superiores em 1947 com um estudo sobre David Hume (publicado em 1953 como *Empirismo e subjetividade*). Entre 1948 e 1957 lecionou no Liceu de Amiens, no de Orléans e no Louis-Le-Grand, em Paris. Já casado com a tradutora Fanny Grandjouan em 1956, com quem teve dois filhos, trabalhou como assistente em História da Filosofia na Sorbonne entre 1957 e 1960. Foi pesquisador do CNRS até 1964, ano em que passou a lecionar na Faculdade de Lyon, lá permanecendo até 1969. Além de Jean-Paul Sartre, teve como professores Ferdinand Alquié, Georges Canguilhem, Maurice de Gandillac, Jean Hyppolite e Jean Wahl. Manteve-se amigo dos escritores Michel Tournier, Michel Butor, Jean-Pierre Faye, além dos irmãos Jacques e Claude Lanzmann e de Olivier Revault d'Allonnes, Jean-Pierre Bamberger e François Châtelet. Em 1962 teve seu primeiro encontro com Michel Foucault, a quem muito admirava e com quem estabeleceu trocas teóricas e colaboração política. A partir de 1969, por força dos desdobramentos de Maio de 1968, firmou sua sólida e produtiva relação com Félix Guattari, de que resultaram livros fundamentais como *O anti-Édipo* (1972), *Mil platôs* (1980) ou *O que é a filosofia?* (1991). De 1969 até sua aposentadoria em 1987 deu aulas na Universidade de Vincennes (hoje Paris VIII), um dos centros do ideário de Maio de 68. Em 1995, quando o corpo já doente não pôde sustentar a vitalidade de seus encontros, o filósofo decide conceber a própria morte: seu suicídio ocorre em Paris em 4 de novembro desse ano. O conjunto de sua obra — em que se destacam ainda os livros *Diferença e repetição* (1968), *Lógica do sentido* (1969), *Cinema 1 — A imagem-movimento* (1983), *Cinema 2 — A imagem-tempo* (1985), *Crítica e clínica* (1993), entre outros — deixa ver, para além da pluralidade de conexões que teceu entre a filosofia e seu "fora", a impressionante capacidade de trabalho do autor, bem como sua disposição para a escrita conjunta, e até para a coescrita, como é o caso dos livros assinados com Guattari.

SOBRE A TRADUTORA

Stella Senra é pesquisadora, ensaísta e professora na área de cinema. Com tese sobre o Cinema Novo brasileiro, doutorou-se pela Universidade de Paris II em 1976. Fez pós-doutorado em 1985 e 1986 na Universidade de Paris VII. Foi professora do departamento de jornalismo e do programa de pós-graduação em Comunicação e Semiótica da PUC-SP (1981-1995). Publicou o livro *O último jornalista: imagens de cinema* (Estação Liberdade, 2000). Autora do ensaio "O último círculo", no livro *Marcados*, de Cláudia Andujar (Cosac Naify, 2009), escolhido como um dos dez melhores livros de fotografia na Feira do Livro de Frankfurt do ano de sua publicação. Com as transformações mais recentes no campo audiovisual, seu trabalho tem incorporado a reflexão sobre as artes plásticas, com foco na videoarte e na fotografia. Tem algumas dezenas de textos e ensaios publicados em livros e catálogos no Brasil e no exterior. Uma amostra abrangente de sua produção está no site www.stellasenra.com.br. Do francês, também traduziu *O amor dos começos*, autobiografia do psicanalista J. B. Pontalis (Globo, 1988).

COLEÇÃO TRANS
direção de Éric Alliez

Gilles Deleuze e Félix Guattari
O que é a filosofia?

Félix Guattari
Caosmose

Gilles Deleuze
Conversações

Barbara Cassin, Nicole Loraux, Catherine Peschanski
Gregos, bárbaros, estrangeiros

Pierre Lévy
As tecnologias da inteligência

Paul Virilio
O espaço crítico

Antonio Negri
A anomalia selvagem

André Parente (org.)
Imagem-máquina

Bruno Latour
Jamais fomos modernos

Nicole Loraux
Invenção de Atenas

Éric Alliez
A assinatura do mundo

Maurice de Gandillac
Gêneses da modernidade

Gilles Deleuze e Félix Guattari
Mil platôs
(Vols. 1, 2, 3, 4 e 5)

Pierre Clastres
Crônica do índios Guayaki

Jacques Rancière
Políticas da escrita

Jean-Pierre Faye
A razão narrativa

Monique David-Ménard
A loucura na razão pura

Jacques Rancière
O desentendimento

Éric Alliez
Da impossibilidade da fenomenologia

Michael Hardt
Gilles Deleuze

Éric Alliez
Deleuze filosofia virtual

Pierre Lévy
O que é o virtual?

François Jullien
Figuras da imanência

Gilles Deleuze
Crítica e clínica

Stanley Cavell
Esta América nova, ainda inabordável

Richard Shusterman
Vivendo a arte

André de Muralt
A metafísica do fenômeno

François Jullien
Tratado da eficácia

Georges Didi-Huberman
O que vemos, o que nos olha

Pierre Lévy
Cibercultura

Gilles Deleuze
Bergsonismo

Alain de Libera
Pensar na Idade Média

Éric Alliez (org.)
Gilles Deleuze:
uma vida filosófica

Gilles Deleuze
Empirismo e subjetividade

Isabelle Stengers
A invenção das ciências modernas

Barbara Cassin
O efeito sofístico

Jean-François Courtine
A tragédia e o tempo da história

Michel Senellart
As artes de governar

Gilles Deleuze e Félix Guattari
O anti-Édipo

Georges Didi-Huberman
Diante da imagem

François Zourabichvili
Deleuze:
uma filosofia do acontecimento

Gilles Deleuze
Dois regimes de loucos:
textos e entrevistas (1975-1995)

Gilles Deleuze
Espinosa
e o problema da expressão

Gilles Deleuze
Cinema 1 — A imagem-movimento

Gilles Deleuze
Cinema 2 — A imagem-tempo

Gilbert Simondon
A individuação à luz das noções
de forma e de informação

Este livro foi composto em Sabon
pela Bracher & Malta, com CTP e
impressão da Edições Loyola em
papel Pólen Soft 70 g/m² da Cia.
Suzano de Papel e Celulose para
a Editora 34, em julho de 2020.